中华国学文库

陶庵梦忆校注

〔明〕张　岱　撰

栾保群　校注

中华书局

图书在版编目(CIP)数据

陶庵梦忆校注/(明)张岱撰;栾保群校注. —北京:中华书局,2021.5
(中华国学文库)
ISBN 978-7-101-15174-9

Ⅰ.陶… Ⅱ.①张…②栾… Ⅲ.①笔记-中国-明代②《陶庵梦忆》-译文③《陶庵梦忆》-注释 Ⅳ.K248.066

中国版本图书馆 CIP 数据核字(2021)第 079741 号

书　　名	陶庵梦忆校注
撰　　者	〔明〕张　岱
点 校 者	栾保群
丛 书 名	中华国学文库
责任编辑	石　玉
出版发行	中华书局
	(北京市丰台区太平桥西里 38 号　100073)
	http://www.zhbc.com.cn
	E-mail:zhbc@zhbc.com.cn
印　　刷	北京瑞古冠中印刷厂
版　　次	2021 年 5 月北京第 1 版
	2021 年 5 月北京第 1 次印刷
规　　格	开本/880×1230 毫米　1/32
	印张 12　插页 2　字数 300 千字
印　　数	1-6000 册
国际书号	ISBN 978-7-101-15174-9
定　　价	38.00 元

中华国学文库出版缘起

《中华国学文库》的出版缘起，要从九十年前说起。

1920年，中华书局在创办人陆费伯鸿先生的主持下，开始编纂《四部备要》。这套汇集三百三十六种典籍的大型丛书，精选经史子集的“最要之书”，校订成“通行善本”，以精雅的仿宋体铅字排印。一经推出，即以其选目实用、文字准确、品相精美、价格低廉的鲜明特点，最大限度地满足了国人研治学问、阅读典籍的需要，广受欢迎。丛书中的许多品种，至今仍为常用之书。

新中国成立之后，党和国家倡导系统整理中国传统文献典籍。六十余年来，在新的学术理念和新的整理方法的指导下，数千种古籍得到了系统整理，并涌现出许多精校精注整理本，已成为超越前代的新善本，为学界所必备。

同时，随着中华民族以前所未有的自信快速发展，全社会对中国固有的学术文化——国学，也表现出前所未有的关注和重视。让中华文化的优秀成果得到继承和创新，并在世界范围内进行传播和弘扬，普惠全人类，已经成为中华民族的历史使命。当此之时，符合当代国民阅读需要的权威的国学经典读本的出现，实为当务之急。于是，《中华国学文库》应运而生。

《中华国学文库》是我们追慕前贤、服务当代的产物，因此，它自当具备以下三个基本特点：

一、《文库》所选均为中国学术文化的“最要之书”。举凡哲学、历史、文学、宗教、科学、艺术等各类基本典籍，只要是公认的国学经典，皆在此列。

二、《文库》所选均为代表当代最新学术水平的“最善之本”，即经过精校精注的最有品质的整理本。其中既有传统旧注本的点校整理本，如朱熹《四书章句集注》，也有获得学界定评的新校新注本，如余嘉锡《世说新语笺疏》。总之，不以新旧为别，惟以善本是求。

三、《文库》所选均以新式标点、简体横排刊印。中国古籍向以繁体竖排为标准样式。时至当代，繁体竖排的标准古籍整理方式仍通行于学术界，但绝大多数国人早已习惯于现代通行的简体横排的图书样式。《文库》作为服务当代公众的国学读本，标准简体字横排本自当是恰当的选择。

《中华国学文库》将逐年分辑出版，每辑十种，一次推出；期以十年，以毕其功。在此，我们诚挚希望得到学术界、出版界同仁的襄助和广大读者的支持。

中华书局自1912年成立，至今已近百岁。我们将《中华国学文库》当作向中华书局百年诞辰敬献的一份贺礼，更是向致力于中华民族和平崛起、实现复兴大业的全国人民敬献的一份厚礼。我们自当努力，让《中华国学文库》当得起这份重任，这份荣誉。

中华书局编辑部

2010年12月

目　录

出版说明

《陶庵梦忆》自上世纪三十年代由周作人、俞平伯推荐及标点以来，将近百年，大约已经出版了几十个新的整理本和注释本。特别是在近年，各种版本层出不穷，我有选择地看过几种，都有值得学习和借鉴的优长之处，因为所针对的读者面不同，各有存在的价值。但我还是要做这个校注本，是因为有一些鄙见尚未经人道，想发表出来供读者审核其当否。其中的“校”，除了把别人本校成果加以自己的判断之外，最主要的是用他校和理校进一步完善《梦忆》的文本。而“注”，与别的注本不同的，就是通过扩展延伸的文献资料，来发掘《梦忆》中一些易被忽略的内涵和情感。

一

《梦忆》有两个容易把读者引入误区的问题，且都是张岱自己有意或无意中造成，不可不先做一些分析。

首先，张岱是什么人。这似乎不成问题，他自己在

《自为墓志铭》中说：

> 少为纨绔子弟，极爱繁华，好精舍，好美婢，好娈童，好鲜衣，好美食，好骏马，好华灯，好烟火，好梨园，好鼓吹，好古董，好花鸟，兼以茶淫橘虐，书蠹诗魔……

老实的读者以为这是张岱在风流自赏，用以对照《梦忆》的内容又无不“针芥相投”，便将这“十二好”做了《梦忆》的“导读”；其最不幸的结果是让一些读者觉得，只要祖上留了些钱，当个张岱并不太难。

可是张岱笔头一转，重墨放到了“七不可解”：

> 向以韦布而上拟公侯，今以世家而下同乞丐，如此则贵贱紊矣，不可解一。产不及中人，而欲齐驱金谷，世颇多捷径，而独株守於陵，如此则贫富舛矣，不可解二。以书生而践戎马之场，以将军而翻文章之府，如此则文武错矣，不可解三。上陪玉皇大帝而不谄，下陪悲田院乞儿而不骄，如此则尊卑溷矣，不可解四。弱则唾面而肯自干，强则单骑而能赴敌，如此则宽猛背矣，不可解五。夺利争名，甘居人后，观场游戏，肯让人先，如此则缓急谬矣，不可解六。博弈摴蒱，则不知胜负，啜茶尝水，则能辨渑淄，如此则智愚杂矣，不可解七。有此七不可解，自且不解，安望人解？

看了“七不可解”，“十二好”便成了“皮相”之见，这才是他真正引为自诩的志在英雄豪杰的底色。如果读者不理解他的这一面，是张岱的悲哀；而读者选择性地以风花雪月的情趣来读《梦忆》，同样是张岱的悲哀。

张岱不是富贵闲人，而是功利中人。以我拙见，与其把他比作贾宝玉，宁可比作陈同甫。这当然也不完全妥恰，陈亮终于在去世之前中了状元，张岱一生连个举人也不是。只是张岱中年已经淡泊科名，虽然照样参加乡试以企一遇，但心中倘有修明史这个千秋事业作为地步，即使不能进而立功，尚可退而立言。尽管二人有所不同，却事功之心相同，不得志相同，最后以文章气节名世也相同。

张岱三十岁时编撰《古今义烈传》，晚年撰《有明于越三不朽图赞》，其志节真是贯彻始终。这不只是因为他有史学爱好，更是因为他把传中所写的人物当成自己的志向所趋，这只须看一下二书的自序就会有极深的感触。而张岱用半生时间写就的《石匮书》，立传取材，特重边事，于人物亦多书武略，对建功立业的名臣如王阳明、朱恒岳极力推崇，就是对王越那样的污点人物，也是揄扬其战功而宽谅其事阉竖。其实就是在《梦忆》中，张岱的事功之心也不是毫无表暴。书中有两次写登高望远，一在崇祯二年登镇江金山，一在崇祯十一年登栖霞摄山，怀古的内容完全相同，都是遥想当年韩世忠与兀术的长江大战。在满洲铁骑几次窜扰帝都畿辅的情势之下，张岱如此怀古，岂是偶然？特别是赴兖探父之前先在家庭戏班中排演了《双烈记》这个抗金剧目，此时面对皓月大江震鼓高歌，其心潮澎湃，志在千里，可想而知。

张岱和他父亲一样，壮岁不得志于场屋，而在那时代，作为一介布衣，真是报国无门。就连张岱的好友祁彪佳，弱冠即高中进士，官至佥都御史，但一被解职，也只能到寓山园中以林泉销磨英气。最为可悲的是，只有在天崩地坼、大厦倾坏之后，张岱才有一线建功立业的希望，虽然企冀做一棵撑拄残局的细木，但也终成泡沫。崇祯十七年他到淮安处理仲叔后事，闻听北京陷落，立刻“纠众起义，为先帝发丧”，但旋即“弘光嗣位，廷臣有不许草泽勤王之议，望北恸哭，遂尔中止”。弘光亡后，他先致意于惠王；惠王降清，他又破家募兵，支持鲁王监国。奸相马士英窜到浙东，张岱立即请示鲁王，带兵数百人往蹑之，又为马党所阻。鲁王政权中派别林立，张岱备受马阮党羽和东林末流两面排挤，其中一个借口就是他没有科名，无权参与军政。他不得已辞陛归山，好像心灰意冷了，但一接到商榷军务的召请，就带病应召。途中平水一梦，虽然有祁彪佳的梦魂警告此行危险，劝其回山修史，但仍毅然前往。及至随侍的儿子被方国安绑架，逼勒他破产赎人之后，他还是到江上巡视军营百有余日。及见兵不成兵，将不成将，终于认识到“赵氏一块肉，入手即臭腐糜烂”的现实，才灰心入山，而不旋踵间，江上兵溃，浙东沦陷。张岱在此间有六篇《上鲁王笺》，泣血扼腕，忠义之气喷薄纸上，岂是平生无积累蕴蓄的富贵闲人、纨绔子弟所能做到？

纵观张岱一生，可以说是“富贵不能淫，威武不能屈”的“浊世佳公子，乱世大丈夫”，不如此看张岱，很难正确理解《梦忆》；不知此而学张岱，恐怕只能学而不成反类薛蟠了。

其次，《陶庵梦忆》诸篇真的都是亡国后的追忆么？这个问题不能含糊过去，因为它直接关系到对作品和作者的解读。聊举一例。阮大铖在弘光朝为马士英谋主，阴狠恶毒十倍于士英，南明之亡，其罪实在万死不赎。而《梦忆》卷八《阮圆海戏》态度平和，极赞阮氏才华，于其过恶仅轻轻一句“诋毁东林，辩宥魏党”。如果此篇作于马阮乱政之后，则张岱何以为人？岂不是全无心肝？相类的还有卷二《朱云崃女戏》、卷五《刘晖吉女戏》等篇，其创作年代若定为甲申之后，都关系到张岱的名节。

事实是，《梦忆》中不仅有忆旧的文章，还有更多一些的旧时的文章。

张岱《梦忆自序》写于顺治三年，其中说“遥思往事，忆即书之，持向佛前，一一忏悔。不次岁月，异年谱也；不分门类，别《志林》也”。似乎《梦忆》诸篇皆为“忆旧”

而后书，但他并不掩饰甚至是故意挑明国亡前旧作的写作时间，如作于十六岁的《南镇祈梦》，作于二十二岁稍后的《丝社》小檄（皆见卷三）等十来篇。这些多为骈体和游戏文字，而《梦忆》所收明亡前的旧文不可能只有骈体而无散体。

张岱言《梦忆》"不次岁月"，"不分门类"，恰恰说明这些文章本有岁月之序，甚至还有一些相同题材是在同一时期内写成，即稍涉"门类"的。

卷三《栖霞》记崇祯十一年底在摄山遇萧伯玉，谈及普陀山，张岱即取出《补陀志》请教。《补陀志》即《嫏嬛文集》中的长篇游记《海志》，而张岱游普陀就在数月之前，可见张岱本有游览之后即作游记的习惯。所以张岱于崇祯二年至兖州省父，而有《金山夜戏》、《孔庙桧》、《孔林》、《鲁藩烟火》、《兖州阅武》、《鲁府松棚》、《一尺雪》、《菊海》诸篇；崇祯十一年上半，张岱与秦一生游浙东，而有《日月湖》、《天台牡丹》、《天童寺僧》、《阿育王寺舍利》、《定海水操》诸篇；崇祯十一年下半年游南京，而有《燕子矶》、《闵老子茶》、《牛首山打猎》、《王月生》诸篇。

《梦忆》中有一些摹习刘侗《帝京景物略》风格的篇什。这些文章主要是写自家园林小景的，如《筠芝亭》、《砎园》、《山艇子》、《巘花阁》等，也就是周作人所说的"故意用怪文句"的那些。刘侗的文章古奥幽深，字锤句炼。他和于奕正关在南京的屋里写了一年,心血为枯,刊出不久就相继辞世。那么张岱在颠沛流离中有这样的闲暇和心境来锤字炼句么?最主要的是,五十岁的张岱已经在散文创作中达到随心所欲的成熟境界,他还会去模仿别人么?

此外能成为同一"门类"的,有写戏剧表演的,如《朱云崃女戏》、《刘晖吉女戏》、《朱楚生》、《彭天锡串戏》、《冰山记》;有写技艺的,如《天砚》、《吴中绝技》、《濮仲谦雕刻》、《砂罐锡注》、《沈梅冈》、《甘文台炉》;有写古董的,如《朱氏收藏》、《仲叔古董》、《齐景公墓花罇》;有记祖父好友的,如记黄寓庸的《奔云石》,记包应登的《包涵所》,记范允临的《范长白》,记邹迪光的《愚公谷》。这些我揣拟为明亡前的旧作,理由当然不是仅仅因为它们的各成门类,而是它们不可能写于顺治三年的剡县山中。张岱彻底脱离鲁王政权,流亡于剡中,是在顺治三年初夏。此时他"披发入山,骇骇为野人","瓶粟屡罄,不能举火",但他居然还能坚持写作,那是因为要写的东西能让他产生执笔的动力,比如《石匮书》。那么看女戏、玩古董那类琐事会激起他的写作热情么?此时怀人,也应该是祁止祥、张介子这样的亲密者,像包应登这样的人有什么可怀念的?

除了《石匮书》之外,能让张岱迫不及待拿起笔来的,只有一件事,就是写一幅《清明上河图》似的文字长卷以寄亡国之痛。窃以为《葑门荷荡》、《越俗扫墓》、《秦淮河房》、《杨神庙台阁》、《严助庙》、《二十四桥风月》、《泰安州客店》、《湘湖》、《扬州清明》、《金山竞渡》、《扬州瘦马》、《目莲戏》、《绍兴灯景》、《烟雨楼》、《西湖香市》、《西湖七月半》、《闰中秋》、《龙山放灯》等皆可能是此时所作或据旧文改写。以往繁华富贵的场面，当年似平常无奇，“过去便堪入画”，灵感及激情所至，这些文章几乎篇篇锦绣，张岱散文在此达到炉火纯青的境界。山河变色，在满目疮痍的故土上，用回忆唤起旧时城郭人民的节庆场景，用笔墨和情感写成一幅幅风俗画面，每一披读，辄翻然自喜，如游故国。有敏锐的读者发现，张岱写这些群体节日所流露的故国之思，是那些园林小景所没有的。但这不是因为他对家族的故园没有感情，而是因为那些小品本不是此时所写。像《张氏声伎》、《梅花书屋》、《不二斋》这些可能写于亡国之后的诸篇，何尝没有悼旧和怀念之情？但张岱的可贵之处在于，他的故国之思更浓于对故园的惓怀。

《梦忆》中另外一些明亡之后的作品，如《钟山》的最后一段、《三世藏书》、《鹿苑寺方柿》、《瑞草谿亭》、《嫏嬛福地》，及收入“补遗”的《鲁王宴》、《平水梦》等，在文中可以寻到写作的时间轨迹。另有几篇与“吃”有关的《方物》、《乳酪》、《樊江陈氏橘》、《品山堂鱼宕》、《蟹会》，对于“生长王、谢，颇事豪华”的张岱，这些不难尝到的食品根本不值得挂心，只有在“以藿报肉，以粝报粻”的“饥饿之余”，才有可能写出来以做“精神会餐”，现在年过七十的读者们大多会理解我的这一揣测。

《梦忆》中大部分文章都是若干年前的旧作，但张岱在国破家亡之后重读，犹如看到荆棘丛中的金狄铜驼，摩挲前尘，犹可想象当年宫阙的雄伟壮丽，如今只剩下冷烟荒草，产生黍离麦秀之思也是很自然的事。他把这些旧作编入《梦忆》，就是为旧作注入了新的情感，而故意打乱编排顺序以造成错觉，也是为了引导读者追随他自己的怀旧情绪。但我们虽然能理解张岱的怀旧体验，却不能以此代替我们今天的阅读感受，更不能强行改变那些篇章的创作时间，心造一个虚假的张岱。

二

说到注释，因为此编并没有定位于通俗读本，所以对一般的文言词语不做注解，而是把篇幅集中到名物、风俗、人物、地名及个别事件的详细注释上，这样征引就显得较为繁琐。下面陈述一下这样做的理由。

顺治三年写于剡县山中的风俗诸篇，即使它们不比其他文章写得更优秀，也无碍其居于《梦忆》一书的核心位置，因为没有这些文章，也就不成其为《梦忆》。所以对这些风俗的细节尽可能地多一些旁证，应该是有必要的。邓之诚的《东京梦华录注》即是先例，也是我竭力追随的样板，只是因为读书太少，虽勉力为之，与设定的目标尚远。周作人曾经对日本汉学家松枝茂夫说过："张宗子此等书大抵有似江户时代之佳作，从来研究不充分，参考困难，一读颇有趣味，若要仔细解释则难点甚多耳。"所指难点即多关民间风俗。比如卷一《越俗扫墓》中提到的"平水屋帻船"，作为绍兴人的周作人也说不大清，直到思衡的《扫墓·游春》一文言及此船，在问过一个绍兴木匠后，才说明白。这些虽然似是细节微末，但也是难得的民俗资料，对了解《梦忆》未尝全不重要。

《梦忆》中的文章除了一些骈体和"故意用怪文句"的文章外，大多平白易懂，所以也易被人认为浅显平和，无什么深意。其实不然。鲁迅先生说："明末的小品虽然比较的颓放，却并非全是吟风弄月，其中有不平，有讽刺，有攻击，有破坏。"张宗子小品风格多受公安、竟陵派影响，但其精神却多从徐文长、王思任等乡前辈处摄取，其中自有不平、讽刺、攻击和破坏，只是因为先有了"纨袴子弟"的成见，便以为他只能温文尔雅了。比如张岱对明成祖朱棣的看法，在《石匮书》本纪中，他作为胜国遗民必须为本朝回护，但在其他的文章中就公开斥责朱棣的篡夺帝位和屠杀建文忠臣。只有了解这一背景，我们才能读懂《报恩塔》，看到起首一句的开阔雄浑的笔调下却满含着鄙夷和不屑，所谓"开国之精神，开国之物力，开国之功令”全是反讽。为此就免不了要对“古董”、“窑器”等看似平常的词汇做些说明。理解了《报恩塔》，《钟山》、《孔庙桧》等篇的写作动机也就明了了。

群言出版社娄如松的《陶庵梦忆注笺校》是一部很有特色的注本，注释者以张岱乡人的优势，利用乡邦文献和实地考察，对《梦忆》中涉及的园林景观、一山一水都做了精彩的介绍。我的注释对此书多有借鉴，而且深感景观位置对理解《梦忆》有不可忽视的作用。即如描写位于龙山西岗的家族亭园的一系列小品，单独来看似乎无多深意，倘连接起来看，就会多一层理解。这些园林有高祖张天复质朴无华、气象高远的《筠芝亭》，祖父张汝霖因势成事、华缛雍容的《砎园》，有五雪叔精巧有余、气局逼仄的《巘花阁》，有张岱父亲空中楼阁终于拆毁的《悬杪亭》，直到生长着怪竹曲樟的张岱读书处《山艇子》，比较而读，各篇都透露出各自主人的气质和命运，而顺序看来，家族的自兴到盛至衰也如草蛇灰线，蜿蜒其中。这不是作为阅读者的遐想附会，如果看一下张岱《家传·附传》中对家族几代人亲情变化的叙述，结论云“‘君子之泽，五世而斩’，余之家世自此斩矣”，便可知张岱写这组小品已经蕴藏着家世没落的感慨。其中《山艇子》一篇，张岱以怪竹自况，虽不“成材”，但不可以常竹待之，如金错刀、黄山松，其志趣“在以淡远取之”，应该是摹仿刘同人诸篇中的佳作。“公侯之家，必复其祖”，这是张岱爱说的一句话，在《山艇子》一文中，我也能感觉到他在屡挫于科举后仍然不肯向命运低头，立志振兴家族的志向，所谓“以淡远取之”，就是于科场之外做事业了。值得庆幸的是，他成功了，张氏家族所以为我们所知，只是因为有了张岱。

对有关人物的生平，我根据情况有选择地做一些较详的介绍。比如《包涵所》一篇，广大读者的看法应该是有分歧的。张岱对包应登冬行春令、无耻糜烂的行径，真是以欣羡的心情津津乐道么？对祖父的老友，张岱譬之为董卓、石崇和背恩忘义的宋子京，这骂得还不够么？把那“八卦房”的纵淫隐私公开于世，这还不够让他遗臭湖山么？我从《明实录》中检出包应登因贪淫罢职的材料，让读者明白“著一毫寒俭不得”是张岱的皮里阳秋、绵中藏针之笔，正揭出包应登挥霍的都是民间的膏血。而张岱虽然自称“好美婢”，但《梦忆》全书中只能看到他对流落为妓女优伶的女子的赞赏和尊重，没有一丝的轻薄，我们怎么能把张岱好美的正常心理与好色纵欲混为一事呢？

有些人物的最终结局，张岱写作时虽然没有看到，但我认为也有必要做一交代。比如《牛首山打猎》中出现的人物，有隆平侯、赵忻城、杨爱生等七位男士，王月生、顾眉、董白、李十、杨能五位女士，再加上张岱本人与献花岩主人阮大铖共十四人。那几天大家欢聚一堂，应该都是朋友，但只过了三五年光阴，有的成为国贼，有的成为烈士，皇亲国戚系颈求降，布衣之士却泣血抗敌，当时的"行情人"惨死于贼手，另一位却成了新朝的贵妇人。这种结局张岱在写作此文时当然想不到，但编集《梦忆》时肯定要生出无限感慨。详细地交代了诸男女的最后结局，读者自然会与张岱产生共鸣，知道张岱的"清明上河图"中为什么要添此一段。

以上只是从几个方面说明一下此编注释所以繁琐的理由。至于所谓发明索隐，或为一隅之见，或为无端臆测，散见书中，供高明批评指教。另外，虽然本书略过一般性的文言词语和典故，但对别人所回避的疑点难点则勉力诠释，力争做到不留死角。如《冰山记》中"菊宴"一事，《巘花阁》"书砚"一词，在没有找出更好的解释之前，聊陈鄙见，仅供参考，宁肯有牵强之讥，却愿为引玉之砖。

三

《陶庵梦忆》本名《梦忆》，张岱自订为两卷，见于所撰《石匮书》的《艺文志》。但此本至今未被发现。眼下见到的最早刻本，都是在张岱去世百年之后的乾隆年间所刻，所据底本都不是张岱原本，且为文网所逼，刊刻时都做过删改。

广泛搜寻并利用目前能见到的诸种《梦忆》刻本和抄本，逐字雠校，浙江古籍出版社二〇一八年出版的张岱全集本《陶庵梦忆 · 西湖梦寻》，是做得最好的一部。此书最大的贡献就是把广为人知却鲜有人见的“王见大本”（本文简称“道光本”）和郑凌峰在中国科学院图书馆发现的一卷抄本（简称“科图本”）通过校记公之于世，对恢复《梦忆》的本来面目提供了虽然不多但很重要的材料。

浙古的整理本所用参校的版本有十几种，但我认为真正有版本价值的不过四部半而已。下面结合我采用的版本情况来介绍一下这几种版本。

本书所用的底本是王文诰从王竹坡、姚春漪处所得《梦忆》抄本，在乾隆甲寅（五十九年，一七九四）刻成的《陶庵梦忆》。抄本本来就是“辗转抄袭，多有脱讹”，王文诰“粗为点定，或评数语于后”，“厘为八卷”，并改书名《梦忆》为《陶庵梦忆》。此本共收一百二十三篇，每篇有小题，后有王氏自己的评语。此本简称“乾隆本”。

至道光壬午（二年，一八二二），由于乾隆本存世甚罕而原版已毁，王文诰又据原本重刻成巾箱本，篇目依旧，但删去自己的评语，而文字也与乾隆本稍有异同。此本存世极少，周作人曾在《王见大本梦忆》一文（见《书房一角》）中说：“昔读《复堂日记》，云《梦忆》以王见大本为最佳。”所以我对此本抱有很大的期待。但通过浙古整理本的校语了解到它与乾隆本的差异之后，却颇感失望。公允地说，此本与乾隆本各有所长，但以长补短，即是此本的价值。我再翻看谭献《复堂日记》，于“癸酉”（同治十二年）下找到原文：“阅《陶庵梦忆》八卷。春间在娱园见王见大所刻，甚工雅，伍氏《粤雅堂丛书》犹有阙失。”原来谭复堂所说的只是刻印之工及与咸丰时伍崇曜所刻《粤雅堂丛书》本相比较而已。此本简称“道光本”。

咸丰壬子（二年，一八五二）南海伍崇曜刻《粤雅堂丛书》，收入据乾隆甲寅本重刻的八卷本《陶庵梦忆》（本书简称“咸丰本”）。此本和道光本一样，删去了篇后的评语，并对文字做了校订，但除了把一些错字做了纠正之外，又多有没根据的臆改，以致产生了新的错误。如《葑门荷荡》“鼓吹之胜以杂”，改“杂”为“集”，《砎园》删去“水之”二字等等。最不可思议者，《松化石》一篇竟改为不知为何物的“松花石”。咸丰本对乾隆本错字的纠正，多属字形之误，即便不改，读者多能看出，后来的校者也会改动，但胡乱删改的那些就只能误导读者，让人入迷途而难返。所以我认为咸丰本小功难抵大过，在参校诸本中顶多只能算成“半部”。

除了以上三种八卷本之外，《梦忆》另有一个版本系统，即出版于乾隆乙未（四十年，一七七五），收入《砚云甲编》的一卷本。此本据瓯山金忠淳藏本而刻，署题《梦忆》，仅四十三篇，篇无小题。本书简称“砚云本”。此本篇目仅为八卷本的三分之一，但有四篇及《钟山》的最末一节为八卷本所未有，而且相同篇目的文字也比八卷本优胜，所以不仅可为八卷本补入四篇一节，还能纠正不少错字。比如八卷本卷一《越俗扫墓》中“男女分两截坐，不坐船，不鼓吹”，令人看不懂究竟是坐船还是不坐船，但“不坐船”在砚云本中为“不座船”，“座船”即指专用的客船，则豁然明白。

抄本“科图本”也是一卷本，篇数与砚云本相同，但每篇有小题，而小题竟有三分之二与八卷本不同。这一钞本与砚云本相比，从保留张岱原作面貌上大大胜出，其价值也远大于道光本之于乾隆本。其中最重要的差异，读者可以看《钟山》、《兖州阅武》及“补遗”四篇的校记，特别是《补遗》四篇的原文，拿到乾隆时期，可以说篇篇都可以钩钳出死罪。

综上所述，本书即以乾隆本为底本，用其他几种参校，从而纠正了不少错字，并在一定程度上恢复了张岱原书的面貌。

但由于《陶庵梦忆》八卷本中尚有三分之二的篇目为一卷本所阙，八卷本因“辗转抄袭，多有脱讹”的错误就不可能仅靠版本校雠所能解决，而不得不借助于“他校”和“理校”。仅举几例来说明这一工作的重要：

《兖州阅武》中有“三弦胡拨琥珀词四上儿密失叉儿机”一句，诸本皆同，让人不知所云。通过他校，我认为原文短短十五个字中就有错简、误字、小注误为正文等三种错误，正确的应该是“三弦、胡拨四（琥珀词）、土儿密失、叉儿机”。《愚公谷》中有一句“隔岸数石乿而卧”，“乿”即“治”字，愚公园林崇尚自然，“治而卧”大失意趣。用《帝京景物略·定国公园》一文他校，可证“乿”为“乱”字之误。此篇最末一句“与他园花树故故为亭台意特特为园者不同”，断句时“亭台”二字无所措置，其上应有阙字。用《定国公园》他校，大致可判断所阙为“容”字。

《松化石》开首一句“松化石，大父舁自潇江署中”，“潇江”二字诸本皆同，张岱祖父从无到潇江做官之事，而且也没有潇江这一地名。通过理校，此“潇江”实为“清江”之误。《山艇子》有“竹不可一世，不敢以竹二之”句，“二”字不知所云。通过理校，可证“二”乃“竹”字之误。

通过以上两种校勘法改正的原文错字总共有几十处。

但除此之外还有另一种须解决的问题，即异体字的分别。《梦忆》中“厂”、“敞”二字不分，俱作“厂”字。咸丰本做了一些分别，如《兰雪茶》“用厂口瓷瓯淡放之”，《齐景公墓花罇》“花罇高三尺，束腰拱起，口方而厂”，咸丰本均改“厂”为“敞”，自是方便合理。而《菊海》“有苇厂三间”、“厂三面砌坛三层”，《西湖香市》“厂外又栅，栅外又摊”，《瑞草谿亭》“姚崇梦游地狱，至一大厂”数处则保持原字，或是作坊，或是商铺，或是花圃，为棚厂之厂，意思明确。但《嫏嬛福地》“余欲造厂堂东西向前后轩之”，此“厂”字咸丰本未改，常被人误以为“棚厂”之“厂”，所以标点大都是“余欲造厂，堂东西向，前后轩之”，让人疑惑张岱于“嫏嬛福地”中建此棚厂何用，而厂如何还会有堂有轩？但实际上张岱所建的是“堂”而不是“厂”，此“厂”亦是“敞”之异体，是指所造之堂为宽敞之堂。那么标点就应该是“余欲造敞堂，东西向，前后轩之”了。所以我也仿咸丰本之例，改“厂”作“敞”。这种情况非止一处，如“净”字多作“静”、“荡”字或作“宕”之类。

通过诸种校勘，总计改正乾隆本文字二百余处。

本编除了用乾隆本为底本之外，还保留了“纯生氏”即王文诰的评语，因为其中有些确实能对阅读有所启发。至于诸篇小题，也以乾隆本为准。乾隆本中有三十九篇与科图本相重，其中二十六篇的小题不同，现把科图本小题用括号附在题后，而其余小题相同的十三篇，则在小题后标以※号。乾隆本所阙的“补遗”四篇，则采用科图本的小题。

本编校勘及注释中受教于前人和今人、相识或不相识者甚多，凡所采撷，必标明出处，敬人亦所以自重也。凡有不当之处，敬请方家指教。

栾保群　庚子三月

自　序

陶庵国破家亡，无所归止，披发入山，骇骇[①]为野人〔一〕。故旧见之，如毒药猛兽，愕窒不敢与接〔二〕。每欲引决，因《石匮书》其未成，尚视息人世〔三〕。然瓶粟屡罄，不能举火〔四〕，始知首阳二老直头饿死，"不食周粟"，还是后人妆点语也〔五〕。饥饿之余，好弄笔墨，因思昔人生长王、谢，颇事豪华，今日罹此果报：以笠报颅，以蒉报踵，仇簪履也；以衲报裘，以苎报絺，仇轻暖也；以藿报肉，以粝报粻，仇甘旨也；以荐报床，以石报枕，仇温柔也；以绳报枢，以瓮报牖，仇爽垲也；以烟报目，以粪报鼻，仇香艳也；以途报足，以囊报肩，仇舆从也。种种罪案，从种种果报中见之。鸡鸣枕上，夜气方回〔六〕，因想：余生平繁华靡丽，过眼皆空，五十年来，总成一梦；今当黍熟黄粱〔七〕，车旅蚁穴〔八〕，当作如何消受？遥思往事，忆即书之，持向佛前，一一忏悔。不次岁月，异年谱也；不分门类，别《志林》也〔九〕。偶拈一则，如游旧径，如见故人，城郭人民，翻用自喜〔一〇〕，真所谓痴人前不得说梦矣〔一一〕。昔有西陵脚夫为人担酒〔一二〕，失足，破其瓮，念无所偿，痴坐伫想曰："得是梦便好！"一寒士乡试中式，方赴鹿鸣宴〔一三〕，恍然犹意非真，自啮其臂曰："莫是梦否？"一梦耳，唯恐其非梦，又唯恐其是梦，其为痴人则一也。余今大梦将寤〔一四〕，犹事雕虫，又是一番梦呓。因叹慧业文人〔一五〕，名心难化，正如邯郸梦断，漏尽钟鸣，卢生遗表，犹思摹拓二王，以流传后世〔一六〕，则其名根一点，坚固如佛家舍利，劫火猛烈，犹烧之不失也。

【校】

①"骇"，诸本俱作"駴"，"駴"为"骇"之异体，全书俱改正体。

【注】

〔一〕崇祯十七年三月，明思宗自缢，明亡。清称顺治元年。五月，福王朱由崧立于南京，是为弘光元年。顺治二年五月，南都陷。闰六月，鲁王朱以海监国绍兴。张岱是年破家招兵，支持鲁王政权抗清，授职方司主事，积极招兵献策。至九月，因受人排挤，辞别鲁王，隐居于绍兴西南百余里的越王峥。至是年底，方国安又以商榷军务为名，诱张岱出山，复绑架张岱之子，逼张岱倾产赎人。至顺治三年二月，复因定南伯俞玉商榷军务之聘，又在军中百有余日。纵观各藩，游历诸汛，见兵不成兵，将不成将，藩不成藩，镇不成镇，知江上大事已去，遂笺别鲁王，沿剡溪逃亡于剡县山中。《梦忆》中的部分文章及《自序》即写于本年在剡中避难之时。

张岱《讳日告文》（见沈复灿抄本张岱《嫏嬛文集》）："儿家口星散，儿妇依幼女住项里，诸妾住剡。儿镃在途奔走，儿镳在赘，儿钎、儿铖茕茕无依，住无定所。儿晓冒风露，夜乘月光，扶杖蹑芒，走长林丰草间，或逾峻岭，或走深坑，猿崖虎穴之中有所栖泊，亦不出三日，辄徙其处。幸有高僧义士推食食之，不至饥饿，然皮肉俱削，背露其脊，股出其髀，黧黑如深山野老，知交见之，多有不相识者矣。”

〔二〕愕窒：愕然惶骤而不能出声。唐沈亚之《上使主第二书》：“将欲有请，草奏具示，始则卒然愕窒，不知词对。”

〔三〕《石匮书》，张岱所著有明一代史籍，自洪武至天启，二百二十卷，现存二百一十八卷。又《石匮书后集》六十三卷，阙八卷，实存五十五卷，记崇祯一朝及南明五王时人物事件。此书立志撰写始自崇祯初年，而完成初稿则在明亡后的顺治十三年（一六五六），而康熙九年（一六七〇）之后仍修订不辍，总历时约四十年以上。

司马迁《报任安书》：“所以隐忍苟活，函粪土之中而不辞者，恨私心有所不尽，鄙没世而文采不表于后也。”又自言所著《史记》“草创未就，适会此祸，惜其不成，是以就极刑而无愠色。仆诚已著此书，藏之名山，传之其人通邑大都，则仆偿前辱之责，虽万被戮，岂有悔哉”。

陶渊明属纩之际，自作《拟挽歌辞》三篇。张岱《张子诗秕》存《和挽歌辞》三首，其一云：“张子自觅死，不受人鬼促。义不帝强秦，微功何足录。出走已无家，安得貍首木。行道或能悲，亲旧敢抚哭。我死备千辛，世界全不觉。千秋万岁后，岂遂无荣辱。但恨《石匮书》，此身修不足。”

张岱祭母《讳日告文》：“寻乃胡马渡江，鲁王宵遁，各藩镇哄然一散，江上无片甲焉。儿见时势如此，欲捐躯报国，踵巫咸之遗者数矣。乃自想国亡身亡，故是臣节，古人有田子春、陶靖节辈避迹山居，力田自食，亦不失为义士，或亦可以不死。又以儿著《石匮书》，记大明事实，纂辑至隆庆矣，三五年方得卒业，故忍死须臾，或亦可以不死。又以鲁王在海外，唐王在闽西，粤、滇、黔奉大明正朔，犹半天下焉，恢复中原尚亦有待，或亦可以不死。故转展踌躇，尚未死焉。”参见本书《补遗》中《平水梦》。

〔四〕瓶粟：陶渊明《归去来兮辞序》：“幼稚盈室，瓶无储粟。”

举火：《礼记·问丧》：“水浆不入口，三日不举火，故邻里为之糜粥以饮食之。”

〔五〕《史记·伯夷列传》：“武王已平殷乱，天下宗周。而伯夷、叔齐耻之，义不食周粟，隐于首阳山，采薇而食之。”张岱言“不食周粟”为司马迁妆点语，意谓本无粟可食，总归要饿死，所以为义而死只是后人妆点的好话。

〔六〕夜气：《孟子·告子上》：“其日夜之所息，平旦之气，其好恶与人相近也者几希，则其旦昼之所为，有梏亡之矣。梏之反覆，则其夜气不足以存。夜气不足以存，则其违禽兽不远矣。”夜气指晚上静思所产生的良知善念。所谓夜气清而昼气浊，平旦之气则介于清浊之间也。故儒家谈修养，即言“长存夜气”。

〔七〕黍熟黄粱：唐陈翰《异闻集》：开元间，道者吕翁经邯郸道上邸舍中，遇邑中少年卢生。卢生发叹：“大丈夫应取功名方能适意。”言讫，目昏思寐。是时主人蒸黄粱为馔，翁乃探囊中枕以授之。生俯首枕之，梦中娶清河崔氏女，举进士，登甲科，历官至宰相，荣华富贵，崇盛赫奕，一时无比。末节颇奢荡，好逸乐，后庭声色皆第一。前后赐良田甲第，佳人名马，不可胜数。后年渐老，屡乞骸骨，不许，及病，上遗表于帝，其夕遂卒。于是卢生欠伸而寤，见方卧于邸中，主人蒸黄粱尚未熟。

〔八〕车旅蚁穴：唐李公佐《南柯太守传》：淳于棼家住广陵，所居宅南有大古槐一株。淳因沉醉，昏然若梦。见二使者，云：“槐安国王奉邀。”生不觉随二使上车出户，驱入穴中，山川风候，与人世甚殊。又入大城，题曰“大槐安国”。国王招生为金枝公主驸马，荣耀日盛，次于王者。王又任生为南柯太守，守郡二十载。后公主薨，生罢郡还国。王疑惮之，命其回乡，使人送之。俄出一穴，见本里闾巷，不改往日。下车，入门升阶，己身卧于堂东庑之下。生遂醒，斜日方西，梦中倏忽，若度一世。生寻槐下穴，上有积土，为城郭台殿之状，有蚁数斛，隐聚其中，即槐安国都也。又穷一穴，直上南枝可四丈，即生所领南柯郡也。“车旅蚁穴”，即言梦醒之后重寻旧地，而知梦中所历皆蚁穴也。

〔九〕《志林》：即苏轼所撰《东坡志林》。《四库全书总目提要》：“《东坡志林》十二卷，宋苏轼撰。陈振孙《书录解题》载《东坡手泽》十卷，注曰：'今俗本《大全集》中所谓《志林》者也。'今观所载诸条，多自署年月者，又有署读某书书此者，又有泛称昨日今日不署何时者，盖轼随手所记，本非著作，亦无书名。其后人裒而录之，命曰《手泽》，而刊轼集者，不欲以父书目之，故题曰《志林》耳。"后人重编《志林》，有分类，亦有不分类者，卷数亦不尽相同。

〔一〇〕城郭人民：晋陶潜《搜神后记》卷一："丁令威，本辽东人，学道于灵虚山。后化鹤归辽，集城门华表柱。时有少年举弓欲射之，鹤乃飞，徘徊空中而言曰：'有鸟有鸟丁令威，去家千年今始归。城郭如故人民非，何不学仙冢累累。'遂高上冲天。"山河变色，"城郭如故人民非"，自然生悲；但拈出忆旧文章，则城郭人民如故，便可以此自慰。

〔一一〕痴人前不得说梦：宋僧惠洪《冷斋夜话》卷九有"痴人说梦梦中说梦"条："僧伽（即后世所说的泗州大圣）于龙朔中游江淮间，其迹甚异。有问之曰：'汝何姓？'答曰：'姓何。'又问：'何国人？'答曰：'何国人。'唐李邕作碑，不晓其言，乃书传曰：'大师姓何，何国人。'此正所谓对痴人说梦耳，李邕遂以梦为真，真痴绝也。"痴人说梦，本为成语，谓痴人以梦话为真也。今颠倒用之，则以前朝旧事为梦，而自嘲为痴人。

〔一二〕西陵脚夫：西陵，镇名，在杭州钱塘江之南岸，属萧山境，苏小小墓在焉。又称西兴，因为水陆码头，脚夫多集中于此，又称"西兴脚子"。据周作人《再谈俳文》（见《药味集》）云：西陵脚子事与《夜航船序》中小僧伸脚事，均录自陶奭龄《小柴桑喃喃录》。

〔一三〕鹿鸣宴：唐代以来，乡举放榜次日，宴主考、执事人员及新举人，歌《诗·小雅·鹿鸣》，作魁星舞，故名。

〔一四〕人生如一大梦，大梦将寤即性命将终。

〔一五〕慧业文人：《宋书·谢灵运传》：会稽太守孟顗事佛精恳，而为灵运所轻，尝谓顗曰："得道应须慧业文人。生天当在灵运前，成佛必在灵运后。"慧业，慧根也。

〔一六〕汤显祖据卢生黄粱梦故事撰《邯郸梦》传奇，其第二十九折有一情节：卢生道："叫大儿子将文房四宝，扫席焚香，待我写下遗表，谢了朝廷，便死瞑目矣。"其妻道："公相不烦自写。"卢生道："你不知，俺的字是钟繇法帖，皇上最所爱重。俺写下一通，也留与大唐家作镇世之宝。"张岱此处变钟繇为二王。

卷　一

钟山(孝陵)

钟山上有云气〔一〕，浮浮冉冉〔二〕，红紫间之，人言王气，龙蜕藏焉。高皇帝①与刘诚意、徐中山、汤东瓯定寝穴〔三〕，各志其处，藏袖中。三人合，穴遂定。门左有孙权墓，请徙。太祖曰："孙权亦是好汉子，留他守门。"及开藏，下为梁志公和尚塔〔四〕。真身不坏，指爪绕身数匝。军士畚之不起〔五〕，太祖亲礼之，许以金棺银椁、庄田三百六十奉香火，舁灵谷寺塔之〔六〕。今寺僧数千人，日食一庄田焉。陵寝定，闭外羡，人不及知。所见者，门三，飨殿一，寝殿一，后山苍莽而已〔七〕。

【校】

①"高皇帝"，砚云本、科图本作"明太祖"。

【注】

〔一〕《江南通志》卷十一《江宁府》：钟山，在府东北十五里朝阳门外，本名金陵山。据庾阐《扬都赋》云：山时有紫气，故又名紫金山。高一百五十八丈，周回六十里。东连青龙，北接雉亭，诸葛亮云秣陵地形“钟阜龙蟠”是也。汉秣陵尉蒋子文，吴为立庙此山，因改为蒋山。又曰圣游山，又曰北山，即南齐周颙隐处。明嘉靖中诏改为神烈山。两峰秀起，北一峰最高，其上为太子岩，即昭明读书台，八功德水在其下，梁以后取供御案。南有冈曰独龙峰，曰玩珠山。

〔二〕冉冉：渐渐移动，或言行，或言升，或言变化。《离骚》：“老冉冉其将至兮，恐修名之不立。”

〔三〕刘诚意：刘基，字伯温，浙江青田人。元至顺间举进士，历高安丞、江浙儒学副提举，投劾归。基博通经史，于书无不窥，尤精象纬之学。西蜀赵天泽以为诸葛孔明俦。朱元璋下金华，定括苍，闻基及宋濂等名，以币聘基。既至，陈时务十八策。吴王元年，以基为太史令。洪武三年，授弘文馆学士，封诚意伯。

徐中山：徐达，字天德，濠人。世业农。少有大志。朱元璋为郭子兴部帅，达时年二十二，往从之，一见语合。吴王元年，以达为左相国。洪武三年，以达为中书右丞相，封魏国公。及卒，追封中山王，赠三世皆王爵，赐葬钟山之阴。配享太庙，肖像功臣庙，位皆第一。

汤东瓯：汤和，字鼎臣，濠人，与太祖同里閈。初从郭子兴，后从太祖。时诸将多太祖等夷，莫肯为下，和长太祖三岁，独奉约束甚谨。洪武三年封中山侯，十一年进封信国公。卒年七十，追封东瓯王。

〔四〕明董谷《碧里杂存》：“宝志公，萧梁时神僧也。余尝于鸡鸣山塔中睹其塑像，腊高貌古，筋骨皆露，俨如生人，非今之匠工所能为也。询于故老，告余曰：‘今之孝陵，即志公之瘗所也。瘗旁原有八功德水，泉脉甘美。诚意伯奏改葬之。乃见二大缶对合，启之，端坐于内，发被体，擁绕腰矣。既迁，而水亦随往，圣祖异焉，敕建灵谷寺，赐之庄田甚广，仍迎其像以归，建塔居之，命太常岁祭，行搢笏之礼焉。’”

〔五〕輂，《说文解字》：“大车驾马也。”段玉裁注：“古大车多驾牛，其驾马者则谓之輂。”显然与此处不合。按“輂”音如“举”，此处或即“举”

之俗写。卷一《木犹龙》又有"輂之京"，卷五《于园》又有"輂之费"，卷八《瑞草谿亭》又有"輂土"、"輂一礐石"，则意似"辇"字。

〔六〕灵谷寺，在钟山之阳。本名道林寺。梁武帝为宝志禅师建塔于玩珠峰前，名曰开善寺。宋曰太平兴国寺。后为蒋山寺。明初移于东南麓，赐名灵谷寺。自山门入松径五里乃至寺，大殿皆垒甓空洞而成。后有浮图，即梁宝志禅师幻身，改葬于此。

〔七〕《明史·礼志十四》："凡山陵规制，有宝城，长陵最大，径一百一丈八尺。正前为明楼，楼中立帝庙谥石碑，下为灵寝门。左右墙门各一楼。明楼前为石几筵，又前为祾恩殿、祾恩门。殿唯长陵重檐九间，左右配殿各十五间。门外神库或一或二，神厨宰牲亭，有圣迹碑亭。长陵迤南有总神道，有石桥，有石像人物十八对，擎天柱四，石望柱二。"

壬午七月，朱兆宣簿太常〔一〕。中元祭期〔二〕，岱观之。飨殿深穆，暖阁去殿三尺，黄龙幔幔之。列二交椅，褥以黄锦，孔雀翎织正面龙，甚华重。席地以毡，走其上必去舄轻趾。稍咳，内侍辄叱曰："莫惊驾！"近阁下一座稍前，为硕妃，鞑女①。是成祖生母〔三〕。成祖生，孝慈皇后衽为己子，事甚秘〔四〕。再下，东西列四十六席，或坐或否。

【校】

①"鞑女"二字据科图本补。原为大字，据前后文意，应是小字注文误为正文者。

【注】

〔一〕壬午，崇祯十五年（一六四二）。

朱兆宣：朱燮元第四子（燮元见卷三《白洋潮》注）。簿太常，为太常卿下典簿之官。按《嘉庆山阴县志·人物二》朱燮元之季子名兆宪，不知是一人否。

〔二〕据《明史·礼志十四》：明初沿前代之制，凡清明、中元、冬至之日上陵，嘉靖时用礼部尚书夏言言，罢冬至上陵，而移中元于霜降，唯清明如旧。至万历八年，复谒陵礼如旧。

〔三〕《日下旧闻考》卷三十一引《韫光楼杂志》："元制，岁责高丽贡美女。窃疑明初犹沿元制未改，此孝陵有硕妃，长陵有权妃也。"

按：成祖之母一般说是高丽人，但民间又有蒙古人之说。清刘献廷《广阳杂记》卷二："明成祖，非马后子也。其母瓮氏，蒙古人，以其为元顺帝之妃，故隐其事。宫中别有庙藏神主，世世祀之，不关宗伯。有司礼太监为彭恭庵言之。余少每闻燕之故老为此说，今始信焉。"此言"鞑女"，鞑为"蒙鞑"，是张岱兼取蒙古人之说。

〔四〕明谈迁《枣林杂俎·义集·彤管》略云："孝陵享殿，太祖高皇帝、高皇后南向。左淑妃李氏生懿文皇太子、秦愍王、晋恭王，次皇□妃□氏，又次皇贵妃□氏，又次皇贵人□氏，又次皇美人□氏，俱东列。硕妃生成祖文皇帝，独西列。见《南京太常寺志》。享殿配位出自宸断，相传必有确据，故《志》之不少讳，而微与玉牒抵牾，诚不知其解。"

李清《三垣笔记》附志："予阅《南太常寺志》载：懿文皇太子及秦、晋二王均李妃生，成祖则硕妃生，讶之。时钱宗伯谦益有博物称，亦不能决。后以弘光元旦谒孝陵，予语谦益曰：'此事与实录、玉牒左，何征？但本志所载，东侧列妃嫔二十余，而西侧止硕妃，然否？曷不启寝殿验之？'及入视，果然，乃知李、硕之言有以也。唯周王不载所出，观太祖命服养母孙妃斩衰三年，疑即孙出。"

又朱彝尊《南京太常寺志跋》："《枣林杂俎》中述孝慈高皇后无子，不独长陵为高丽硕妃所出，而懿文太子及秦、晋二王皆李淑妃产也。今观天启三年《南京太常寺志》，大书孝陵殿宇中设高皇帝、后主，左配生子妃五人，右只硕妃一人，事足征信。"

朱彝尊《静志堂诗话》卷十三“沈玄华”条：“明南都太庙，嘉靖中为雷火所焚，尚书湛若水请重建，而夏言阿世宗意，请罢。有旨并入奉先殿。按长陵每自称曰：‘朕高皇后第四子也。’然奉先庙制，高后南向，诸妃尽东列，西序唯硕妃一人，具载《南京太常寺志》。盖高后从未怀妊，岂唯长陵，即懿文太子亦非后生也。世疑此事不实。诵沈大理《南都奉先殿纪事诗》云：‘……高后配在天，御幄神所栖。众妃位东序，一妃独在西。成祖重所生，嫔德莫敢齐。……’斯明征矣。大理殁后，玄孙传弓摭拾遗集，早夭失传。是诗获于高工部寓公家。”按清方濬师《蕉窗随录》卷十二云：“沈玄华诗集，竹垞明言为其玄孙传弓摭拾，而传弓早夭失传，此诗盖得之高工部寓公家。必好事者假沈名而作，竹垞不察，辄登录之。”

祭品极简陋。朱红木簋、木壶、木酒罇，甚麤朴。簋中肉止三片、粉一铗、黍数粒、东瓜汤一瓯而已。暖阁上一几，陈小①铜炉一、小箸瓶二、杯棬二；下一大几，陈太牢一、少牢一而已。他祭或不同，岱所见如是。先祭一日，太常官属开牺牲所中门，导以鼓乐旗帜，牛羊自出，龙袱盖之。至宰割所，以四索缚牛蹄。太常官属至，牛正面立，太常官属朝牲揖，揖未起，而牛头已入燖所。燖已，舁至飨殿。次日五鼓，魏国至〔一〕，主祀，太常官属不随班，侍立飨殿上。祀毕，牛羊已臭腐不堪闻矣。平常日进二膳，亦魏国陪祀，日必至之。

【校】

①“小”字原本无，据砚云本补。

【注】

〔一〕魏国：魏国公，徐达后裔。徐达本封为魏国公，中山王系追封，且仅赐王爵三世。自弘治时起，魏国公多协守南京。此时魏国公为徐弘基。

戊寅，岱寓鹫峰寺。有言孝陵上黑气一股，冲入牛斗，百有余日矣。岱夜起视，见之。自是流贼猖獗，处处告警。壬午，朱成国与王应华奉敕修陵〔一〕，木枯三百年者尽出为薪，发根，隧其下数丈，识者为"伤地脉，泄王气"。今果有甲申之变，则寸斩应华亦不足赎也〔二〕。孝陵玉食二百八十二年，今岁清明，乃遂不得一盂麦饭，思之猿咽①。

纯生氏曰：《梦忆》首叙钟山，亦犹《禹贡》之首叙冀州也。

【校】

①自"戊寅"至此一段原本无，据砚云本补。

【注】

〔一〕朱成国：明成祖"靖难"功臣朱能封成国公，此为其后嗣，即成国公朱纯臣。李自成破北京，纯臣降，复因逼勒金银被夹死。

王应华：时为浙江提学副使，因善形家言，故从朱纯臣相视皇陵。明亡，弘光时为光禄卿。南都既陷，应华逃逸。及桂王即皇帝位于广东，年号绍武，应华以劝立功为东阁大学士。清兵破城，绍武帝变服走王应华家，不纳。应华旋降清。

〔二〕清刘献廷《广阳杂记》卷一："崇祯季年，有言孝陵朽木甚多，恐致火灾，有旨搜芟孝陵朽木。内官因之斩伐无忌，数百年乔木尽罹斧斤，孝陵杉板沿街贱售矣，而百姓遂有'皇帝伐卖祖宗坟树'之语，不祥莫大焉。”

报恩塔※

中国之大古董，永乐之大窑器〔一〕，则报恩塔是也〔二〕。报恩塔成于永乐初年，非成祖开国之精神、开国之物力、开国之功令，其胆智才略足以吞吐此塔者，不能成焉〔三〕。塔上下金刚佛像千百亿金身。一金身，琉璃砖十数块凑砌①成之，其衣折不爽分，其面目不爽毫，其须眉不爽忽，斗笋合缝〔四〕，信属鬼工。

【校】

①“砌”字原本无，据砚云本、科图本补。

【注】

〔一〕窑器：此指有收藏价值的名窑磁器。明张萱《疑耀》卷七：“古人称磁器，皆曰某窑器、某窑器，不称磁也，唯河南彰德府磁州窑器乃称磁耳。今不问何窑所制，而凡瓦器俱称磁，误矣。”按：宋时博古家称“窑器”，多指名窑如柴、汝、官、哥、定之类所出，故曰某窑器某窑器。刘侗《帝京景物略·城隍庙市》言骨董玩器，首为宣铜，次为窑器。所谓“窑器”，“古曰柴、汝、官、哥、均、定，在我朝则永、宣、成、弘、正、嘉、隆、万官窑”。亦可见“窑器”所指。报恩寺塔为琉璃所砌，自非窑器，而张岱以“大古董”、“大窑器”称之，与后文连用三“开国”，皆有微意存焉。

宋叶寘《坦斋笔衡》云：“陶器自舜时便有，三代迄于秦汉，所谓甓器是也。今土中得者，其质浑厚，不务色泽。末俗尚靡，不贵金玉而贵铜磁，遂有秘色窑器。世言钱氏有国日，越州烧进，不得臣庶用，故云秘色。本朝以定州白磁器有芒，不堪用，遂命汝州造青窑器。江南则处州龙泉县，窑质颇粗厚。政和间，京师自置窑烧造，名曰官窑。”

〔二〕报恩塔：《明太宗实录》卷二百六十九：永乐二十二年春三月甲辰，天禧寺将成，赐名大报恩寺，上亲制碑文，其中曰：“重造浮屠，高壮坚丽，度越前代。更名曰大报恩寺，所以祗迎灵贶，上资福于皇考皇妣，且祈普佑海宇生灵及九幽归爽，咸沾济利用，仰承我皇考妣之圣志，而表朕之孝诚。今将竣事，特志其本末于碑，用昭示如来之道化，我皇考皇妣之功德，配天地之广大，同日月之光明，而相为悠久于万万年。”

明顾起元《客座赘语》卷七：“大报恩寺塔，高二十四丈六尺一寸九分，地面覆莲盆，口广二十丈六寸，纯用琉璃为之，而顶以风磨铜，精丽甲于今古。中藏舍利，时出绕塔而行，常于震电晦冥夜见之，白毫烛天，自诸门涌出，戛戛如弹指声。嘉靖庚申寺被火，并其护塔廓毁之，塔故无恙。至万历庚子中，其贯顶大木朽蚀者半，金顶亦欹斜矣。雪浪洪恩慨然谋正之，身自募化，凡得金数千。架木易其贯顶之木，又斥其余赀修塔廓，焕然顿还旧观矣。陈太史鲁南《琉璃塔记》曰：‘广四十寻，重屋九级，高百尺，外旋八面，内绳四方。’似过其实，而文甚奇丽可重也。”

明郎瑛《七修类稿》卷四十八：“嘉靖甲午，余在金陵，游大报恩寺，寺塔壮且丽，可谓极天下者。闻有舍利镇塔下。是日同行者五人，老僧随之，且曰：‘善人登之时，有金甲神人或五色光现，不净者有损焉。’众闻之，且见其峻险，遂至二三层或四五层者。余则竟行至顶，意其言之妄也。不意出寺数十步，偶尔回观，则塔上横射光彩，真如佛图所画，遂指众而见之。此又不知何说。”

明张翰《松窗梦语》卷二：“出聚宝门一里，为报恩寺，有琉璃塔，高二十五丈，永乐年重建，夜每燃灯数十，如星光灿烂，遥见十里之外。”

〔三〕明至永乐，已历洪武、建文二世三十余年，而曰“开国”者，刺成祖攘取天下非正也，所谓“开国之精神”，即篡夺之心也。连兵三载，死伤数十百万人，南北残破，天下疲敝，此“开国之物力”也。屠戮建文遗臣，祸连九族，穷搜建文踪迹，直达海外，此“开国之功令”也。竭天下之力而成此大报恩寺,所谓报“皇考皇妣”之恩,不过曲证自己为高皇后所产,既为高皇帝之嫡子,则是皇统之正脉,以掩饰夺嫡篡逆之实。

按:作为胜国遗民,张岱在《石匮书》中对本朝诸帝例应多回护之笔,所以《成祖本纪》充分肯定成祖雄才大略。但在其他文字中,则对其篡夺皇位、屠杀建文忠臣表现了深度的鄙夷和痛恨,并特别注目于对士大夫忠义之心的摧残,以为关系明代国运。《越绝诗小序》云:“忠臣义士多见于国破家亡之际,如敲石出火,一闪即灭,人主不急起收之,则火种绝矣。我太祖高皇帝,于元末忠义如余阙、福寿、李黼之辈宝恤之,不啻如祥麟威凤。积薪厝火,其焰立见,革除之际,已食其报矣。成祖灭灶扬灰,火星已尽。而吾烈皇帝身殉社稷,光焰烛天,天下忠臣烈士闻风起义者,踵顶相籍。譬犹阳燧,对日取火,火自日出,不薪不灯,不木不石,盖其所取种者大也。”盖言忠义之火已为成祖灭尽,明末忠臣烈士乃取于天地之间正气,非由列帝之培育。《上鲁王第一笺》:“臣尝上下千古,谓得天下之正者,无如我太祖高皇帝,卜世卜年,应逾成周远甚。乃至我成祖文皇帝,实负惭德。厥后正统蒙尘,崇祯殉难,识者谓是逊国之报,夫岂其然?”并认为鲁王比成祖以下诸帝更合正统。在《梦忆》中,《钟山》一篇直揭成祖出身为蒙鞑之种,《孔庙桧》一篇言“孔氏子孙恒视其荣枯以占世运”,孔桧“至洪武二十二年己巳,发数枝,蓊郁”,却在“后十余年”即成祖篡位之后又枯。

〔四〕斗笋:各建筑部件之衔接咬合。

闻烧成时具三塔相,成其一,埋其二,编号识之。今塔上损砖一块,以字号报工部,发一砖补之,如生成焉〔一〕。夜必灯,岁费油若干斛。天日高霁,霏霏霭霭,摇摇曳曳,有光怪出其上,如香烟缭绕,半日方散。永乐时,海外夷蛮重译至者百有余国,见报恩塔,必顶礼赞叹而去，谓四大部洲所无也〔二〕。

纯生氏曰：昔有西域僧言，此塔为天下第一。或云塔能出火，光焰薄天，亦时于塔门中隐现小塔，金灯璎珞，垂垂不绝，亦云奇矣。独怪高帝初欲沙汰佛氏，后乃选天下高僧为诸王子辅，卒之燕飞帝座，月落江湖，高僧则兵法娴于佛法，杀人到处盈城，王子则霸图埒于浮图，孝思以为不匮，虽曰天意，何其谬哉！查夏重诗有云："法转风轮翅，光摇火树灯。地维标宝刹，天阙界金绳。(道尽修心梵教。)比戈残骨肉，国事异中兴。此举无名极，当时负愧曾。"直是诗中之史矣。

【注】

〔一〕竭天下之力，役囚万人，历十六年，大报恩寺始成。而寺塔之最后峻工，实在宣宗三年。至嘉靖四十二年，寺被毁，塔亦渐圮。僧雪浪募修之，始复旧观。未言另藏"塔相"之事。又清金眉生《水窗春呓》云："金陵城南报恩寺浮图，高数十丈，巨丽甲海内。每燃塔灯，远望如火焰山，真奇境也。粤匪以地雷轰之，遂仆。相传永乐兴造，先后十九年，其下砖石，数倍于地上之塔。"然此后至今亦未发现地下有备用琉璃砖瓦，则"塔相"之说或不过传闻而已。

〔二〕清方濬师《蕉轩续录》卷二"报恩寺塔"："张岱《陶庵梦忆》载金陵报恩寺塔为四大部洲所无。按：北魏胡灵太后时作永宁寺，又作石窟寺于伊阙口，皆极土木之美，而永宁尤盛，有金像高丈八者一，如中人者十，玉像二，为九层浮图，掘地筑基，下及黄泉。浮图高九十丈，上刹复高十丈。每夜静，铃铎声闻十里。佛殿如太极殿，南门如端门。僧房千间，珠玉锦绣，骇人心目。自佛法入中国，塔庙之盛未之有也。（本《资治通鉴》）据此，则永宁塔与报恩塔亦正相等耳。报恩寺在江宁县城南一里，乃长干寺旧址，明永乐初撤而斥大之，塔高百余丈，国朝康熙三年及三十八年皆重修。道光甲辰，予在江南，登其巅，遥望江潭，舟樯一片，俯瞰城阙，烟火万家。时当八月，秋气逼人，老仆以棉衣进，着之，颇觉高处不胜寒也。咸丰辛亥，予寓鏇子巷，去寺甚近。一夕赴友人召，四鼓归，见塔灯高者如繁星，下者如明月，烟云缭绕，金碧辉煌，又觉置身琉璃世界中。归取所储雨花台水烹松萝香茗，快饮数瓯，形神为之酣适。迄今垂三十年，一追忆之，犹依依魂梦也。粤贼跳梁，据城十二年，名区胜境悉付劫灰，而此塔亦拆毁无片瓦矣。可胜叹哉！”

天台牡丹

天台多牡丹〔一〕，大如拱把，其常也。某村中有鹅黄牡丹，一株三干，其大如小斗，植五圣祠前〔二〕。枝叶离披，错出檐甃之上，三间满焉。花时数十朵，鹅子、黄鹂、松花、蒸栗〔三〕，萼楼穰吐，淋漓簇沓。土人于其外搭棚演戏四五台，婆娑乐神〔四〕。有侵花至漂发者，立致奇祟，土人戒勿犯，故花得蔽芾而寿〔五〕。

纯生氏曰：黄牡丹出姚氏者岁数朵，不闻树大。马嵬驿牡丹高与楼等，铜陵县民家有可系马者，皆不以黄著名。若五圣祠所植，迨古今之冠欤？唐人诗云：“晓艳远分金掌露，暮香深惹玉堂风。”自然富贵风韵，堪以品题姚花，而姚氏不称玉堂之目。陶庵记此花不减林下风味，语虽幸之，而意实惜之，与赋影园者有间矣。

【注】

〔一〕天台：今浙江天台县，以境内名胜天台山而名。崇祯十一年，张岱同秦一生游宁波普陀、天童寺，又至鄞县游阿育王寺，有可能此行到过天台一带。据天台小友徐永强介绍，除国清寺方丈楼百年牡丹外，天台城里桥上村原陈氏老宅中也还有老牡丹在，听邻居介绍，原树桩比手臂还粗，树干挂到墙外。

〔二〕五圣：或指五显，或指五通。明陆粲《庚已编》卷五："吴俗所奉妖神，号曰五圣，又曰五显灵公，乡村中呼为'五郎神'。"此吴地之五通也。而浙赣二地所奉以五显为多。五显在南宋时称五显灵官，除都城临安外，地方也多有建灵顺行宫者。而其源则有二：一为徽州婺源，庙称五显灵祠。据宋罗愿《新安志》，灵顺庙，其神五人，旧号五通庙。淳熙元年进封显应、显济、显佑、显灵、显宁公，遂号五显。二为江西德兴之五显神庙，淳熙四年临安钱塘门外所建"五圣行祠"即为德兴神。二地五显渐渐合流，但又生祖庙之争，最后则以婺源为五显祖庭。明清江南民间对五圣的信仰极盛，见于笔记者甚多。

〔三〕牡丹以黄为最贵，有"姚黄为王，魏红为妃"之说。此四种皆喻花之不同黄色。鹅子，雏鹅也。松花，一名松黄，因其色黄也，见《本草纲目》卷二十四。又《尔雅翼》卷十："玉色黄者，侔蒸栗也。"

〔四〕婆娑乐神：《后汉书·列女传》："孝女曹娥者，会稽上虞人也。父盱，能弦歌，为巫祝。汉安二年五月五日，于县江泝涛迎婆娑神，溺死。"王应麟《困学纪闻》卷十三"考史"云："《曹娥碑》云：'盱能抚节安歌，婆娑乐神，以五月五日迎伍君。'传云'婆娑神'，误也。"

〔五〕蔽芾：《诗·召南·甘棠》："蔽芾甘棠，勿剪勿伐，召公所茇。"朱熹《集传》："蔽芾，小貌也。甘棠，杜也。茇，草舍也。召公巡行邦国，重烦劳百姓，蔽棠而舍。国人思之而爱其棠，不忍伐也。”“蔽芾”如作“小”解，置此难通，只能视为“成语”，意谓天台土人如同不伐甘棠之周人，亦念五圣之灵应而不伐牡丹也。又宋范处义《诗补传》云：“蔽芾，盛也。”置此应更通顺。

金乳生草花

金乳生喜莳草花〔一〕。住宅前有空地，小河界之。乳生濒河构小轩三间，纵其趾于北，不方而长，设竹篱经其左。北临街筑土墙，墙内砌花栏护其趾。再前，又砌石花栏，长丈余而稍狭。栏前以螺山石累山披数折〔二〕，有画意。草木百余本，错杂莳之，浓淡疏密，俱有情致。春以莺粟、虞美人为主〔三〕，而山兰、素馨、决明佐之〔四〕。春老，以芍药为主，而西番莲、土萱、紫兰、山矾佐之〔五〕。夏以洛阳花、建兰为主〔六〕，而蜀葵、乌斯菊、望江南、茉莉、杜若、珍珠兰佐之〔七〕。秋以菊为主，而剪秋纱、秋葵、僧鞋菊、万寿、芙蓉、老少年、秋海棠、雁来黄、矮鸡冠佐之〔八〕。冬以水仙为主，而长春佐之〔九〕。其木本如紫白丁香、绿萼、玉楪、蜡梅、西府、滇茶、月丹①、白梨花〔一〇〕，种之墙头屋角，以遮烈日。乳生弱质多病，蚤起，不盥不栉，蒲伏阶下，捕菊虎，芟地蚕，花根叶底，虽千百本，一日必一周之。瘽头者火蚁，瘠枝者黑蚰，伤根者蚯蚓、蜒蝣，贼叶者象干、毛蜎。火蚁，以鲞骨〔一一〕、鳖甲置旁，引出弃之；黑蚰，以麻裹筯头②捋出之；蜒蝣，以夜静持灯灭杀之;蚯蚓,以石灰水灌河水解之;毛蠋,以马粪水杀之;象干虫,磨铁线穴搜之〔一二〕。事必亲历,虽冰龟其手,日焦其额,不顾也。青帝喜其勤〔一三〕,近产芝三本以祥瑞之。

纯生氏曰:乳生隐于花者也,而以花显于世。一手一足之烈,乃不徒老于灌园哉。叙四时插入"春老",结到"产芝",具见文心灵异。

【校】

①"月丹",诸本并作"日丹"。花无名"日丹"者,印晓峰君告:疑是"月丹"之误。此形近而讹。

②"箣头",原本作"筋头",据刘侗《帝京景物略》卷三《草桥》及方以智《物理小识》卷九改。

【注】

〔一〕金乳生:绍兴人。据祁彪佳《归南快录》,乳生为祁彪佳表兄,言其"所蓄花石殊可人意"。又彪佳《越中园亭记》"亦园"条云:"在龙门桥。主人金乳生,植草花数百本,多殊方异种,虽老圃不能辨识,四时烂漫如绣。所居仅斗室,看花人已履满户外矣。"

〔二〕螺山:宋施宿《会稽志》卷九:"螺山,在县东二十里。旧经云:山似螺,故名。"

山披:披为"横披",本是书画的一种样式,此指庭园装饰中的横长背景。因以山石累成,故称山披。

〔三〕莺粟:即罂粟。明王象晋《群芳谱》卷四十六:"罂粟,一名米囊花,一名御米花,一名米壳花。茎高一二尺,叶如茼蒿。花有大红、桃红、红紫、纯紫、纯白,一种而具数色。又有千叶、单叶,一花而具二类。艳丽可玩。实如莲房,其子囊数千粒,大小如葶苈子。"《瓶史》:芍药花,以莺粟、蜀葵为婢。

虞美人：属罂粟科。《广群芳谱》卷四十六："虞美人，一名满园春。千叶者佳。独茎三叶，叶如决明，一叶在茎端，两叶在茎之半，相对而生。人或近之，抵掌讴曲，叶动如舞，故又名舞草。"《花镜》："江浙最多，丛生，花叶类罂粟而小。一本有数十花，茎细而有毛，发蕊头朝下，花开始直。单瓣丛心，五色俱备，姿态葱秀，因风飞舞，俨如蝶翅扇动，亦花中妙品。"

〔四〕山兰：即野生之兰。

素馨：《群芳谱》卷四十三："一名耶悉茗花，一名野悉蜜花。来自西域。枝干袅娜，似茉莉而小。叶纤而绿，花四瓣，细瘦，有黄白二色。须屏架扶起，不然不克自竖。雨中妩态，亦自媚人。"方以智《物理小识》卷九以为即茉莉之一种，瓣长者为素馨。

决明：《群芳谱》卷九十六："有二种。马蹄决明，茎高三四尺，叶大于苜蓿，而本小末奢。昼开夜合，两两相贴，秋开淡黄花五出，结角如初生细豇豆，长五六寸，子数十粒，参差相连，状如马蹄，青绿色，入眼药最良。一种茳芒决明，即山扁豆苗，茎似马蹄决明，但叶本小末尖似槐叶，夜亦不合，秋开深黄花五出，结角如小指，长二寸许，子成数列，如黄葵子而扁，色褐，味甘滑。"

〔五〕西番莲：《群芳谱》卷三十一："西番莲，花淡雅似菊之月下西施。自春至秋，相继不绝，亦花中佳品。春间将藤压地，自生根，隔年凿断分栽。"

按：今北方称大丽花为西番莲，但张岱于卷二《梅花书屋》中言"梅根种西番莲，缠绕如缨络"，显与大丽花非一种，而与《群芳谱》之"藤"本相合。沈胜衣《西番莲的前生今世》一文考证，此花于明季传入我国，"花朵奇特艳丽，花期甚长"，"藤蔓细长柔软，善于缠绕攀爬"，甚是。

土萱：即野生之萱，俗称萱花、萱草，称"土"以与堂前所栽之萱相区分。《群芳谱》卷四十六："萱，一名忘忧，一名疗愁，一名宜男。苞生，茎无附枝，繁萼攒连，叶四垂。花初发，如黄鹄嘴开，则六出。时有春花、夏花、秋花、冬花四季，色有黄、白、红、紫、麝香、重叶、单叶数种。唯黄如蜜色者清香。”

紫兰：兰草之一种，花为紫色。《广群芳谱》卷四十四：“兰以紫梗青花为上，青梗青花次之，紫梗紫花又次之，余不入品。”

山矾：即玉蕊花，本名玚花，黄庭坚称为山矾。《群芳谱》卷三十七引周必大《玉蕊辨证》云：“条蔓如荼蘼，冬凋春茂，柘叶，紫茎。玉蕊花苞初甚微，经月渐大，暮春方八出，须如冰丝，上缀金粟。花心复有碧筩，状类胆瓶，其中别抽一英出众须上，散为十余蕊，犹刻玉然。”又引《韵语阳秋》云：“江南野中有小白花，木高数尺，春间极香，土人呼为玚花。玚，玉名，取其白也。鲁直云：‘荆公欲作传而陋其名。予谓名曰山矾，野人取其叶以染黄，不借矾而成色，故以名尔。’”

〔六〕洛阳花：即石竹。《群芳谱》卷四十六：“石竹，草品，纤细而青翠。花有五色，单叶、千叶。又有剪绒，娇艳夺目，㛹娟动人。一云千瓣者名洛阳花，草花中佳品也。”

建兰：兰花之一种，因出自闽中，故称。《群芳谱》卷四十四：“建兰，茎叶肥大，苍翠可爱，其叶独阔，今时多尚之。叶短而花露者尤佳。”

〔七〕蜀葵：《群芳谱》卷四十六：“蜀葵，一名戎，一名吴葵，一名一丈红。肥地勤灌，可变至五六十种。色有深红、浅红、紫白、墨紫、深浅桃红、茄子蓝数色。形有千瓣、五心、重台、重叶、单叶、剪绒、锯口、细瓣、圆瓣、重瓣数种。五月繁华，莫过于此，庭中篱下，无所不宜。茎有紫白二种，白者为胜。”

乌斯菊：又名无丝菊，开于六月。

望江南：又名凤凰草，花金黄。

杜若：又名杜蘅，香草也。

珍珠兰：即金粟兰，因其花如珠，其香似兰，故称珠兰或珍珠兰。

〔八〕剪秋纱：即剪秋罗。《群芳谱》卷四十六：“一名汉宫秋。色深红，花瓣分数岐，尖峭可爱，八月间开。”

秋葵:《群芳谱》卷四十七:“秋葵,一名侧金盏。茎高六七尺。叶如芙蓉,深绿色,开岐叉有五,尖如人爪形,狭而多缺。六月放花,大如碗,鹅黄色,紫心六瓣而侧,雅淡堪玩,朝开午收暮落。随即结角,大与葵相似,故名秋葵。”

僧鞋菊:即草乌头,又名土附子。清邹一桂《小山画谱》:“其根即附子。梗高三四尺,丛生,叶如艾。花开于顶,一枝数十朵,色深紫,形如僧鞋。花卸后结子如小瓶。此花开于九月,经霜乃凋,明春复发。”

万寿:即万寿菊。《小山画谱》:“金黄色,千叶,花大如杯,开足圆满,蒂长,蕊如瓜瓣。一枝十余出。一本数十花,光焰夺目。”

芙蓉:此指木芙蓉。《群芳谱》卷三十九:“木芙蓉,一名木莲,一名华木,一名拒霜花,一名桃木,一名地芙蓉。有数种,唯大红千瓣、白千瓣、半白半桃红千瓣、醉芙蓉、朝白午桃红晚大红者佳甚,黄色者种贵难得。又有四面花、转观花红白相间。八九月间次第开谢,深浅敷荣,最耐寒而不落、不结子。总之,此花清姿雅质,独殿众芳。《本草》云:此花艳如荷花,故有芙蓉、木莲之名。八九月始开,故名拒霜。”

老少年:《小山画谱》:“有红、黄及间色三种。红者名雁来红,红黄相间者名十样锦。红者初时紫色,至秋则红,叶心内变出。黄者初时绿色,后变黄。间色者,红黄俱变。”

秋海棠:《群芳谱》卷三十六:“一名八月春。草本。花色粉红,甚娇艳。叶绿如翠羽。此花有二种,叶下红筋者为常品,绿筋者开花更有雅趣。”

雁来黄:一种观叶植物,至秋时,顶端叶子变为金黄。

矮鸡冠:即鸡冠花中之矮棵者。《群芳谱》卷五十二:“鸡冠花中有扫帚鸡冠,有扇面鸡冠,有缨络鸡冠。有深紫、浅红、纯白、浅黄四色。又有一朵而紫黄各半,名鸳鸯鸡冠。又有紫、白、粉红三色一朵者。又有一种五色者,最矮,名寿星鸡冠。扇面者以矮为佳,帚样者以高为趣。”

〔九〕长春:疑指金盏花。《群芳谱》卷四十六:“金盏花,一名长春花，一名杏叶草。高四五寸，嫩时颇肥泽。叶似柳叶，厚而狭，抱茎而生，甚柔脆。花大如指顶，金黄色，瓣狭长而顶圆，开时团团，状如盏子，生茎端，相续不绝。”

〔一〇〕绿萼：绿萼梅。《群芳谱》卷二十二：“凡梅花跗蒂皆绛紫色，唯此种纯绿，枝梗亦青，特为清高。”

玉楪：即玉蝶梅，梅花之一种。《群芳谱》卷二十二：“花头大而微红，色甚妍可爱。”

西府：西府海棠。《群芳谱》卷三十五：“海棠有四种，皆木本：贴梗海棠、垂丝海棠、西府海棠、木瓜海棠。垂丝，树生柔枝，长蒂，花色浅红，盖由樱桃接之而成，故花梗细长似樱桃。其瓣丛密而色娇媚，重英向下，有若小莲枝。西府则梗略坚，花色稍红。”

滇茶：即云南山茶花。会稽本地有山茶，即贞同花，《平泉草木记》云“稽山之贞同，其花鲜红可爱，而且耐久”，故此称“滇”以区别之。

月丹：月丹为一种大型的山茶花，《群芳谱》卷四十一引徐致中《山茶》诗：“尤爱南山茶，花开一尺盈。月丹又其亚，不减红带鞓。吐丝心抽须，锯齿叶剪棱。”

按：张岱《夜航船》卷十六《植物部》：“茶花：以滇茶为第一，日丹次之。滇茶出自云南，色似衢红，大如茶碗，花瓣不多，中有层折，赤艳黄心，样范可爱。”此“日丹”亦应是“月丹”之误。

〔一一〕鲞骨：干鱼之骨。

〔一二〕明刘侗《帝京景物略》卷三《草桥》于“菊善病”下小注云：“癃头者菊蚁，瘠枝者黑蚰，伤根者蚯蚓，贼叶者象干虫。菊蚁以鳖甲置旁，引出弃之；黑蚰以麻裹筯头捋出之；蚯蚓以石灰水灌河水解之；象干虫，磨铁线穴搜之。”

明方以智《物理小识》卷九言艺菊亦云：“若有癃头菊蚁，旁置鳖甲，引出弃之；有黑蚰瘠其枝，以麻裹筯头捋出之；蚯蚓伤其根，以石灰水灌河水解之；象干虫贼其叶，磨铁线穴搜之。”

二则或为张岱所本，唯张岱改“菊蚁”为“火蚁”。或因刘、方所言俱专指治菊之害虫，张岱补蜒蝣、毛蜻二虫，又改菊蚁为火蚁，则泛指众花也。

〔一三〕青帝：古有五帝之说，以季分之，则春为青帝，夏为赤帝，季夏土旺为黄帝，秋为白帝，冬为黑帝。

日月湖

宁波府城内，近南门，有日月湖〔一〕。日湖圆，略小，故日之；月湖长，方广，故月之。二湖连络如环，中亘一堤，小桥纽之。

【注】

〔一〕日月湖：宋罗濬《宝庆四明志》卷四：“日、月二湖，皆源于四明山，一自它山堰经仲夏堰入于南门，一自大雷经广德湖入于西门，潴为二湖，在城西、南隅。南隅曰日湖，又曰细湖，又曰小江湖，又曰竞渡湖，久湮，仅如污泽。独西隅存焉，曰月湖，又曰西湖，其从三百五十丈，其衡四十丈，周围七百三十丈有奇。中有桥二，绝湖而过。汀洲岛屿凡十，曰柳汀，曰雪汀，曰芳草洲，曰芙蓉洲，曰菊花洲，曰月岛，曰松岛，曰花屿，曰竹屿，曰烟屿。亭台院阁，随方面势，四时之景不同，而士女游赏特盛于春夏，飞盖成阴，画船漾影，殆无虚日。”

《明一统志》卷四十六“宁波府”：“日湖，在府治东南二里。月湖，在府治西南，又名西湖。中有十景，曰柳汀、雪汀、芳草洲、芙蓉洲、菊花洲、月岛、松岛、花屿、烟屿、竹屿，为四明游观胜概。今湖存而洲岛屿废矣。”

日湖有贺少监祠〔一〕。季真朝服拖绅，绝无黄冠气象。祠中勒唐玄宗《饯行》诗以荣之。季真乞鉴湖归老〔二〕，年八十余矣。其《回乡》诗曰："幼小离家老大回，乡音无改鬓毛衰。儿孙相见不相识，笑问客从何处来？"〔三〕八十归老，不为早矣，乃时人称为"急流勇退"，今古传之。季真曾谒一卖药王老，求冲举之术，持一珠贻之。王老见卖饼者过，取珠易饼。季真口不敢言，甚懊惜之。王老曰："悭吝未除，术何由得！"乃还其珠而去。则季真直一富贵利禄中人耳〔四〕。《唐书》入之《隐逸传》①，亦不伦甚矣。

【校】

①"隐逸"，原本作"隐佚"，误。《唐书》有《隐逸传》无《隐佚传》，咸丰本改作"隐逸"，是。

【注】

〔一〕贺少监：贺知章，字季真，越州永兴人。性旷夷，善谈说。证圣初擢进士、超拔群类科，累迁太常博士。开元十三年，迁礼部侍郎，兼集贤院学士。晚节尤诞放，遨嬉里巷，自号"四明狂客"及"秘书外监"。天宝初，病，梦游帝居，数日寤，乃请为道士，还乡里，诏许之，以宅为千秋观而居。又求周宫湖数顷为放生池，有诏赐镜湖剡川一曲。既行，帝赐诗，皇太子百官饯送。卒，年八十六。

按：贺知章为永兴人，永兴即萧山。诏赐镜湖一曲，镜湖即会稽鉴湖，鉴湖有贺监池，或即所谓"一曲"者，至明时已淤为田。

〔二〕鉴湖：即会稽之镜湖。《会稽续志》卷四："镜湖，《舆地记》称曰南湖，昔人又称曰长湖、大湖。独贺铸引谢承《会稽先贤传》谓湖本名庆湖。庆湖今为镜湖，传讹也。"

唐陆贽《月临镜湖赋》："光无不临，故丽天并耀，清可以鉴，因取镜表名。”

《万历绍兴府志》卷七：“镜湖在府城南三里，亦名鉴湖。任昉《述异记》轩辕氏铸镜湖边，因得名。或云黄帝获宝镜焉。或又云本王逸少语‘山阴路上行，如在镜中游’，是名镜湖。”

〔三〕贺知章《回乡偶书》原诗为：“少小离乡老大回，乡音难改鬓毛衰。儿童相见不相识，笑问客从何处来。”张岱所引与此微异。

〔四〕《太平广记》卷四十二引《原化记》：贺知章西京宣平坊有宅，对门有小板门，常见一老人乘驴出入其间。积五六年，视老人颜色衣服如故，亦不见家属，询问里巷，皆云是西市卖钱贯王老，更无他业。察其非凡也，常因暇日造之。老人迎接甚恭谨，唯有童子为所使耳。贺问其业，老人随意问答。因与往来，渐加礼敬，言论渐密，遂云善黄白之术。贺素信重，愿接事之。后与夫人持一明珠，自云在乡日得此珠，保惜多时，特上老人，求说道法。老人即以明珠付童子，令市饼来。童子以珠易得三十余胡饼，遂延贺。贺私念宝珠特以轻用，意甚不快。老人曰：“夫道者，可以心得，岂在力争？悭惜未止，术无由成。当须深山穷谷勤求致之，非市朝所授也。”贺意颇悟，谢之而去。数日，失老人所在。贺因求致仕，入道还乡。

明张萱《疑耀》卷一《贺季真乞休》条：“贺季真乞鉴湖归老，古今以为美谈。余考其时年已八十余矣，故其《回乡诗》‘幼小离乡老大回，声音难改髩毛衰。家童相见不相识，却问客从何处来’，夫仕宦而至八十余不归，复何为耶？季真尝谒一卖药王老，问黄白之术，持一珠贻之。老即以珠易饼共食。季真心念宝珠何以易饼，口不敢言。老曰：‘悭吝未除，术何由得？’是季真者，乃贪恋富贵一老悖耳。”

月湖一泓汪洋，明瑟可爱，直抵南城。城下密密植桃柳，四围湖岸亦间植名花果木以萦带之。湖中栉比皆士夫园亭，台榭倾圮而松石苍老。石上凌霄藤有斗大者〔一〕，率百年以上物也。四明缙绅，田宅及其子，园亭及其身。平泉木石多暮楚朝秦〔二〕，故园亭亦聊且为之，如传舍、衙署焉。屠赤水娑罗馆〔三〕，亦仅存娑罗而已，所称"雪浪"等石，在某氏园久矣。清明日，二湖游船甚盛，但桥小船不能大。城墙下址稍广，桃柳烂熳，游人席地坐，亦饮亦歌，声存西湖一曲。

纯生氏曰：人唯悭吝，日居月诸，牢不可破，园亭田宅，及身及子，俱从悭吝中来。读此记如五夜钟声，鸡鸣而起，其毋虚此"日月"焉可矣。

【注】

〔一〕凌霄藤：即凌霄花，一名紫葳，一名陵苕。处处皆有，多生山中，人家园圃亦栽之。野生者蔓才数尺，得木而上，即高数丈。蔓间须如蝎虎足，附树上甚坚牢，久者藤大如杯。春初生枝，一枝数叶。开花一枝十余朵，大如牵牛花。

〔二〕平泉木石：宋张洎《贾氏谈录》："赞皇公(李德裕)平泉庄，周围十里，构台榭百余所，今基址犹存。天下奇花异草、珍松怪石，靡不毕致其间，故德裕自制《平泉草木记》。今悉芜绝，唯雁翅桧、珠子柏、莲房、玉藻等盖仅有存焉。怪石名品甚众，多为洛城有力者取去，唯礼星石及师子石今为陶学士徙置梨园别墅。"

《新五代史·张全义传》："全义监军尝得李德裕平泉醒酒石。德裕孙延古因托全义复求之。监军忿然曰：'自黄巢乱后，洛阳园宅无复能守，岂独平泉一石哉?'全义尝在巢贼中，以为讥已，因大怒，奏笞杀监军者，天下冤之。"

按：德裕醒酒石，以水沃之，有林木自然之状。李德裕《会昌一品集》有《平泉山居草木记》。

〔三〕屠赤水：屠隆号赤水。《明史·文苑传》："屠隆，字长卿，鄞人。生有异才，落笔数千言立就。举万历五年进士，除颍上知县，调繁青浦。时招名士饮酒赋诗，游九峰、三泖，以仙令自许，然于吏事不废，士民皆爱戴之。迁礼部主事。为奸人所讦，罢官。隆归，道青浦，父老为敛田千亩，请徙居。隆不许，欢饮三日谢去。归益纵情诗酒，好宾客，卖文为活。诗文率不经意，一挥数纸。"

屠隆室名娑罗馆，所著有《由拳》、《白榆》等集及《考槃余事》、《娑罗馆清言》等。

金山夜戏（金山寺）

崇祯二年中秋后一日，余道镇江往兖〔一〕。日晡，至北固〔二〕，舣舟江口。月光倒囊入水，江涛吞吐，露气吸之，噀天为白。余大惊喜，移舟过金山寺〔三〕，已二鼓矣。经龙王堂，入大殿，皆漆静。林下漏月光，疏疏如残雪。余呼小傒①携戏具，盛张灯火大殿中，唱韩蕲王金山及长江大战诸剧〔四〕。锣鼓喧填，一寺人皆起看。有老僧以手背摋眼翳②，翕然张口，呵欠与笑嚏俱至，徐定睛视，为何许人③，以何事何时至，皆不敢问④。剧完将曙，解缆过江。山僧至山脚，目送久之，不知是人、是怪、是鬼〔五〕。

纯生氏曰：韩蕲王金山长江大战，本是一出大戏，不想阒寂五百余年，又开场重做，无怪金山脚下见神见鬼。

【校】

①“小傒”，原本作“小仆”，据砚云本改。

②“瞖”，白瞖，即今之白内障，与文意不合。应是“眵”字之误，眵即眼屎也。

③“为何许人”，砚云本、科图本作“为何如人”。

④“皆不敢问”，砚云本、科图本作“皆不能辨”。

【注】

〔一〕崇祯二年（一六二九），张岱三十三岁。时张岱之父张燿芳为鲁王右长史，鲁王府在兖州。

张燿芳，字尔弢，号大涤，张汝霖长子。久困场屋，至天启丁卯（七年）方以副榜谒选，为鲁王长史，时年五十三岁。崇祯五年辞官归，六年病殁。《嫏嬛文集》卷四《家传》：“嘉祥令赵二仪物故，欠库银千八百两，无抵。沈宏所强先子署篆。启王，得俞旨。先子至邑，见赵令妻子羁广柳车中，凄其可悯，乃出己橐为代偿，而复以百金为麦舟之赠。嘉祥人德之，为立张国相捐金之碑。嘉祥狱中死囚只七案，先子悉为平反之：杀人者曰义士，盗曰侠客，报仇者曰孝子。谳上，司道笑之，为减二人死。先子犹申请再三。或劝已之，先子曰：‘地狱不空，誓不成佛。’解事归，益究心冲举之术，与人言多荒诞不经，人多笑之。”

〔二〕北固：《元和郡县志》卷二十六润州丹徒县：“北固山，在县北一里。下临长江，其势险固，因以为名。蔡谟、谢安作镇，并于山上作府库，储军实。宋高祖云：作镇作固，诚有其绪。然北望海口，实为壮观，以理而推，‘固’宜为‘顾’。”

〔三〕金山寺：宋祝穆《方舆胜览》卷三：“金山在江中，去城七里。唐李锜镇润州，表名金山，因裴头陁开山得金，故名。”明章潢《图书编》卷六十：“金山旧名浮玉。有龙洞，有妙高台，有善财石，有吞海亭，有日照岩，而中泠泉水品称天下第一。盖其前临沧海，却倚大江，独立无朋，以天为际，风涛朝夕吞吐，鱼龙渊窟盘据，所谓万川东注、一岛中屹者也。”

《明一统志》卷十一：“金山寺，在金山。旧名潭心，梁武帝尝临寺设水陆会。唐改今名。宋改龙游寺。”《江南通志》卷四十五：“江天寺在金山，晋时建，名泽心。宋时屡易名。自元以来，通谓金山寺。山后有塔，绝顶为妙高台，台下为楞伽室，宋苏轼尝书《楞严经》于此。”

〔四〕韩蕲王：韩世忠，封蕲王。宋高宗建炎四年，金将完颜宗弼（即兀术）率大军南侵，韩世忠与之大战于金山之下。明人张四维有《双烈记》传奇，演韩世忠及夫人梁红玉故事，其《女戎》、《酋困》数折即演韩氏夫妇金山大战金兵故事。

《宋史纪事本末》卷十五《金人渡江南侵》：建炎四年春末，兀术由秀州（今嘉兴）趋平江（今苏州），韩世忠遂移师镇江以待之，先以八千人屯焦山寺。兀术欲济之，乃遣使通问，且约战期。世忠许之。既而接战江中，凡数十合，世忠力战，妻梁氏亲执桴鼓，敌终不得济，俘获甚众，擒兀术之婿龙虎大王。兀术自镇江溯流西逃，遂困于黄天荡。后事参见卷三《栖霞》篇注。

〔五〕按《梦忆》中登高临远，起怀古之思者仅两篇，即本篇及卷三《栖霞》。一为崇祯二年登金山，一为崇祯十一年登摄山，所望所怀俱是韩世忠与金兀术长江大战之地。满洲国号为金，史称后金，自万历四十六年告天誓师，起兵反明。至崇祯二年，兵压京师城下，陷畿辅郡县。袁崇焕死于此役。九年，金改国号为清。十一年，清兵越长城，四路南下，陷真定、广平、大名等府。孙承宗死于此役。

筠芝亭

筠芝亭〔一〕，浑朴一亭耳，然而亭之事尽，筠芝亭一山之事亦尽。吾家后此亭而亭者，不及筠芝亭；后此亭而楼者、阁者、斋者，亦不及。总之，多一楼，亭中多一楼之碍；多一墙，亭中多一墙之碍。太仆公造此亭成〔二〕，亭之外更不增一椽一瓦，亭之内亦不设一槛一扉，此其意有在也。亭前后太仆公手植树皆合抱，清樾轻岚，滃滃翳翳，如在秋水。亭前石台，躐取亭中之景物而先得之。升高眺远，眼界光明：敬亭诸山〔三〕，箕踞麓下；谿壑潆回，水出松叶之上。台下右旋，曲磴三折，老松偻背而立，顶垂一干，倒下如小幢，小枝盘郁曲出辅之，旋盖如曲柄葆羽。癸丑以前，不垣不台，松意尤畅〔四〕。

纯生氏曰："浑朴"二字，包举甚大。凡事贵其能包举也。

【注】

〔一〕筠芝亭：祁彪佳《越中园亭记·筠芝亭》："卧龙山之右岭有城隍庙，即古蓬莱阁。折而下，孤松兀立，古木纷披。张懋之先生构亭曰筠芝，楼曰霞外。南眺越山，明秀特绝。亭之右为啸阁，以望落霞晚照，恍若置身天际，非复一丘一壑之胜已也。主人自叙其园有内景十二，外景七，小景六。其犹子张宗子各咏一绝记之。"按：祁彪佳所说似与张岱有异，其实各述一节。张岱所说系初造之亭，彪佳所述为重建之亭。本篇末言"癸丑以前，不垣不台"，则张懋之重建此亭之时也。癸丑为万历四十一年（一六一三），时张岱十七岁，当年记忆尚存。张懋之，即南华老人张汝懋，张岱于《家传》中称为"芝亭公"，则其重建筠芝亭而自号也。汝懋为张岱从祖父，祁彪佳似不应言张岱为其"犹子"。

〔二〕太仆公：张岱高祖，名天复，号内山。生正德癸酉。嘉靖丁未进士。授祠部主事，历吏、兵二部，视全楚学政，调云南臬副。迁甘肃道行太仆卿。为沐氏所构陷，事雪后归里，构别业于镜湖之址，日与所狎纵饮其中。病痹卒，年六十二。

张天复生张元忭，是张岱曾祖。元忭生三子一女，长即张岱祖父张汝霖，次子早死，季子即张汝懋，女嫁范氏。

〔三〕敬亭：即亭山。宋施宿《会稽志》卷九："亭山，在县西南一十二里。旧经云：晋司空何无忌为郡，置亭于山上。"《万历绍兴府志》卷四："亭山在府城南十里。孔晔《会稽记》：晋司空何无忌临郡起亭，山椒极望，岩阜基址犹存，因号亭山。或云山形独立如亭。"

〔四〕龙山西岭至山麓庞公池，多为张岱家族之产，亦多有张家各代所建之亭园。于筠芝亭，《梦忆》不写张懋之重建之新亭，而写十七岁之前所见之旧亭，自有深意。盖此亭浑朴而气象高远，为张家兴起之运兆。后此而为张岱祖父张汝霖之"砎园"，以华缛取胜，正是张家极盛转衰关棙。再后则有其五叔之"巘花阁"，精巧有余，气局逼仄。又有其父读书处之"悬杪亭"，空中楼阁，拆毁无余。而"山艇子"为张岱读书处，其石旁之竹受抑而不能成"材"，但不可一世，一意孤行，其叶劲拔如金错刀，枝干轮囷如黄山松。至其弟张介子之"瑞草谿亭"，则为"穷极秦始皇"荡尽心力财力而一无所成。以上所举诸篇虽然是园林小景，但皆能透露主人气质，而家运默潜其中，张岱作文常有深意如此。

砎 园

砎园〔一〕，水盘据之而得水之用，又安顿之若无水者。寿花堂，界以堤，以小眉山，以天问台，以竹径，则曲而长，则水之。内宅，隔以霞爽轩，以酣漱，以长廊，以小曲桥，以东篱，则深而邃，则水之。临池，截以鲈香亭、梅花禅，则静而远，则水之。缘城，护以贞六居，以无漏庵，以菜园，以邻居小户，则閟而安[①]，则水之。水之用尽，而水之意色指归乎庞公池之水〔二〕。庞公池人弃我取，一意向园，目不他瞩，肠不他回，口不他诺。龙山蘷跜[②]〔三〕，三折就之，而水不之顾。人称砎园能用水，而卒得水力焉。

【校】

①“閟”，原本作“闷”，据咸丰本改。

②“蘷跜”，原本作“虁蚭”。按南齐谢朓《三日侍华光殿曲水宴代人应诏》诗：“河宗跃踢，海介蘷跜。”据改。

【注】

〔一〕砎园：祁彪佳《越中园亭记·砎园》：“张肃之先生晚年筑室于龙山之旁，而开园其左。有鲈香亭临王公池上。凭窗眺望，收拾龙山之胜殆尽。寿花堂、霞爽轩、酣漱阁皆在水石萦回、花木映带处。”按：此王公池即庞公池。

〔二〕庞公池：在府城之西南角，东即龙山西岗悬崖，西近城墙。砎园为其一部。参见卷七《庞公池》。

〔三〕龙山：卧龙山也，又名府山。《嘉泰会稽志》：“旧名种山，越大夫文种所葬处。一名重山，‘种’讹成‘重’也。”

宋张淏《会稽续志》卷四：“按元稹《州宅诗序》云：州之子城，因种山之势盘绕回抱若卧龙形，故取以为名。刁约云：府据卧龙山为形胜处，周围数里，盘屈于江湖之上，状卧龙也。龙之腹，府宅也；龙之口，府东门也；龙之尾，西园也；龙之脊，望海亭也。味约之言，山之形势大略可睹矣。地产茶，张伯玉云：卧龙山茶冠于吴越，岁以充贡，称为瑞龙茶云。”

《万历绍兴府志》卷四：“今府署据其东麓，山阴县署在南麓。”

大父在日〔一〕，园极华缛。有二老盘旋其中，一老曰：

"竟是蓬莱阆苑了也!"一老咈之曰:"箇边那有这样!"

纯生氏曰:张位画水,得水之神。范山人水画,得水之法。宗老砎园,得水之理,处处安顿如兵家背水结阵,直须恃水而生,固当与神鬼、鱼龙、松石、屋宇同称杰作。

【注】

〔一〕大父:张岱祖父张汝霖,字肃之,笃学嗜古。万历乙未进士,授清江令,又任广昌令。陞兵部郎。副考山东,以诖误去。再入仕,陞广西参议。以病归。著有《易经因旨》等。

葑门荷荡(荷花荡)〔一〕

天启壬戌六月二十四日〔二〕,偶至苏州,见士女倾城而出,毕集于葑门外之荷花荡①。楼船画舫至鱼艣小艇,雇觅一空。远方游客,有持数万钱无所得舟,蚁旋岸上者。余移舟往观,一无所见。荡中以大船为经,小船为纬,游冶子弟,轻舟鼓吹,往来如梭。舟中丽人皆靓妆②淡服,摩肩簇舄,汗透重纱。舟楫之胜以挤,歌吹③之胜以杂,男女之胜以溷,歊暑燂烁,靡沸终日而已。荷花荡经岁无人迹,是日士女以鞋靸不至为耻。

【校】

①"荡",原本此则"荡"字俱作"宕"。宕、荡在此音义虽同,然诸书谈苏州者俱作"荷花荡",而下文所引袁宏道文,其题亦作"荷花荡"。砚

云本、科图本即作“荡”,从改。按:言“宕”者多指石荡,梁章钜曾言“雁荡”与“雁宕”之别,云“雁荡以水言,雁宕以石言”,其意同此。

②“靓妆”,原本作“倩妆”,误,此从砚云本、科图本改。本卷《越俗扫墓》、卷三《包涵所》、卷五《扬州清明》皆有“靓妆”,可证。

③“歌吹”,原本作“鼓吹”,据砚云本、科图本改。

【注】

〔一〕葑门:苏州城东门有二,北曰娄门,南曰葑门。明王鏊《姑苏志》卷十六:“吴有葑田,谓茭土椤结,可以种殖者也。此门外濒水,故名。或谓之封门,取故永安县封禺山名。”

〔二〕壬戌为天启二年。江南民间以六月二十四日为荷花生日。

袁石公曰〔一〕:“其男女之杂,灿烂之景,不可名状。大约露帏则千花竞笑,举袂则乱云出峡,挥扇则星流月映,闻歌则雷辊涛趋。”盖恨虎丘中秋夜之糊模①躲闪〔二〕,特至是日而明白昭著之也。

纯生氏曰:妙舌如花,俗态可掬。

【校】

①“糊模”,原本作“模糊”,此从砚云本、科图本乙正。盖“糊模”不仅与“模糊”语意有别,且为张岱所用有特色之词,《嫏嬛文集·上鲁王第五笺》有“何糊模承顺,不赐一言昭雪”句,可参证。

【注】

〔一〕袁石公:袁宏道,字中郎,号石公。湖广公安人。万历二十年进士,二十三年任吴县知县。所作游记《荷花荡》全文如下:“荷花荡在葑门外,每年六月二十四日游人最盛。画舫云集,渔刀小艇,雇觅一空。远方游客,至有持数万钱无所得舟,蚁旋岸上者。舟中丽人皆时妆淡服,摩肩簇舄，汗透重纱如雨。其男女之杂，灿烂之景，不可名状。大约露帏则千花竞笑，举袂则乱云出峡，挥扇则星流月映，闻歌则雷辊涛趋。苏人游冶之盛，至是日极矣。”

〔二〕袁宏道游记有《虎丘》一篇，现附于卷五《虎丘中秋夜》内，可参看。

越俗扫墓（绍兴上坟）

越俗扫墓，男女袨服靓妆，画船箫鼓，如杭州人游湖，厚人薄鬼，率以为常。二十年前，中人之家尚用平水屋帻船〔一〕，男女分两截坐，不座船①〔二〕，不鼓吹。先辈谑之曰：“以结‘上文两节’之意。”〔三〕后渐华靡，虽监门小户〔四〕，男女必用两座船，必巾，必鼓吹，必欢呼鬯饮。下午必就其路之所近，游庵堂寺院及士夫家花园。鼓吹近城，必吹《海东青》、《独行千里》〔五〕，锣鼓错杂。酒徒沾醉，必岸帻嚣嚎，唱无字曲，或舟中攘臂，与侪列厮打。自二月朔至夏至，填城溢国，日日如之。

【校】

①“座船”，与下文之“两座船”，原本俱作“坐船”，据砚云本、科图本改。

【注】

〔一〕平水屋帻船：周作人有《上坟船》一文（收入《药味集》），谈及张岱此船，云：“平水屋帻船不知是何物，平水自然是地名，屋帻船则后来不闻此语，若是田庄船，容积不大，未必能男女分两截坐，疑不能明。”《杭州政协》二○○五年第四期有署名思衡的《扫墓·游春》一文,言及此船,云:“我问一个绍兴木匠,他说这是于普通的航船上遮以布幔,状如屋顶,俗称‘丧船’,不知道是否?”此说应是,盖下文云有“座船”专门载人者,而此船则值清明旺季,临时改航船为载客所用者。航船指运货之船,据娄如松说:平水为绍兴城南一集镇,为城南山货聚散地,故平水屋帻船即专跑平水码头的运货船。此船较大,可以临时改装为“男女分两截坐”。

《万历绍兴府志》卷八:“平水在府城东南三十五里,镜湖所受三十六源之水,平水其一也。水南有村市桥渡,皆以平水名。”

〔二〕座船:思衡先生文言:“座船即专门载人的船,不兼作他用。”“不座船”即不雇用座船,而“两座船”即两艘座船,男女分坐。

〔三〕上文两节:这是评八股文中的用句,意谓对上文两段文字作结语。此处作谐谑语嘲上坟之船。思衡先生文曰:“‘上文两节’,本来我也不懂,后来写信问知堂,他回信说是如此:‘越中年末、年始对于祖墓,有送寒衣、拜坟年及扫墓三重仪文,而扫墓则作为结束。’”另知堂《上坟船》一文亦言绍兴墓祭有三次,“一在正月曰拜坟,实即是拜岁,一在十月曰送寒衣。这两回都很简单,只有男子参与,亦无鼓吹,至三月则曰上坟,差不多全家出发。”知堂答思衡之意,似以“送寒衣、拜坟年”为两节(节日之节),而以清明扫墓一节结束之。此说过绕,窃以为“上文”与“上坟”谐音,“两节”与“两截”谐音,此语盖谑指男女分两截坐之“上坟两截船”也。

〔四〕监门:即闾里之守门者。置此不通,颇疑原意指“戋门”。“戋”读如监,浅小也。

〔五〕据杨典君提示,《海东青》当即琵琶独奏曲《海青拿天鹅》,《千里独行》当即昆曲关公戏《挑袍》一折中的吹腔曲。

《海东青》:元杨允孚《滦京杂咏》下卷有诗:“为爱琵琶调有情,月高未放酒杯停;新腔翻得凉州曲,弹出天鹅避海青。”原注:“《海青拿天鹅》,新声也。”

明田艺蘅《留青日札》卷十九《海东青扑天鹅》："今鼓吹曲中锁刺（唢呐）曲有名《海东青扑天鹅》，音极嘹亮，盖象其声也。此北鄙杀伐之声，乃元曲也。元之鹰房养禽名曰海东青，每放之以获天鹅，有重三十余斤者。以首得者为贵，以进御膳，故名曰头鹅，赏黄金一锭。海东青，鹘之一种，亦名曰鹘，有玉爪、黑爪之别，与金眼鸦鹘皆能以小击大，食天鹅、䴔䴖之属，然独畏燕。"按：《海青拿天鹅》本为元时琵琶曲，至明时已有改编为鼓吹曲者。

《千里独行》：元杂剧中有无名氏《关云长千里独行》，此剧后为各地方剧种所移植。王世贞《曲藻》列举南曲中自北曲移植之剧目，其中言："《敬德不伏老》、《黄鹤楼》、《千里独行》，不著姓氏，皆元人词也。"据张永和先生相告：昆曲《千里走单骑》，或叫《曹营十二年》，包括《挂印封金》、《灞桥挑袍》、《过五关》、《斩六将》、《古城会》，带《训弟》结束。而《挑袍》一折，关公既离曹营，曹操追送，赠锦袍一领，欲关公下马接袍，关公心疑有诈，于马上用刀挑袍受之，然后辞曹上路，此时有唢呐吹腔一曲，人们或将此曲称为《千里独行》。

乙酉，方兵画江而守〔一〕，虽鱼艛菱舠，收拾略尽。坟垅数十里而遥，子孙数人挑鱼肉楮钱，徒步往返之，妇女不得出城者三岁矣。萧索凄凉，亦物极必反之一。

纯生氏曰：草角花须，悉为溅泪。

【注】

〔一〕乙酉：为清顺治二年，是年五月南明弘光朝覆亡，六月，监国于杭州之潞王降清，张国维等遂迎鲁王朱以海于绍兴，称监国。

方兵：方国安军。方国安，传见张岱《石匮书后集》卷四十八，略云：方国安，字磐石，浙江诸暨人。少无赖，族人共逐之，不令即祖祠。国安野走从军，隶宁南侯左良玉下。国安短悍，每先登。自卒伍起，历管军。

弘光中,良玉既封侯,国安亦陞总兵。故与辅臣马士英善。乙酉,良玉称兵内犯,国安潜通士英,以舟师四千来归。弘光亡后,国安以人心不可恃,渡钱塘,欲就食金华。七月,迎鲁王监国绍兴。国安尽以其兵合守江干,国安挟兵势私士英,疏复入相,众议腾沸。士英重怫人意,且止。十二月,国安约诸师大举,计泄,清督张存仁截其援,自是江上之气沮,馈饷缺。丙戌五月,清有饮马中流,马逸过渡,方师一哄散,自焚其营,顷刻数百里尽。六月朔,监国弃绍兴避台。清师疾至黄岩,使马士英说国安。国安遂先髡发,下令军中:"有不从者斩!"至浦城,与马士英、方逢年、杨鼎卿、方元科等同日被戮。

奔云石

南屏石无出奔云右者〔一〕。奔云得其情未得其理:石如滇茶一朵,风雨落之,半入泥土,花瓣棱棱,三四层折,人走其中,如蝶入花心,无须不缀也〔二〕。黄寓庸先生读书其中〔三〕,四方弟子千余人,门如市。余幼从大父访先生。先生面黧黑,多髭须,毛颊,河目海口,眉棱鼻梁,张口多笑。交际酬酢,八面应之:耳聆客言,目睹来牍,手书回札,口嘱傒奴,杂沓于前,未尝少错。客至,无贵贱,便肉便饭食之,夜即与同榻。余一书记往,颇秽恶,先生寝食之不异也,余深服之。

【注】

〔一〕南屏石:《临安志》卷八:"南屏山,在兴教寺后。怪石秀耸,松竹森茂,间以亭榭。中穿一洞,崎岖直上,石壁高崖,若屏障然,故谓之南屏。”

宋吴自牧《梦粱录》卷十二：“南屏皆台榭亭阁，花木奇石。”

袁宏道游记《莲花洞》：“余尝谓吴山、南屏一派，皆石骨土肤，中空四达，愈搜愈出。近若宋氏园亭，皆搜得者。又紫阳宫石，为孙内使搜出者甚多。”

〔二〕“缀”：此与“辍”字通，即停留也。

〔三〕黄寓庸：传见张岱《石匮书·文苑传》，略云：黄汝亨，字贞父，号寓庸，浙江仁和人。少负文誉，远近弟子负笈从者户屡常满。万历戊戌成进士，令进贤。以卓异内召，授礼部主政。中忌者口，左迁淮鹾运判。督学豫章，嫉时文吊诡，力挽其衰，有回澜砥柱之功。既迁湖西兵备，因择南屏之麓，营寓林老焉。汝亨生平游止皆有诗文，足迹殆半天下。后退居寓林云岫堂，高卧十余年，而名益日重，四方征文者日益多。卒于天启间。有《寓林集》传世。

张岱《琅嬛文集》卷四《家传》言其祖父与黄汝亨定交之始云：“乙未，成进士，授清江令，调广昌。僚寀多名下士。贞父黄先生善谑弄，易大父为纨袴子。巡方下疑狱，令五县会鞫之。贞父语同寅曰：‘爰书例应属我，我勿受，诸君亦勿受，吾将以困张广昌。’大父知其意，勿固辞，走笔数千言，皆引经据典，断案如老吏。贞父歙然张口，称：‘奇才！奇才！’遂与大父定交，称莫逆。”

丙寅至寓林，亭榭倾圮，堂中窀先生遗蜕〔一〕，不胜人琴之感〔二〕。余见奔云黝润，色泽不减，谓客曰：“愿假此一室，以石磦门，坐卧其下，可十年不出也。”客曰：“有盗。”余曰：“布衣褐被，身外长物则瓶粟与残书数本而已。王弇州不曰‘盗亦有道也’哉？”〔三〕

纯生氏曰：奔云碌碌如玉，寓林落落如石。

【注】

〔一〕丙寅：天启六年（一六二六）。张岱《西湖梦寻》卷四《小蓬莱》："今当丁酉，再至其地，墙围俱倒，竟成瓦砾之场。余欲筑室于此，以为东坡先生专祠，往鬻其地，而主人不肯。但林木俱无，苔藓尽剥，'奔云'一石亦残缺失次，十去其五，数年之后，必鞠为茂草，荡为冷烟矣。菊水桃源，付之一想。"丁酉，清顺治十四年（一六五七），距天启六年恰三十年。

〔二〕人琴之感：《世说新语·伤逝第十七》：王子猷（徽之）、子敬（献之）兄弟俱病笃，而子敬先亡。子猷便索舆奔丧，都不哭。子敬素好琴，便径入坐灵床上，取子敬琴弹，弦既不调，掷地云："子敬！子敬！人琴俱亡！"因恸绝良久，月余亦卒。

〔三〕盗亦有道：明王世贞《弇州四部稿·续稿》卷八十九："大盗赵鐩乱河南，行剽至钧州，以（马）文升家在焉，舍弗攻。破泌阳，前大学士焦芳已跳匿。毁其家，发芳箧，取其衣冠，缚苇若人者而屠裂之，曰：'恨不为天下杀此贼！'人谓'盗亦有公是非'云。"

木犹龙

木龙出辽海〔一〕，为风涛漱击，形如巨浪跳蹴，遍①体多着波纹。常开平王得之辽东，輂至京〔二〕。开平第毁，谓木龙炭矣，及发瓦砾，见木龙埋入地数尺，火不及，惊异之，遂呼为"龙"。不知何缘出易于市，先君子以犀觥十七只售之，进鲁宪王②〔三〕，误书"木龙"犯讳，峻辞之，遂留长史署中〔四〕。先君子弃世，余载归，传为世宝。丁丑诗社〔五〕，恳名公人锡之名，并赋小言咏之。周墨农字以"木犹龙"〔六〕，倪鸿宝字以"木寓龙"〔七〕，祁世培字以

"海槎"〔八〕,王士美字以"槎浪"〔九〕,张毅儒字以"陆槎"〔一〇〕,诗遂盈帙。木龙体肥痴,重千余斤,自辽之京、之兖、之济,繇陆;济之杭,繇水;杭之江、之萧山、之山阴、之余舍,水陆错。前后费至百金,所易价不与焉。呜呼,木龙可谓遇矣!余磨其龙脑尺木〔一一〕,勒铭志之,曰:"夜壑风雷,骞槎化石〔一二〕;海立山崩,烟云灭没;谓有龙焉,呼之或出。"又曰:"扰龙张子〔一三〕,尺木书铭;何以似之?秋涛夏云。"

纯生氏曰:木犹龙诸诗歌具载枫社全诗,当时推宗老、毅儒为冠。

【校】

①"遍",原本误作"偏",据文意改。

②"宪王",诸本俱作"献王",误。《明史·诸王世表二》、张岱《石匮书》卷十八以及本书卷六《鲁府松棚》均作"宪王",据改。

【注】

〔一〕辽海:辽东沿海一带。

〔二〕常开平王:常遇春,字伯仁,安徽怀远人。貌奇伟,勇力绝人。初从刘聚为盗,察聚终无成,归太祖于和阳。平张士诚,进中书平章军国重事,封鄂国公。复拜副将军,与大将军徐达帅兵北征。下河北诸郡,进破元兵于河西务,克通州,遂入元都。别下保定、河间、真定。与大将军克太原。帅步骑九万发北平,败敌将于锦州、全宁,拔开平。元帝北走,追奔数百里。暴疾卒于军中,年仅四十。追封开平王,谥忠武。配享太庙,肖像功臣庙,位皆第二。

京:张岱时之北京,明初为北平。

〔三〕鲁宪王:洪武三年,封第十子檀为鲁王,时方生三月,至十八年就藩兖州。万历二十八年,朱寿鋐嗣位,崇祯九年薨,是为宪王。张岱去兖省父,正宪王在位时。

〔四〕长史:《明史·职官志》:"王府长史司。左、右长史各一人。正五品。""长史掌王府之政令,辅相规讽以匡王失,率府僚各供乃事,而总其庶务焉。凡请名、请封、请婚、请恩泽,及陈谢、进献表启、书疏,长史为王奏上。若王有过,则诘长史。"

〔五〕丁丑:崇祯十年。时张岱四十一岁。

诗社:此诗社即由祁彪佳、张岱等发起之枫社。

〔六〕周墨农:周又新,号墨农。按:清姜绍书《无声诗史》卷四有一周祚新:"字又新,贵州人,侨居金陵。崇祯丁丑进士,仕为户部郎。写墨竹,得文湖州、梅沙弥心印。"当是重名者。

〔七〕倪鸿宝:倪元璐,字玉汝,号鸿宝。浙江上虞人。天启二年(一六二二)进士。崇祯八年为国子祭酒,首辅温体仁忌之,落职闲住。至十五年,方起用为兵部右侍郎兼侍读学士。李自成陷北京,自缢死。诗文卓然成家。《明史》及张岱《石匮书后集》均有传。

清姜绍书《无声诗史》卷四:倪元璐"行草书,如番铭离奇,另一机轴。间写文石,以水墨生晕,苍润古雅,颇具别致"。

〔八〕祁世培:祁彪佳,字弘吉,号世培。小张岱五岁。万历四十六年(十七岁)中举,天启二年(二十一岁)成进士,崇祯四年(一六三一)升任右佥都御史,受权臣排斥,家居八年,崇祯末年复官。清兵入关,力主抗清,任苏松总督。杭州陷,自沉殉节。有文集传世。与从兄豸佳(止祥)均为张岱至交。彪佳称张岱叔父张尔葆为姨夫,是其母与尔葆妻为姐妹,与张萼(介子,燕客)不但为表兄弟,又同为商周祚之婿。参见补遗《平水梦》及注。

海槎:晋张华《博物志》卷十:旧说天河与海通。近世有人居海渚者,年年八月有浮槎来,甚大,往反不失期。此人有奇志,立飞阁于槎上,多赍粮,乘槎而去。十余日中,犹观星月日辰,自后芒芒忽忽,不觉昼夜。至一处,有城郭屋舍。遥望宫中多织妇,一丈夫牵牛饮于渚次,乃惊问此为何处。答曰:“君还至蜀郡,访严君平则知之。”后至蜀,问严君平。君平曰:“某年月日,有客星犯牵牛宿。”计日月,正此人到天河时也。

〔九〕王士美:王业洵,字士美,浙江余姚人。刘宗周弟子。见黄宗羲《明儒学案》卷六十二《蕺山学案》。

〔一〇〕张毅儒:张弘,字毅儒,张岱族弟。曾有《明诗存》之选。参见张岱《嫏嬛文集》卷一《纪年诗序》及卷二书牍《与毅儒八弟》。

〔一一〕尺木:唐段成式《酉阳杂俎》:龙头上有一物如博山形,名尺木。龙无尺木,不能升天。

〔一二〕骞槎:有人乘槎至天河事已见前引张华《博物志》,而《荆楚岁时记》小注即附会为张骞寻河源而见织女。沈家本《日南随笔》有“张骞乘查”一条,专辨此误,大略云:庾信《枯树赋》有“黄河千里槎”句,《江州诗》“汉使俱为客,星槎共逐流”句,曰“黄河”,曰“奉使”,是梁时已附会于张骞。杜甫《有感五首》亦云“乘槎断消息,无处觅张骞”。唐赵璘《因话录》卷五云:“《汉书》载张骞穷河源,言其奉使之远,实无天河之说。”而诗人习用如旧。

〔一三〕扰龙:《左传》昭公二十九年:“及有夏孔甲,扰于有帝,帝赐之乘龙,河、汉各二,各有雌雄,孔甲不能食,而未获豢龙氏。有陶唐氏既衰,其后有刘累,学扰龙于豢龙氏,以事孔甲,能饮食之。”

天 砚

少年视砚,不得妍丑①。徽州汪砚伯至,以古款废砚,立得重价,越中藏石俱尽。阅砚多,砚理出。曾托友人秦一生为余觅石〔一〕,遍城中无有。山阴狱中大盗出一石，璞耳，索银二斤。余适往武林〔二〕，一生造次不能辨，持示燕客〔三〕。燕客指石中白眼曰〔四〕："黄牙臭口〔五〕，堪留支桌。"赚一生还盗。燕客夜以三十金攫去，命砚伯制一天砚，上五小星一大星，谱曰"五星拱月"。燕客恐一生见，铲去大小三星，止留三小星。一生知之，大懊恨，向余言。余笑曰："犹子比儿。"〔六〕亟往索看。燕客捧出，赤比马肝，酥润如玉，背隐白丝，类玛瑙指螺细篆〔七〕，面三星坟起如弩眼，着墨无声而墨沉烟起。一生痴瘖〔八〕，口张而不能翕。燕客属余铭，铭曰："女娲炼天，不分玉石；鳌血芦灰，烹霞铸日〔九〕；星河溷扰，参横箕翕〔一〇〕。"

纯生氏曰：玄圃积玉，无非异光。

【校】

①"妍丑"，诸本皆作"砚丑"，语不通。"砚"之异体字作"研"，"妍"误为"研"，再误为"砚丑"。"不得妍丑"，不能辨别优劣，正是本篇纲目。卷四《张氏声伎》篇中有"余则婆娑一老，以碧眼波斯，尚能别其妍丑"之句，《瑯嬛文集·印汇书品序》中"王太史之评唐寅、周臣画，谓二人稍落一笔，其妍丑立见"，"其妍丑相去，确确由此"，《与毅儒八弟》之"妍丑自见"，皆可为证。又"妍"误为"研"，刻本或常见，刘侗《帝京景物略》卷二《灯市》"光影五色，照人无妍媸"，刻本"妍"即误作"研"字。

【注】

〔一〕秦一生：绍兴人，张岱好友及游伴，暴卒于崇祯十一年秋。《瑯嬛文集》卷六有《祭秦一生文》，略云：余友秦一生，家素封，而自奉极淡薄，家常无大故，则不杀雁凫。踽踽凉凉，一介不以与人，而又不鸣不跃，以闲散终其身。性好山水声伎、丝竹管弦、樗蒱博弈、盘铃剧戏种种无益之事；顾好之，实未尝自具肴核，为一日溪山之游，亦未尝为一日声乐，以供知己纵饮。乃其所以自娱者，往往借他人歌舞之场插身入之。

〔二〕武林：《浙江通志》卷一："杭州旧称武林，以山得名。《汉·地理志》云：武林山，武林水所出。旧志以为即灵隐山，引宋人楼钥诗为据。《明一统志》又合灵隐飞来峰为武林山，邵穆生辨之详矣。盖武林山者，灵隐、天竺诸山之总名也。"

〔三〕燕客：张岱堂弟，仲叔张𤇆芳之子。名萼，初字介子，又字燕客。《娜嬛文集》卷四有《五异人传》，略云：父母止生一子，溺爱之，养成一躁暴鳖拗之性。性之所之，师莫能谕，父莫能解，虎狼莫能阻，刀斧莫能劫，鬼神莫能惊，雷霆莫能撼。乙酉，江干师起。燕客以策干鲁王，破格得挂印总戎。次年清师入越，燕客遂以死殉。《娜嬛文集》卷五《燕客三弟像赞》以其姓名嘲赞之："介甫执拗，郅都暴虐。始慕横财之燕公，后羡骤贵之桂萼。人称为丘壑中之秦皇也，剩水残山，任其开凿。又称为古董中之桀、纣也，汉玉秦铜，受其炮烙。其任性乖张，恃才放纵，而终及于祸也。不为博物之茂先，则为伐山之康乐。"

按：张岱祖父张汝霖生四字，长即张岱之父耀芳（大涤），次仲叔𤇆芳（二酉），三叔炳芳（三峨），四叔烨芳（七盘）。诸叔中，张岱唯与仲叔一家关系最密切。而仲叔之婿为陈洪绶（老莲），仲叔之妻甥为祁彪佳（祁彪佳与仲叔之子张萼不仅为两姨兄弟，且同为商周祚之婿），俱为张岱至交。又：张岱叔辈除以上三人外，又有从叔五雪（五泄）、六符、九山伯（焜芳）及十叔煜芳，皆为季祖张汝懋之子。

〔四〕眼：宋张世南《游宦纪闻》卷五："砚品中，端石人皆贵重之。载于谱记凡数家，取予各异。或佳其有眼为端，或以无眼为贵。然石之青脉者必有眼，嫩则多眼，坚则少眼。石嫩则细润而发墨，所以贵有眼，不特为石之验也。"又云："眼之品类不一，曰'鹦哥眼'，曰'鸜鹆眼'，曰'了哥眼'，（谓秦吉了也。）曰'雀眼'，曰'鸡翁眼'，曰'猫眼'，曰'绿豆眼'，各以形似名之。翠绿为上，黄、赤为下。”

〔五〕黄牙：《砚史》云：端溪石以“扣之清越，鸜鹆眼圆碧晕多”者为上，眼黄而不圆者为差。《端溪砚谱》亦云“眼赤、黄皆下品”。

〔六〕犹子比儿：梁周兴嗣《千字文》：“诸姑伯叔，犹子比儿。”

〔七〕指螺：指纹。细篆：细笔篆书。此言玛瑙白纹如指纹细篆。

〔八〕痴瘖：痴呆，此处为神情失落状。

〔九〕《淮南子·天文训》：“昔者共工与颛顼争为帝，怒而触不周之山，天柱折，地维绝，天倾西北，故日月星辰移焉，地不满东南，故水潦尘埃归焉。”

又《览冥训》：“往古之时，四极废，九州裂，天不兼覆，地不周载，火爁炎而不灭，水浩洋而不息，猛兽食颛民，鸷鸟攫老弱。于是女娲炼五色石以补苍天，断鳌足以立四极，杀黑龙以济冀州，积芦灰以止淫水。苍天补，四极正，淫水涸，冀州平。”

⑩古诗《善哉行》：“月没参横，北斗阑干。”参宿三星，喻砚之三小眼。《诗·小雅·大东》：“维南有箕，载翕其舌。”箕宿四星如箕，以箕喻砚之形也。箕之前部为舌。翕，缩也。

吴中绝技※

吴中绝技：陆子冈之治玉，鲍天成之治犀，周柱之治嵌镶，赵良璧之治锡①，朱碧山之治金银，马勋、荷叶李之治扇，张寄修之治琴，范昆白之治三弦子，俱可上下百年保无敌手〔一〕。但其良工心苦②，亦技艺之能事。至其厚薄深浅，浓淡疏密，适与后世赏鉴家之心力目力针芥相投③，是则④岂工匠之所能办乎？盖技也而进乎技矣〔二〕。

纯生氏曰：庖丁解牛，皆中理解，非庄叟神化之笔不传。

【校】

①"锡"，原本作"梳"，据袁宏道《中郎集》卷二十《时尚》、王世贞《觚不觚录》校改。邓之诚一九二五年明斋本《骨董琐记》卷二《绝技》条引《陶庵梦忆》即作"赵良璧治锡"，当系邓氏校改。

②"良工心苦"，原本作"良工苦心"，据砚云本、科图本改。

③"针芥相投"，原本作"针芥相对"，据砚云本、科图本改。盖如王培军先生所教，"针芥相投"实为"磁石引针、琥珀拾芥"之省文，或如娄如松先生所解越谚有"芥菜子落进针眼中"，俱以"投"为允当。另，张岱《嫏嬛文集·祭毅儒八弟文》亦作"针芥相投"。

④"则"字原本无，据砚云本、科图本补。

【注】

〔一〕明王世贞《觚不觚录》："画当重宋，而三十年来忽重元人，乃至倪元镇以逮明沈周，价骤增十倍。窑器当重哥、汝，而十五年来忽重宣德，以至永乐、成化，价亦骤增十倍。大抵吴人滥觞，而徽人导之，俱可怪也。今吾吴中陆子刚之治玉，鲍天成之治犀，朱碧山之治银，赵良璧之治锡，马勋治扇，周柱治商嵌，及歙吕爱山治金，王小溪治玛瑙，蒋抱云治铜，皆比常价再倍，而其人至有与缙绅坐者！近闻此好流入宫掖，其势尚未已也。"

明袁宏道《袁中郎集》卷二十《时尚》："古今好尚不同，薄技小器，皆得著名。铸铜如王吉、姜娘子，琢琴如雷文、张越，窑器如哥窑、董窑，漆器如张成、杨茂、彭君宝。经历几世，士大夫宝玩欣赏，与诗画并重。当时文人墨士、名公巨卿炫赫一时者，不知湮没多少，而诸匠之名顾得不朽，所谓'五谷不熟，不如稊稗'者也。近日小技著名者尤多，然皆吴人。瓦瓶如龚春、时大彬，价至二三千钱……铜炉称胡四，苏松人有仿铸者，皆不能及。扇面称何得之。锡器称赵良璧,一瓶可值千钱,好事家争购之,如恐不及。其事皆始于吴中猥子,转相售受,以欺富人公子,动得重赀,浸淫至士大夫间,遂以成风。然其器实精良,非他工所及,其得名不虚也,千百年后,安知不与王吉诸人并传哉?"

按:张岱所述诸匠并非一时之人,亦非皆吴中之人。朱碧山为元时嘉兴人,荷叶李为崇祯时人。

陆子冈:明高濂《遵生八笺》卷十五:"吴中陆子冈制白玉辟邪,中空贮水,上嵌青绿石片,法古旧形,滑熟可爱。"

鲍天成:《遵生八笺》卷十四述雕刻镶嵌名匠,宣德年间以夏白眼最著名,"嗣后有鲍天成、朱小松、王百户、朱浒崖、袁友竹、朱龙川、方古林辈,皆能雕琢犀象、香料、紫檀,图匣、香盒、扇坠、簪钮之类,种种奇巧,迥迈前人"。

周柱:邓之诚《骨董琐记》卷一《周制》:"考周制,唯扬州有之,明末周姓所创,故名。以金银、宝石、真珠、珊瑚、碧玉、翡翠、水晶、玛瑙、玳瑁、车渠、青金、绿松、螺甸、象牙、蜜蜡、沉香,雕成山水人物、树木楼台、花卉翎毛,嵌檀梨漆器之上。大而屏风桌几、窗隔书架,小则笔床茶具、砚匣书箱,五色陆离,难以形容,真未有之奇玩也。'制'一作'翥',又作'柱',又作'之',谓其名。或称'周嵌'。"

赵良璧:清刘源长《茶史》:"壶古用金银,以金为水母也,然未可多得。曩如赵良璧比之黄元吉所造,款式素雅,敲之作金石声。"邓之诚《骨董琐记》卷一《巧技》:"赵良璧及吴中归锡、嘉禾黄锡,皆善制小锡壶有名。黄名元吉,蒋三即蒋诚,归锡即归复。"

朱碧山:元陶宗仪《南村辍耕录》卷三十《银工》:"浙西银工之精于手艺表表有声者,屈指不多数也。朱碧山(嘉兴魏塘)、谢君余(平江)、谢君和(同上)、唐俊卿(松江)。"清厉鹗《樊榭山房集》卷七《朱碧山银槎歌为秋玉赋》言朱华玉字碧山,元至正年居魏塘里。

马勋、荷叶李:明汪砢玉《珊瑚网》卷四十六言制扇名手:"如吴中刘永辉,用刀削骨而不打磨。李昭惯作□子十三骨。马勋善圆头,棕竹尤精。蒋苏台兼善直根,其巧在销。沈少楼善仿马勋。柳玉台技兼蒋、李。闵二舍稍次沈、柳。近金陵荷叶李,开如川扇之便。"

〔二〕《庄子·养生主》:庖丁为文惠君解牛,手之所触,肩之所倚,足之所履,膝之所踦,砉然响然,奏刀騞然,莫不中音。合于桑林之舞,乃中经首之会。文惠君曰:"嘻,善哉!技盖至此乎?"庖丁释刀对曰:"臣之所好者道也,进乎技矣。"

濮仲谦雕刻(濮仲谦)

南京濮仲谦〔一〕,古貌古心,粥粥若无能者〔二〕,然其技艺之巧,夺天工焉。其竹器,一帚、一刷,竹寸耳,勾勒数刀,价以两计。然其所[①]自喜者,又必用竹之盘根错节,以不事刀斧为奇,则是经其手略刮磨之,而遂得重价,真不可解也。仲谦名噪甚,得其一[②]款,物辄腾贵。三山街润泽于仲谦之手者数十人焉〔三〕,而仲谦赤贫自如也。于友人座间见有佳竹、佳犀,辄自为之;意偶不属,虽势劫之,利啖之,终不可得。

纯生氏曰:百里奚爵禄不入胸中,饭牛牛肥,仲谦身分故臻于此。

【校】

①"所"字后原本有"以"字,据砚云本、科图本删。

②"一"字原本无,据砚云本、科图本补。

【注】

〔一〕濮仲谦:《江南通志》卷一百七十一:"濮澄,字仲谦,当涂人。有巧思,以镂刻名世。"

张岱《嫏嬛文集》卷一《鸠柴奇觚记序》:"余友濮仲谦,雕刻妙天下,其所制剔帚麈柄,箸瓶笔斗,非树根盘结,则竹节支离,略施斧斤,遂成奇器,所享价几与金银争重。"

钱谦益《牧斋有学集》卷一《赠濮老仲谦》诗:"沧海茫茫换劫尘,灵光无恙见遗民。少将楮叶供游戏,晚向莲花结净因。杖底青山为老友,窗前翠竹似闲身。尧年甲子欣相并,何处桃源许卜邻。"诗后自注:"君与予同壬午。"是仲谦长张岱十五岁,明亡后尚存。

王士禛《池北偶谈》卷十七:"近日一技之长,如雕竹则濮仲谦,螺甸则姜千里,嘉兴铜炉则张鸣岐,宜兴泥壶则时大彬,浮梁流霞盏则昊十九,江宁扇则伊莘野、仰侍川,装潢书画则庄希叔,皆知名海内,如陶南村所记朱碧山制银器之类,所谓虽小道必有可观者欤?"

明刘銮《五石瓠》"濮仲谦江千里"条:"苏州濮仲谦水磨竹器,如扇骨、酒杯、笔筒、臂搁之类,妙绝一时。亦磨紫檀、乌木、象牙,然不多。或见其为柳夫人如是制弓鞋底板二双,又或见其制牛乳潼酪筒一对。"

张岱《夜航船》卷十二"竹器":"南京所制竹器,以濮仲谦为第一,其所雕琢,必以竹根错节盘结怪异者方肯动手,时人得其一款物,甚珍重之。又有以斑竹为椅桌等物者,以姜姓第一,因有姜竹之称。"

〔二〕粥粥:《礼记·儒行》:"其难进而易退也,粥粥若无能也。"粥粥,陆德明《音义》:"卑谦貌。"

〔三〕三山街:明顾起元《客座赘语》卷一"市井":"南都大市为人货所集者,亦不过数处,而最夥为行口,自三山街西至斗门桥而已,其名曰菓子行。它若大中桥、北门桥、三牌楼等处亦称大市集,然不过鱼肉蔬菜之类。"明胡应麟《少室山房笔丛·正集》卷四:"凡金陵书肆,多在三山街及太学前。"

卷　二

孔庙桧（曲阜孔庙）

己巳，至曲阜谒孔庙，买门者门以入。宫墙上有楼耸出，扁曰“梁山伯[①]祝英台读书处”，骇异之。进仪门，看孔子手植桧〔一〕。桧历周、秦、汉、晋几千年，至怀帝永嘉[②]三年而枯。枯三百有九年，子孙守之不毁，至隋恭帝义宁元年复生。生[③]五十一年，至唐高宗乾封三年再枯。枯三百七十有四年，至宋仁宗康定元年再荣。至金宣宗贞祐三年罹于兵燹[④]，枝叶俱焚，仅存其干，高二丈有奇。后八十一年，元世祖三十一年再发。至洪武二十二年己巳，发数枝，蓊郁；后十余[⑤]年又落〔二〕。摩其干，滑泽坚润，纹皆左纽，扣之作金石声。孔氏子孙恒视其荣枯以占世运焉〔三〕。

【校】

①“伯”，原本误作“柏”，据文意改。

②“怀帝永嘉”，原本作“晋怀帝永乐”，道光本同。前文已言“历周、

秦、汉、晋”，故下文不必再言“晋”。此据砚云本、科图本删改。

③“生”字原本无，据砚云本、科图本补。前言“永嘉三年而枯，枯三百有九年”，后亦言“乾封三年再枯，枯三百七十有四年”，“枯”字皆重，故此“生”字当重。

④“兵燹”，原本作“兵火”，据砚云本、科图本改。

⑤“余”字原本无，据砚云本、科图本补。

【注】

〔一〕孔子手植桧：《阙里志》：“孔子手植桧三株。两株在赞德殿前，高六丈余，围一丈四尺，其文左者左纽，右者右纽。一株在杏坛东南隅，高五丈余，围一丈三尺，其枝盘屈如龙形，世谓之再生桧。”至张岱见时，仅余殿左一株。

〔二〕后十年为建文元年，又三四年，燕王朱棣破南京，称皇帝，屠戮建文忠臣。

〔三〕明孔泾祖《圣桧记》：“手植之桧，历周、秦、汉、晋几千岁。至怀帝永嘉三年己巳而枯，枯三百九年，子孙守之，不敢有毁，至隋恭帝义宁元年丁丑复生。生五十一年，至唐高宗乾封二年丁卯再枯。枯三百七十四年，至宋仁宗康定元年庚辰再荣。荣三百三十七年，至金宣宗贞祐二年甲戌兵燹，枝干无遗。后八十一岁甲午，是为元世祖至元三十一年，故根重发，至我皇明洪武二十二年己巳，凡九十年。其高三丈有奇，围仅四尺，根本枝叶，凌云而盛，纹理复左旋，与故本无异。详其理，似有关于世道之理乱。其始枯也，晋兆五寇之乱；其复生也，有唐贞观之治。再枯于乾封丁卯，武后窃政之兆兴，自后玄宗幸蜀，乱亡相继，以及五代。再荣于康定，有宋三百余年，九儒之兴。罹于贞祐之火，寇运将更。重发于至元甲午，七十四年中原文物兆开，是为洪武之治。庙中古桧数多翠色参天，唯此本异于寻常万万。圣人手泽，盖有系于纲常名教；芘覆斯文，甄陶万品，岂唯宗枝之盛哉！”

再进一大亭，卧一碑，书“杏坛”二字〔一〕，党怀英[1]笔也〔二〕。亭界一桥，洙、泗水会[2]此〔三〕。过桥，入大殿，殿壮丽，宣圣及四配、十哲俱塑像冕旒〔四〕。案上列铜鼎三：一牺、一象、一辟邪，款制遒古，浑身翡翠，以钉钉案上。阶下树[3]历代帝王碑记，独元碑高大，用风磨铜赑屃〔五〕，高丈许[4]。左殿三楹，规模略小，为孔氏家庙。东西两壁，用小木扁书历代帝王祭文。西壁之隅，高皇帝[5]殿焉。庙中凡明朝封号，俱置不用，总以见其大也〔六〕。

【校】

①“党怀英”，诸本俱无“怀”字，应是漏抄致误。

②“会”，原本作“汇”，据砚云本、科图本改。

③“树”，原本作“竖”，据砚云本、科图本改。

④“许”，原本作“余”，据砚云本、科图本改。

⑤“帝”字原本无，据砚云本、科图本补。

【注】

〔一〕明顾炎武《日知录》卷三十一“杏坛”条：“今夫子庙庭中有坛，石刻曰‘杏坛’。《阙里志》：‘杏坛，在殿前，夫子旧居。’非也。杏坛之名出自《庄子》。《庄子》曰：‘孔子游乎缁帷之林，休坐乎杏坛之上。弟子读书，孔子弦歌鼓琴。奏曲未半，有渔父者下船而来，须眉交白，被发揄袂，行原以上，距陆而止，左手据膝，右手持颐，以听曲终。’司马彪云：‘缁帷，黑林名也。杏坛，泽中高处也。’《庄子》书凡述孔子皆是寓言，渔父不必有其人，杏坛不必有其地，即有之，亦在水上苇间、依陂旁渚之地，不在鲁国之中也明矣。今之杏坛，乃宋乾兴间四十五代孙道辅增修祖庙，移大殿于后，因以讲堂旧基甃石为坛，环植以杏，取杏坛之名名之耳。”

〔二〕党怀英：金大定十年进士，累除国史院编修官、应奉翰林文字、翰林待制兼同修国史。怀英能属文,工篆籀,当时称为第一,学者宗之。

〔三〕《水经注》卷二十五:"泗水又西南流,迳鲁县,分为二流,水侧有一城,为二水之分会也。北为洙渎。南则泗水。夫子教于洙、泗之间。今于城北二水之中,即夫子领徒之所也。"又引《从征记》曰:"洙、泗二水交于鲁城东北十七里,阙里背洙面泗,南北百二十步,东西六十步,四门各有石阃,北门去洙水百步余。"是洙、泗二水至鲁,并未合流于阙里,汇于杏坛亭桥下更是误传。

〔四〕四配:孔庙以弟子颜回为复圣公,弟子曾参为宗圣公,孙孔伋即子思为述圣公,子思弟子孟轲为亚圣公,配祀孔子,总称四配。

十哲:《论语·先进》有孔门四科:"德行:颜渊、闵子骞、冉伯牛、仲弓。言语:宰我、子贡。政事:冉有、季路。文学:子游、子夏。"唐世定制,孔庙以十人从祀,称十哲。后颜渊配享,升曾参,曾参又配享,升子张。

〔五〕赑屃:清王士禛《香祖笔记》卷九:"龙九子,一名霸下,好负重,故为碑座;赑屃好文,在碑文两旁。亦出《总龟》。《博物志·逸篇》又云:'赑屃性好负重,故用载石碑,螭虎形似龙,性好文采,故立于碑文上。'二说名字亦不同。顾邻初宗伯《说略》云霸下未详。赑屭,《韵会》云鳌也,一名雌鼇。《吴都赋》云巨鼇赑屭是也。'《广雅》云:'有角曰虬龙,无角曰螭龙。'今世石碑上下四旁率刻螭虎,而载石作龟形,盖似鼇而稍讹,霸下则竟不知何状。即龙生九子,其名亦无一定之说也。"

〔六〕《明史·礼志》:孔子封号,汉、晋及隋或称"先师",或称"先圣"、"宣尼"、"宣父"。至唐谥"文宣王",宋加"至圣"号,元复加号"大成"。至明,太祖诏革诸神封号,唯孔子封爵仍旧。嘉靖间,大学士张璁缘上意,言:"孔子宜称先圣先师,不称王。祀宇宜称庙,不称殿。祀宜用木主,其塑像宜毁。"编修徐阶、御史黎贯皆以为不可,帝怒,谪阶官,褫贯职。礼部会议:"宜于孔子神位题'至圣先师孔子',去其王号及大成、文宣之称。改大成殿为先师庙,大成门为庙门。"是明朝于孔子封号有贬无加,故下文记孔家人曰"凤阳朱,暴发人家,小家气"。

按:此仅就孔氏家庙而言,是只有高皇帝一篇祭文。而孔庙奎文阁前实有洪武、永乐、成化、弘治四明碑,为朝廷所立。

孔家人曰:“天下只三家人家,我家与江西张、凤阳朱而已〔一〕。江西张,道士气;凤阳朱,暴发人家,小家气。”

纯生氏曰:华林园万年树及此桧否?人生安得如汝寿?盍为桧咏?

【注】

〔一〕江西张:东汉张道陵创五斗米道,后演变为天师道。至唐时,其后裔在江西贵溪龙虎山以正一教显于世,自称“天师”,张道陵为“祖天师”,掌教为嗣天师。元世祖时正式为官方承认。明太祖诏称“天何有师”,遂改称“真人”。即便如此,也一直不为儒家所认可。王士祯《池北偶谈》卷二“张真人”条言:“明隆庆中,江西守臣言:张氏职名赐印不载典制,宜永裁革。诏革去真人之号,以为上清观提点。万历初复之,相沿至今,无厘正者,使与衍圣公公然并列,何哉?”

孔林※

曲阜出北门五里许为孔林,紫金城城之〔一〕。门以楼,楼上见小山一点正对东南者,峄山也〔二〕。折而西,有石虎、石羊三四,在蓁莽①中。过一桥,二水汇,泗水也。享殿后有子贡手植楷〔三〕。楷大小千余本,鲁人取为材,为棋枰。享殿正对为②伯鱼墓,圣人葬其子,得中气〔四〕。

由伯鱼墓折而右，为宣圣墓。去数丈，案一小山，小山之南为子思墓〔五〕。数百武之内，父、子、孙三墓在焉。

【校】

①“蓁莽”，原本作“榛莽”，据砚云本、科图本改。

②“为”字原本无，据砚云本、科图本补。

【注】

〔一〕紫金城：泛指环绕特定建筑群的城墙，以与府县之城池相区别。明代北京宫城亦称紫金城。为与其他紫金城相区分，而称为“紫禁城”，其实皆非皇城之正名。

〔二〕峄山：在山东邹城南。于曲阜则在正南稍偏东，相距约四十余里。

〔三〕子贡：《史记·仲尼弟子列传》：“端木赐，卫人，字子贡。少孔子三十一岁。子贡利口巧辞，孔子常黜其辩。问曰：‘汝与回也孰愈？’对曰：‘赐也何敢望回？回也闻一以知十，赐也闻一以知二。’”孔门四科，“德行：颜渊、闵子骞、冉伯牛、仲弓。政事：冉有、季路。言语：宰我、子贡。文学：子游、子夏”。

〔四〕伯鱼：《史记·孔子世家》：“孔子生鲤，字伯鱼。伯鱼年五十，先孔子死。”

中气：即中和之气。宋邵雍《皇极经世书》卷十四：“人得中和之气则刚柔均。阳多则偏刚，阴多则偏柔。”

〔五〕子思：《史记·孔子世家》：“伯鱼生伋，字子思。年六十二，尝困于宋，子思作《中庸》。”《集解》引《皇览》曰：“子思冢在孔子冢南，大小相望。”

谯周云〔一〕：“孔子死后，鲁人就冢次而居者百有余家，曰‘孔里’。”《孔丛子》曰：“夫子墓茔①方一里，在鲁城北六里泗水上。诸孔氏封五十余所，人名昭穆，不可复识。有碑铭三，兽碣俱在〔二〕。”《皇览》曰：“弟子各以四方奇木来植，故多异树，不能名。一里之中未尝产棘木、荆草〔三〕。”紫金城外，环而墓者数千冢②，二千二百余年③，子孙列葬不他徙，从古帝王所不能比隆也。

【校】

①“茔”字原本无，据砚云本、科图本补。《水经注》引《孔丛子》正作“墓茔”。

②“冢”，原本作“家”，据砚云本、科图本改。

③“二千二百余年”，原本作“三千二百余年”，与时间不合，应是抄录之误。

【注】

〔一〕谯周：三国时蜀汉人。耽古笃学，研精六经，尤善书札。颇晓天文，而不以留意。官至光禄大夫。邓艾入蜀，周劝后主降魏，为后世所讥。

〔二〕兽碣：此指三碑上所刻的石兽及碣文。

按：“《孔丛子》曰”一段，今本《孔丛子》无。

〔三〕自“谯周云”至此，皆引自《水经注》卷二十五“泗水”，而文字略有出入。

宣圣墓右有小屋三间，扁曰“子贡庐墓处”〔一〕。盖自兖州至曲阜道上，时官以木坊表识，有曰“齐人归谨处”〔二〕，有曰“子在川上处”〔三〕，尚有义理；至泰山顶上乃勒石曰“孔子小天下处”〔四〕，则不觉失笑矣。

纯生氏曰：不必如何赞叹，自极生民未有之盛。

【注】

〔一〕子贡庐墓处：孔子去世后，诸弟子三年丧毕，或留或去，唯子贡庐墓六年。《山东通志》卷十一之六："大成至圣文宣王墓，前为石坛，其厚三尺，方亦如之。坛石纵横各七，其数四十有九。墓前一室东向，即子贡庐墓处。"

〔二〕齐人归谨处：《春秋》定公十年：鲁定公会齐侯于夹谷，孔子为相。是年齐人归还侵地谨与鲁。

〔三〕子在川上处：《论语·子罕》："子在川上曰：'逝者如斯夫，不舍昼夜！'"

〔四〕孔子小天下处：《孟子·尽心上》："孟子曰：'孔子登东山而小鲁，登太山而小天下。'"孟子所说为假设之辞，无其事也。

燕子矶

燕子矶〔一〕，余三过之，水势湁潗〔二〕，舟人至此，捷捽抒取〔三〕，钩挽铁缆，蚁附而上。篷窗中见石骨棱层，撑拒水际，不喜而怖，不识岸上有如许境界！戊寅到京后，同吕吉士出观音门〔四〕，游燕子矶，方晓佛地仙都，当面蹉过之矣。登关王殿，吴头楚尾是侯用武之地〔五〕，灵爽赫赫，须眉戟起。缘山走矶上，坐亭子，看江水①潄洌，舟下如箭。折而南，走观音阁，度索上之〔六〕。阁旁僧院，有峭壁千寻，碚礌如铁；大枫数株，蓊以他树，森森冷绿。小楼痴对，便可十年面壁〔七〕。今僧寮佛阁，故故背之，其心何忍？是年余归浙，闵老子、王月生送至矶〔八〕，饮石壁下。

纯生氏曰：绝妙荆、关画图，唯当倩周仿来为月生写照。

【校】

①“江水”，各本俱作“水江”，俞平伯朴社本据文意改为“江水”，从之。

【注】

〔一〕燕子矶：《江南通志》卷十一：“燕子矶，在上元界观音门外，磴道盘曲而上，丹崖翠壁，凌江欲飞。绝顶有亭，能揽江天之胜。”

明吕柟《游燕子矶记》：“己丑二月，王子崇邀陆伯载及予同游燕子矶。登弘济寺，寺西则观音岩也。怪石礌垂，苍黛参差，上接云霄，而大江自龙江关西来，直过其下。观音阁亦傍岩下，就江湑筑基上。欲往游燕子矶。乃招二篙师，泛舟行至观音港，登汉寿亭侯庙。先至水云亭，乃面江小坐，遂上谒汉寿亭侯。祠左有大观亭，至此看江，日隐断云，烟霞霏微，苍茫无际矣。遂攀松扪萝以上燕子矶。矶皆巉石垒起，水围三面，其石罅犹见江转矶底，可以高览八极也。”

清《南巡盛典》卷八十七：“燕子矶在观音门外，即观音山余支也。一峰特起，三面陡绝，江中望之，形如飞燕。峰顶有俯江亭，旷览长江，极目千里，樯帆楼橹，出没烟涛云浪间。”

〔二〕司马相如《上林赋》：“潏潏淈淈，湁潗鼎沸。”《文选》李善注：“湁潗，水沸貌也。”

〔三〕《淮南子·兵略训》：“同舟而济于江，卒遇风波，百族之子，捷捽招杼船，若左右手，不以相德，其忧同也。”“捽”，以手揪抓；“招”为“櫂”之假字。“杼”，通“抒”，其义为持引。杨树达以为“捷捽招杼船”谓“疾持楫以引船”。张岱此处对原文之义略有改变。

〔四〕吕吉士：吕福生，字吉士，绍兴人。入《复社姓氏传略》，明亡仕清，《江南通志》卷一百七："高淳知县吕福生，浙江人，贡生，顺治二年任。"即是此人。

观音门：明南京外郭城门十六，北面三门，为佛宁、上元、观音。

〔五〕吴头楚尾：吴、楚相接之地。古代吴地指今江苏一带，而楚则在湖北，从长江上看，二地相接处应是今江西北部及安徽东南部。南京虽属江苏，但位置为安徽包围，其西、南、北皆安徽之地，所以实际上正是"吴头楚尾"。关羽虽在"吴头楚尾"的某些地方作战，然实未到过金陵，故矶上庙祀并非纪念性质。

〔六〕清《南巡盛典》卷八十七："明洪武初建观音阁，杰构缘崖，半出空际，系以铁缸，登之如凭虚御风。"是所度之索为铁索也。

〔七〕面壁：中土禅宗初祖达摩祖师，本天竺王子，泛海达广州。梁普通年间，为梁武帝迎至金陵，谈佛理不合，遂折芦苇一支，乘之过江入魏。居嵩山少林寺，面壁九年。

〔八〕闵老子：见卷三《闵老子茶》及注。王月生：见卷八《王月生》及注。

鲁藩烟火

兖州鲁藩烟火妙天下。烟火必张灯，鲁藩之灯，灯其殿，灯其壁，灯其楹柱，灯其屏，灯其座，灯其宫扇伞盖。诸王公子、宫娥僚属、队舞乐工，尽收为灯中景物。及放烟火，灯中景物又收为烟火中景物。天下之看灯者，看灯灯外，看烟火者，看烟火烟火外，未有身入灯中、光中、影中、烟中、火中，闪烁变幻，不知其为王宫内之烟火，亦不知其为烟火内之王宫也。

殿前搭木架数层，上放"黄蜂出窠"、"撒花盖顶"、"天花喷礴"。四旁珍珠帘八架，架高二丈许，每一帘嵌孝、悌、忠、信、礼、义、廉、耻一大字，每字高丈许，晶映高明。下以五色火漆塑狮、象、橐驼之属百余头〔一〕，上骑百蛮，手中持象牙、犀角、珊瑚、玉斗诸器，器中实"千丈菊"、"千丈梨"诸火器，兽足蹑以车轮，腹内藏人，旋转其下。百蛮手中瓶花徐发，雁雁行行，且阵且走。移时，百兽口出火，尻亦出火，纵横践踏。端门内外，烟焰蔽天，月不得明，露不得下〔二〕。看者耳目攫夺，屡欲狂易，恒内手持之。

【注】

〔一〕火漆：熔松香加各种颜料制成，再加热后可做封漆或捏塑成型。

〔二〕刘侗《帝京景物略》卷二《灯市》："向夕而灯张乐作，烟火施放。于斯时也，丝竹肉声，不辨拍煞，光影五色，照人无妍媸，烟罥尘笼，月不得明，露不得下。"

昔有一苏州人，自夸其州中灯事之盛，曰："苏州此时有起火，亦无处放，放亦不得上。"众曰："何也？"曰："此时天上被起火跻[①]住，无空隙处耳！"人笑其诞。于鲁府观之，殆不诬也。

纯生氏曰：烟腾火发，荧台之象也。

【校】

①“跻”，咸丰本改作“挤”。按：“跻”字兼有升腾及拥挤之义，不必改。

朱云崃女戏

朱云崃教女戏〔一〕，非教戏也，未教戏先教琴，先教琵琶，先教提琴、弦子、箫管。鼓吹歌舞，借戏为之，其实不专为戏也。郭汾阳、杨越公、王司徒女乐〔二〕，当日未必有此。丝竹错杂，檀板清讴，已妙腠理〔三〕，唱完以曲白终之，反觉多事矣。西施歌舞〔四〕，对舞者五人，长袖缓带，绕身若环，曾挠摩地，扶旋猗那，弱如秋药〔五〕。女官①内侍，执扇葆璇盖、金莲宝炬、纨扇宫灯二十余人，光焰荧煌，锦绣纷叠，见者错愕。云老好胜，遇得意处，辄盱目视客；得一赞语，辄走戏房，与诸姬道之，佹出佹入〔六〕，颇极劳顿。且闻云老多疑忌，诸姬曲房密户，重重封锁，夜犹躬自巡历。诸姬心憎之，有当御者，辄遁去，互相藏闪，只在曲房无可觅处，必叱咤而罢。殷殷防护，日夜为劳，是无知老贱自讨苦吃者也，堪为老年好色之戒。

纯生氏曰：云崃工虎儿墨戏，惜其溺于声色，世遂不传。

【校】

①“官”，原本作“宫”，据咸丰本改。

【注】

〔一〕朱云崃：平步青《群书斠识》："朱云崃，名国盛，字敬韬。万历庚戌进士，附阉党，官工部尚书兼侍郎。崇祯初入逆案，以交结近侍获减等闲住。"

或作朱云莱。清曹家驹《说梦》卷二"双真记"略云："朱云莱，天启时为漕储道，魏阉薰灼，云莱借其延引，捷陞北太常。后阉败，值钱机翁当国，得免大祸，然从此亦不振矣。家居，唯以声伎自娱。而郡中后辈好讥论之。有张次璧者，乃作一传奇，名《双真记》。其生名京兆，字敞卿，盖以自寓也。其旦名惠玄霜，其净名佟遗万。佟者，以朱为乡人也，遗万，谓其遗臭万年也，诋斥无所不至。云莱大恨，讼于官，陈眉公为之解纷，致札当事，请追此板，当堂销毁，置此事不问。夫云莱托足权门，诚不自爱。但其挽漕时大有造于维桑。每岁白粮北上，严禁漕艘凌压。而京卫枭旂赵思塘夙为松患，云莱缚而毙之杖下。此等事尽有力量，何可尽埋没之？"

按：国盛为华亭人。天启五年，以工部郎中管理南河，撰《南河志》十四卷。据张岱《石匮书后集》卷三十四，南京既陷，清遣故鸿胪少卿王世焯，以戚里招抚松江。松江府通判陈淳、华亭知县张大事与乡绅杜士全、朱国盛、李凌云、吴培昌等迎降。

〔二〕唐郭子仪以平安史乱功封汾阳王，《旧唐书》本传虽言其"前后赐良田美器，名园甲馆，声色珍玩，堆积羡溢，不可胜纪"，后房宠姬自多，但不以声伎名。隋杨素以平江南功封越国公，《隋书》本传言其"后庭妓妾曳绮罗者以千数"，亦未特言其女乐。晋王导官丞相，虽然当时罢司徒，权归丞相，但此"王司徒"非王导莫属。但其夫人性妒，《艺文类聚》卷三十五引《妒记》言其"密营别馆，众妾罗列"，亦不言有声妓事。张岱此处仅举三者位极人臣，富贵无俦，若有女乐必极尽豪奢，而不必究其是否有其事也。

〔三〕妙腠理：其妙入于腠理也。腠理在皮扶与肌肉之间。《灵枢经·五变》:“黄帝问于少俞曰:余闻百疾之始期也,必生于风雨寒暑,循毫毛而入腠理。”《遵生八笺》卷七:“夫风者,天地之气也,能生成万物,亦能损人,有正有邪故耳。初入腠理,渐至肌肤,内传经脉,达于脏腑,传变既深,为患不小。”

〔四〕梁辰鱼《浣纱记》有“演舞”一折,写西施入吴之前演习歌舞事。

〔五〕扶旋猗那:《淮南子·修务训》:“今鼓舞者,绕身若环,曾挠摩地,扶旋猗那,身若秋药被风,发若结旌骋驰。”曾挠,言折腰也。摩地,身俯于地,类于今之“卧鱼”。扶旋,或疑作蟠旋,舞者矫夭回旋也。猗那,《诗·商颂·那》:“猗与那与,置我鞀鼓。”猗、那皆美盛之貌,此言舞态之婀娜曼妙也。

秋药:药,白芷,香草也;临秋被风,言其弱也。

按:《淮南子》“绕身若环”,刘文典解作“车轮转也”,是指舞者之身体旋绕。张岱于此句前加“长袖缓带”四字,则“绕身”者指袖及带。

〔六〕倏:忽而。

绍兴琴派

丙辰〔一〕,学琴于王侣鹅,绍兴存王明泉派者推侣鹅〔二〕,学《渔樵问答》、《列子御风》、《碧玉调》、《水龙吟》、《捣衣》、《环佩声》等曲〔三〕。戊午,学琴于王本吾,半年得二十余曲:《雁落平沙》、《山居吟》、《静观吟》、《清夜闻钟》、《乌夜啼》、《汉宫秋》、《高山》、《流水》〔四〕、《梅花弄》、《神化引》①、《沧江夜雨》、《庄周梦》,又《胡笳十八拍》、《普庵咒》等小曲十余种〔五〕。王本吾指法圆静②,微带油腔〔六〕。余得其法,练熟还生,以涩勒出之〔七〕,遂称合作〔八〕。同学者,范与兰、尹尔韬、何紫翔、王士美、燕客、平子〔九〕。与兰、士美、燕客、平子俱不成,紫翔得本吾之八九而微嫩,尔韬得本吾之八九而微迂。余曾与本吾、紫翔、尔韬取琴四张弹之,如出一手,听者骇服。后本吾而来越者,有张慎行、何明台,结实有余而萧散不足,无出本吾上者。

纯生氏曰:练熟还生,精于琴学者也。余虽未谙操缦,曾事安弦,特为表出。

【校】

①《清夜闻钟》、《神化引》,各本俱作《清夜坐钟》、《淳化引》。据严晓星君指教,“世上并无《清夜坐钟》、《淳化引》二曲,必定是《清夜闻钟》、《神化引》之误”。按张岱琴学同门尹尔韬所著《徽言秘旨》有《清夜闻钟》及《神化引》,据改。

②“圆静”疑是“圆净”之误。写字笔法有“圆净”之说,《萧子云十二法》:“一曰洁。洁者,所谓如印印泥,笔画圆净也。”用于操琴指法亦通,言出音精准,不拖泥带水也。卷五《柳敬亭说书》有“衣服恬静”句,砚云本作“恬净”,亦“净”字误“静”之一例。

【注】

〔一〕丙辰:万历四十四年,张岱二十岁。

〔二〕本篇题《绍兴琴派》,而文中全言绍兴琴人,仅“王明泉派”一语,亦非“琴派”之意。王明泉所传仅有王侣鹅一人,何来流派?张岱先从侣鹅学琴,两年后即转而就学于外来琴师松江人王本吾,可知侣鹅琴技尚在本吾之下,故颇疑篇题非张岱自拟。而后世琴人仅据小题而误以为绍兴真有“琴派”,遂加考论。查阜西《尹尔韬〈徽言秘旨〉考》云:“《陶庵梦忆》指明尹氏是绍兴琴派，又考后期浙派《文会堂琴谱》所收曲操与尹谱所刊大致皆同，而尹谱所多出者又尽入严天池氏《藏春坞》及《松弦馆谱》之曲；除《洞天》、《涂山》、《溪山》、《长清》等操取之琴川而外，其他曲操仍守浙派之旧未替，是尹之琴学风格乃虞山其表、浙派其里，虞山其文、浙派其质也。矧虞山与前期浙派因有渊源，尹之终于'归雅琴川'，亦足证余他论浙吴一体之说匪讹也。"

查阜西既证所谓"绍兴琴派"实即"浙派"，而严晓星更断言："所谓'绍兴琴派'，在其琴人的弹奏风格、曲目以及美学思想上，未见迥异于当时其他流派的独特性。""张岱所谓'绍兴琴派'，恐怕只是想说古琴有绍兴一脉，绍兴有他们这一帮子弹琴人而已，心中未必存着今人的流派观念。只是他的影响太大，后人又多少有些以今律古，竟把'绍兴琴派'这个名目坐实了。"

〔三〕严晓星云：以上诸曲大多流传至今，唯无《碧玉调》。据查阜西《音研所两抄本谱》，今中国艺术研究院有张友鹤旧藏清初抄本琴谱一部，谱内"各操绝大多数皆十七世纪明清间流行之曲"，内有《碧玉调》（目录写作《碧玉引》）一曲，或即张岱所学者。其中《渔樵问答》、《列子御风》、《捣衣》三曲见于尹尔韬《徽言秘旨》（唯《渔樵问答》简称《渔樵》），《环佩声》疑即今存之《天风环佩》。

〔四〕严晓星云：《高山》、《流水》二曲，向之整理本率多点为《高山流水》一曲。按明初《神奇秘谱》："《高山》、《流水》二曲，本只一曲，至唐分为两曲，不分段数。"张岱所学，亦二曲也，尹尔韬《徽言秘旨》所载《高山》、《流水》二曲，便系明证。古琴独奏曲中，将二曲合为一首《高山流水》者，晚至近代始出现。

〔五〕以上十四曲，除《梅花弄》、《胡笳十八拍》、《普庵咒》外，均见于尹尔韬《徽言秘旨》。

〔六〕王本吾：松江人。张岱《嫏嬛文集》卷三《与何紫翔》书："昨听松江何鸣台、王本吾二人弹琴。何鸣台不能化板为活，其蔽也实；王本吾不能练熟为生，其蔽也油。二者皆是大病，而本吾为甚。何者？弹琴者初学入手，患不能熟；及至一熟，患不能生。夫生，非涩勒离歧、遗忘断续之谓也。”

〔七〕元李衎《竹谱》：“涩勒竹出岭南，中心坚实。坡诗云‘倦看涩勒暗蛮村，乱棘孤籐束瘴根’者，即此竹也。”明方以智《通雅》卷四十二言此竹“有刺而坚，村村以为篱落，土人呼为勒竹”。按：此言指法，涩勒即生涩，与圆熟相对，即卷八《范与兰》篇中所言之“生涩犹棘手”也。因王本吾所授指法偏于圆熟，张岱故意用涩勒以中和之。

〔八〕合作：合于法度之作。一般用指书画作品。

〔九〕范与兰：见卷八《范与兰》篇。

尹尔韬：又名尹晔。初学琴于绍兴王本吾，后游学各地，造诣渐高。崇祯中为内廷供奉，奉旨撰《五音取法》等八十篇。明亡后侨寓淮上，又流徙淄青、苏门等地。所撰《徽言秘旨》及《徽言秘旨订》流传至今。

何紫翔：张岱《嫏嬛文集》卷三有《与何紫翔》一书，专论弹琴。

王士美：名业洵，会稽人。新建伯王承勋从子，刘宗周门人。

平子：即张岱胞弟张峄，平子为其字，号桐庵。师从倪元璐，亦为刘宗周门人。为张岱叔张烨芳之嗣子。

花石纲遗石

越中无佳石。董文简斋中一石〔一〕，磊块正骨〔二〕，窋窱数孔〔三〕，疏爽明易，不作云①谲波诡〔四〕，朱勔花石纲②所遗〔五〕，陆放翁家物也。文简竖之庭除。石后种剔牙松一株，噼咡负剑，与石意相得〔六〕。文简轩其北，名“独石”〔七〕，轩石之，轩独之，无异也。石篑先生读书其中〔八〕，勒铭志之。

【校】

①"云",原本作"灵","灵谲"与"波诡"不相称,据成语改。

②"勔",原本作"缅";"纲",原本作"冈",据道光本改。

【注】

〔一〕董玘,字文玉,号中峰,会稽人。弘治辛酉乡荐第二人,乙丑会试第一。嘉靖时官吏部侍郎。卒谥文简。有《中峰文集》。

〔二〕磊块正骨:《世说新语·赏誉第八》:"王右军目陈玄伯垒块有正骨。"垒块,言胸中不平之气也。《世说新语·任诞第二十三》又云:"王孝伯问王大:'阮籍何如司马相如?'王大曰:'阮籍胸中垒块,故须酒浇之。'"此处以人喻石,体虽凸凹不平,而形体匀正。

〔三〕窋窡:《文选》王逸《鲁灵光殿赋》:"绿房紫菂,窋窡垂珠。"李善注:"《说文》曰:窋,物在穴中貌。窡,亦窋也。"此处指太湖石的孔窍。

〔四〕云谲波诡:汉扬雄《甘泉赋》:"于是大厦云谲波诡,摧嗺而成观。"后为成语,言如云气波纹之诡变万状。

〔五〕朱勔花石纲:宋曾敏行《独醒杂志》卷十:朱勔本一巨商,与其父杀人抵罪,以贿得免死。因遁迹入京师,交结童、蔡,援引得官,以至通显。欲假事归以报复仇怨,先搜奇石异卉以献,探知上意,因说曰:"东南富有此物,可访求之。"受旨而出,即以御前供奉为名,多破官舟,强占民船,往来商贩于淮浙间。凡官吏居民旧有睚眦之怨者,无不生事害之,或以藏匿花石破家。越州有大姓家有数石,勔求之不得,即遣兵卒撤其屋庐而取之。惠山有柏数株在人家坟墓畔,勔令掘之,欲尽其根,遂及棺椁。若是之类,不可胜数,故陈朝老以为东南之人欲食其肉。

宋赵彦卫《云麓漫抄》卷七:朱勔之父朱冲者,吴中尝卖人。方言:以微细物博易于乡市中自唱,曰尝卖。其子勔有余材。蔡太师憩平江,冲携以见蔡,因得出入门下,被使令。再入相,京属童贯,以军功补官。遂取吴中水窠以进,并以工巧之物输上方,就平江为应奉局,百工技艺皆役之。间以金珠为器，分遗后宫，宫人皆德之，誉言日闻。遂取太湖巧石，大者寻丈，皆运至阙下。又令发运司津置，谓之花石纲。勔与其子汝贤得以自恣，每还吴中，辄称降御香，张锦帆，郡县官鼓吹以迎之。

宋方勺《泊宅编》：宣和五年，平江府朱勔造巨舰，载太湖石一块至京，以千人舁进。是日赐银碗千，并官其家仆四人，皆承节郎及金带。勔遂为威远军节度使，而封石为盘固侯。

〔六〕《礼记·曲礼上》："负剑辟咡诏之，则掩口而对。"辟咡，耳语时以手拢着对方的耳朵，使不为旁人所闻。负剑是指挟抱小儿的动作，"负"为背负，"剑"为旁挟。此处指松与石一高一低，如二人亲切耳语。

〔七〕祁彪佳《越中园亭记·独石轩》："董中峰太史构轩读书，立一石甚奇，庭前更有松化石二枚，俨然虬鳞霜干也。宅内御书楼，以奉宸翰。"独石轩之石，据绍兴娄如松先生说，又名魁星石，早在四十年前（当即"文革"期间）即为石粉厂购去磨成石粉了。

〔八〕石篑：陶望龄号。《明史·唐文献传》附《陶望龄传》："陶望龄，字周望。会稽人。父承学，南京礼部尚书。望龄少有文名，举万历十七年会试第一，殿试一甲第三，授编修。历官国子祭酒。笃嗜王守仁说，所宗者周汝登。与弟奭龄皆以讲学名。卒谥文简。"工诗善文。与袁宏道及张岱祖父交好。

大江以南花石纲遗石，以吴门徐清之家一石为石祖。石高丈五，朱勔移舟中，石盘沉太湖底，觅不得，遂不果行。后归乌程董氏，载至中流，船复覆。董氏破资募善入水者取之。先得其盘，诧异之，又俅水取石，石亦旋起。时人比之延津剑焉。后数十年，遂为徐氏有〔一〕。再传至清之，以三百金竖之。石连底高二丈许，变幻百出，无可名状。大约如吴无奇游黄山〔二〕，见一怪石，辄瞋目叫曰:"岂有此理! 岂有此理!"

纯生氏曰:金华山白石,皇初平叱之皆起立。

【注】

〔一〕袁宏道吴中游记有《园亭纪略》一篇,中云:"徐冏卿园在阊门外下塘,宏丽轩举,前楼后厅,皆可醉客。石屏为周生时臣所堆,高三丈,阔可二十丈,玲珑峭削,如一幅山水横披画,了无断续痕迹,真妙手也。堂侧有土垅甚高,多古木,垅上太湖石一座,名瑞云峰,高三丈余,妍巧甲于江南。相传为朱勔所凿,才移舟中,石盘忽沉湖底,觅之不得,遂未果行。后为乌程董氏构去,载至中流,船亦覆没。董氏乃破赀募善没者取之,须臾忽得其盘,石亦浮水而出,今遂为徐氏有。范长白为余言,此石每夜有光烛空,然则石亦神物矣哉。"

徐泰时,字冏卿,号渔浦。万历八年进士,官至太仆寺少卿。袁宏道所言"徐冏卿园"即今苏州之留园。徐清之即徐泰时之子。

乌程董氏:指董份,湖州乌程人,官至礼部尚书。徐泰时为其婿。

瑞云峰本在留园,乾隆南巡前移至织造府西花园,西花园今为苏州第十中学校园。

〔二〕吴士奇,字无奇,号恒初,安徽歙县人。万历二十年进士,天启间官太常寺卿,因忤魏忠贤罢职归,此后屡荐不起。卒赠工部右侍郎。所著有《三祀志》、《史裁考信编》等。《康熙徽州府志》卷十三入《文苑传》。

焦　山

仲叔〔一〕守瓜洲①〔二〕,余借住于园〔三〕,无事辄登金山寺。风月清爽,二鼓犹上妙高台〔四〕,长江之险,遂同沟浍。一日,放舟焦山〔五〕,山更纡谲可喜。江曲過山下〔六〕，水望澄明，渊无潜甲。海猪、海马，投饭起食，驯扰若豢鱼。看水晶殿〔七〕，寻《瘗鹤铭》〔八〕，山无人杂，静若太古〔九〕。回首瓜洲烟火城中，真如隔世。饭饱睡足，新浴而出，走拜焦处士祠〔一〇〕。见其轩冕黼黻，夫人列坐，陪臣四，女官四，羽葆云罕，俨然王者。盖土人奉为土谷〔一一〕，以王礼祀之。是犹以杜十姨配伍髭须〔一二〕，千古不能正其非也。处士有灵，不知走向何所？

纯生氏曰：长江沟浍，猪马豢鱼，陶庵忘机矣。一见焦先生，何遂不然。

【校】

①“瓜洲”，诸本俱误作“瓜州”，径改，后不再注。

【注】

〔一〕张爾芳，字尔葆，以字行，号二酉。习古文辞，旁攻画艺，复精赏鉴。天启七年倅太平，次年，调苏州府。崇祯四年署篆陈州，次年，升孟津县令。满六载，升扬州司马，分署淮安，督理船政。崇祯十六年，李自成破河南，淮安告警。尔葆练乡兵，守清江浦，以积劳致疾，遂不起。平生宫室器具之奉，实埒王侯，张岱以为亵越太甚。有一子萼，即燕客。

张岱《石匮书后集·妙艺列传》：“张尔葆，字葆生，山阴人。少精画理。以舅氏朱石门多藏古画，朝夕观摩。弱冠时，即驰名画苑。其写生之妙，气韵生动，逼肖黄筌。而长帧大幅，叠嶂层峦，烟云灭没，更在倪云林、黄大痴之上。董思白曰：‘张葆生胸中读万卷书，脚下行万里路，襟怀超旷自然。丘壑内营，成立鄞鄂，随手写出，皆为山水传神。’婿陈洪绶，自幼及门，颇得其画法。”

清徐沁《明画录》卷六言其“赏鉴博雅。工花卉折枝，兰竹草虫，水墨浅色,各臻妙境。兼善山水”。

平步青《霞外攟屑》卷四“张葆生”条:“《佩文斋书画谱》卷五十八:‘张尔葆,字葆生,松江人。弱冠即有名画苑,写生入能品。后善山水,与李长蘅、董思白齐名。其婿陈洪绶得其画法。’注出《山阴志》。按尔葆原名㸅芳,号二酉。文恭公元忭孙,雨若副使汝霖次子,陶庵先生岱仲父也。万历戊午顺天副贡生,历官太平、苏州通判,孟津知县,扬州同知,管清江船厂。甲申十月十日卒。见张氏谱。《山阴志》何以以本邑人为松江,不可解也。《柳亭诗话》卷十五云:‘萧山来南老吕禧,老莲妇弟也,从之学画,而变其习。’殆二酉女没,再娶于来耶?”

〔二〕瓜洲:嘉庆《扬州府志》卷十五:“瓜洲城在城南四十里江滨。昔为瓜洲村,扬子江之沙碛也,沙渐长,状如瓜字,接连扬子江口,民居其上。自唐开元以后,渐为南北襟喉之处。今城门四,便门一,水门、水窦各三。”卷十六:“瓜洲渡,在府南四十五里,渡口与江南镇江府相对,江面阔二十里。”

〔三〕于园:参看卷五《于园》篇。

〔四〕妙高台:清周伯义《金山志》卷一:“妙高峰,山之最高处,周必大《杂志》云‘登妙高峰,望焦山、海门,皆历历可见’者是也。宋释草堂清颂曰‘妙高峰顶平如掌’。”又云:“妙高台在伽蓝殿后,宋元祐间主僧了元建,后圮,明释适中重建。”

〔五〕焦山:明章潢《图书编》卷六十:“焦山或名谯山。有罗汉岩,有炼丹台,有桃花坞,有吸江亭,有宝莲阁。白石粼粼,高见云表。其独也,如洪涛之砥柱。其对也,如苍龙之双阙。合而观之,焦山山裹寺,金山寺裹山,相距甚迩,气势相抗,世以并称。”

《江南通志》卷十三:焦山在镇江府东北九里大江中。旧传以东汉焦先隐此得名。《寰宇记》、《通典》亦谓之谯山。亦曰浮玉山。与金山对峙,相去十五里。上有焦仙岭、三诏洞,以焦先三诏不起也。

〔六〕曲澋:水流回旋状。

〔七〕因江淤，长江水面增高，焦山的一些建筑沉于水下，人或称为“水晶殿”。

〔八〕宋欧阳修《集古录》卷十：“《瘞鹤铭》，题云华阳真逸撰，刻于焦山之足，常为江水所没。好事者伺水落时模而传之，往往只得其数字。唯余所得六十余字，独为多也。按《润州图经》以为王羲之书，字亦奇特，然不类羲之笔法，而类颜鲁公，不知何人书也。华阳真逸是顾况道号，今不敢遂以为况者，碑无年月，不知何时，疑前后有人同斯号者也。”

而宋董逌《广川书跋》卷六则云：“瘞鹤铭在润州焦山下，初刻于崖石，久而崩摧，覆压掩没，故不复得其全文。”

清康熙间，陈沧洲闲居京口，徙置山上。经考存全字七十，半字十，凡八十字。

〔九〕太古：此指混沌未开、天地未辟之时。

〔一〇〕焦处士，即焦先，或作“焦光”，字误也。按《三国志·魏书·胡昭传》注：“时有隐者焦先，河东人也。”又引《魏略》曰：先字孝然。中平末，避白波贼，东客扬州。建安初来西还，留陕界。至十六年，关中乱。先失家属，独窜于河渚间，食草饮水，无衣履。大阳长注其籍，给廪，日五升。后有疫病，人多死者，县常使埋藏，童儿竖子皆轻易之。然其行不践邪径，必循阡陌。及其捃拾，不取大穗。饥不苟食，寒不苟衣，结草以为裳，科头徒跣。每出，见妇人则隐翳，须去乃出。自作一瓜牛庐，净扫其中。营木为床，布草蓐其上。至天寒时，构火以自炙，呻吟独语。饥则出为人客作，饱食而已，不取其直。又出于道中，邂逅与人相遇，辄下道藏匿。或问其故，常言“草茅之人，与狐兔同群”。不肯妄语。魏嘉平中，太守贾穆初之官，过其庐。先见穆再拜。穆与语，不应；与食，不食。至魏大伐吴，有人问之，答以歌谣，有应验。朝廷遣官来访，不语。后病亡，寿八十九云云。晋皇甫谧《高士传》所述大致相同。而晋葛洪《神仙传》卷六云：“年一百七十岁，常食白石，分于人，食之如芋。日日伐薪以施于人。营草庵，居其中，后野火烧其庵，人视之，见先危坐其下不动，火过方徐徐而起，衣裳不焦。人知其异，欲求道，曰：'我无道也。'如此二百余岁，后与人别去，不知所之。"

据《魏略》，焦先乃汉魏间一流人，穷困颠狂，举止稍异，遂被人视如高士，乃至传为神仙。所谓"三诏不起"，真梦话也。其人籍河东，终于魏世，年轻时虽曾避乱扬州，旋即北归，无由终隐于镇江，焦山亦未必因之而名也。

〔一一〕土谷：即土地神。

〔一二〕宋高文虎《蓼花洲闲录》云："温州有土地杜十姨，无夫，五髭须相公，无妇，州人遂迎杜十姨以配五髭须，合为一庙。杜十姨为谁？杜拾遗（甫）也；而五髭须者，伍子胥也。"

表胜庵（石屋）

炉峰石屋〔一〕，为一金和尚结茆守土之地，后住锡柯桥融光寺〔二〕。大父造表胜庵成〔三〕，迎和尚还山住持。命余作启。

【注】

〔一〕炉峰：香炉峰，即会稽山之一峰。宋施宿《会稽志》卷九："茅岘，在县东南一十五里，茅君隐于此。一名玉笥，出美玉，其形如笥。山阳一峰，状如香炉，又谓之香炉峰。"小注："茅岘与会稽山接。《旧经》：会稽山一名苗山，亦名茅山，疑只此山。然《旧经》茅岘有香炉峰，盖会稽山之别峰也，今因之。"《万历绍兴府志》卷四：会稽山"其上有磐石屹立，曰降仙台，一曰苗龙仙人台，台下有香炉峰"。

〔二〕柯桥：宋张淏《会稽续志》卷四：柯桥，在山阴县西二十里，旧曰柯亭，今有桥，遂曰柯桥。

明祁彪佳《越中园亭记·柯亭》："有桥有寺，俱以柯名。去府城西三十里。蔡邕尝宿此，取屋椽为笛。”

融光寺：《弘治绍兴府志》：“旧名灵秘，在（山阴）县西柯桥镇。”《山阴县志》：“宋绍兴六年，僧智性创。元末毁。明洪武十四年，僧海印重建。正统间赐经一藏，构重屋以贮之，赐今额。”

〔三〕表胜庵：祁彪佳《越中园亭记·表胜庵》：“表胜，庵也，而列之园，则张肃之先生精舍在焉。山名九里，以越盛时笙歌闻于九里，故名。渡岭穿溪，至水尽路穷而庵始出。冷香亭居庵之左，斫阁、钟楼若断若续，俱悬崖架壑为之，而奇石陟峻，则莫过于鸥虎轩。至炉峰石怪之胜，载主人开山缘起，予不复缕数矣。”

启曰：伏以丛林表胜，惭给孤之大地布金〔一〕；天瓦安禅〔二〕，冀宝掌自五天飞锡〔三〕。重来石塔，戒长老特为东坡〔四〕；悬契松枝，对回师①却逢西向〔五〕。去无作相，住亦随缘。伏唯九里山之精蓝〔六〕，实是一金师之初地。偶听柯亭之竹篴〔七〕，留滞人间；久虚石屋之烟霞〔八〕，应超尘外。譬之孤天之鹤，尚眷旧枝〔九〕；想②彼弥空之云，亦归故岫。况兹胜域，宜兆异人。了住山之夙因，立开堂之新范。护门容虎，洗钵归龙〔一〇〕。茗得先春，仍是寒泉风味；香来破腊，依然茅屋梅花〔一一〕。半月岩似与人猜〔一二〕，请大师试为标指；一片石政堪对语〔一三〕，听生公说到点头〔一四〕。敬借山灵，愿同石隐。倘净念结远公之社〔一五〕，定不攒眉；若居心如康乐之流，自难开口〔一六〕。立返山中之驾，看回湖上之船。仰望慈悲，俯从大众。

纯生氏曰：大畅宗风，妙析奇致，宁曰富丽为工。

【校】

①“对回师”，诸本俱作“万回师”。按唐段成式《酉阳杂俎·前集》卷三：僧万回，年二十余，貌痴不语。其兄戍辽阳，久绝音问，或传其死，其家为作斋。万回忽卷饼茹，大言曰：“兄在，我将馈之。”出门如飞，马驰不及。及暮而还，得其兄书，缄封犹湿。计往返一日万里，因号焉。虽然万回在民间尚有其他传说，但均与本文不合。唯光绪本《嫏嬛文集》卷二《迎一金和尚启》作“对回师”，而“悬契松枝”则为玄奘法师事。此从《嫏嬛文集》改。

②“想”，砚云本、科图本作“相”，亦通。

【注】

〔一〕给孤之大地布金：《法苑珠林》卷五十二略云：有善施长者须达，拯乏济贫，人号给孤独。闻佛功德，遂生尊敬，愿建精舍，请佛降临。世尊命弟子舍利弗随往相地，唯太子祇陀园最宜。太子言：“汝若能以黄金布地，令无空者，便当相与。”须达使人象负黄金八十顷中，须臾将满。太子念言：“佛必大德，能使斯人轻宝如是。”乃令：“止，勿出金。园地属卿，树木属我，我自上佛共立精舍。”须达然之，即便施工起立精舍。

〔二〕天瓦：祁彪佳《越中园亭记·天瓦山房》：“在表胜庵下，皆负绝壁，楼台在丹崖青嶂间。张平子读书其中。引溪当门，夹植桃李。建溪山草亭于山趾，更自引人著胜。”

〔三〕宝掌：施宿《会稽志》卷十五：千岁和尚宝掌禅师，中印度人，生周末，当魏晋时，自西域来华。一日示众曰：“吾欲住世千岁，今六百七十三岁矣。”因号千岁和尚。唐贞观中，周游二浙，至诸暨里浦山下，遇一老人，问欲何之。师曰：“访地修行，吾将老焉。”老人曰：“循山之阴，林嶂幽耸中有石室，名里浦岩，盍往居之？”值中秋，师抵岩下，见其山秀泉洁，月白风清，为颂有“行尽支那四百州，此中偏称道人游”之句，遂结茅以居。

《会稽志》又云：“今诸暨有宝掌岩，会稽刺浮山明觉寺有千岁和尚塔，又有千岁洗骨池。”

飞锡：《天中记》卷三十六：舒州潜山奇绝，山麓尤胜。志公与白鹤道人皆欲居之，因禀梁武帝。帝以二人俱具灵通，俾各以物识其地，得者居之。道人云：“某以鹤止处为记。”志公云：“某以卓锡处为记。”已而鹤先飞去，至麓将止，忽闻空中锡飞声，志公之锡遂卓于山麓，而鹤惊止他所。

〔四〕苏轼有《重请戒长老住石塔疏》，中有句云：“念西湖之久别，本是偶然；为东坡而少留，无不可者。”

〔五〕悬契：即立约。梁慧皎《高僧传》卷四：晋竺僧度答妻苕华书：“若能悬契，则同期于泥洹矣。”《南齐书·萧颖胄传》：颖胄讨东昏侯檄文：“江州邵陵王、湘州张行事、王司州皆远近悬契，不谋而同，并勒骁猛，指景风驱。”

《太平广记》卷九十三引《独异志》及《大唐新语》：沙门玄奘，将往西域，于灵岩寺见有松一树，奘立于庭，以手摩其枝曰：“吾西去求佛教，汝可西长。若吾归，即却东回，使吾弟子知之。”及去，其枝年年西指，约长数丈。一年忽东回，门人弟子曰：“教主归矣。”乃西迎之，奘果还。至今众谓此松为摩顶松。

〔六〕九里山：即侯山。《万历绍兴府志》卷四：“侯山，在府城南九里。《水经注》：‘山孤立长湖中，晋车骑将军孔愉少时遁世，栖迹此山，后封侯。’又名九里山。”

《嫏嬛文集》卷四《五异人传》言张汝霖落职后，“开九里山，取道直上炉峰”。

〔七〕柯亭之竹篴：晋干宝《搜神记》卷十三：“蔡邕尝至柯亭，以竹为椽，邕仰盼之，曰：‘良竹也。’取以为笛，发声辽亮。一云：邕告吴人曰：‘吾昔尝经会稽高迁亭，见屋东间第十六竹椽可为笛。’取用，果有异声。”

《晋书·桓伊传》：“善音乐，尽一时之妙，为江左第一。有蔡邕柯亭笛，常自吹之。”《世说新语·任诞第二十三》：“王子猷（徽之）出都，尚在渚下。旧闻桓子野善吹笛，而不相识。遇桓于岸上过，王在船中，客有识之者云:'是桓子野。'王便令人与相闻,云:'闻君善吹笛,试为我一奏。'桓时已贵显,素闻王名,即便回,下车,踞胡床,为作三调。弄毕,便上车去,客主不交一言。"

〔八〕西湖烟霞洞亦称"烟霞石屋"。

〔九〕陶潜《搜神后记》:丁令威,辽东人,学道于灵虚山。后化鹤归辽东,集城门华表柱。有少年举弓欲射之。鹤乃飞起,徘徊于空中而言曰:"有鸟有鸟丁令威,去家千年今始归,城郭如故人民非,何不学仙冢累累。"

〔一〇〕《晋书·僧涉传》:僧涉者,西域人。苻坚时入长安。能以秘咒下神龙,每旱,坚常使之咒龙请雨。俄而龙下钵中,天辄大雨,坚及群臣亲就钵观之。

〔一一〕香来破腊:杜甫《江梅》诗:"梅蕊腊前破,梅花年后多。"

茅屋梅花:明李日华《六研斋笔记·二笔》卷三:会稽王冕,携妻孥隐于九里山,种豆三亩,粟倍之,树梅花千,桃杏居其半,芋一区,韭薤各百本,引水为池,种鱼千头,结茅庐三间,自题为梅花屋。

〔一二〕半月岩:会稽天依寺有半月泉,泉隐岩下,虽月圆满,望池中只见其半,最为佳处。

会稽城南三十里法华山天依寺,据宋姚宽《西溪丛语》,有半月泉隐岩下,虽月圆满,望池中只见其半,最为佳处。然南宋初即为僧法聪凿开岩上,易名"满月"。真大杀风景事。而据张岱此处语意,似池中尚能见半月,然须一定位置及角度,大费游客猜试,故待寺僧为指点也。

〔一三〕一片石:唐张鷟《朝野佥载》卷六:梁庾信从南朝初至,北方文士多轻之。信将《枯树赋》示之,于后无敢言者。时温子升作《韩陵山寺碑》,信读而写其本。南人问信曰:"北方文士何如?"信曰:"唯有韩陵山一片石堪共语,薛道衡、卢思道少解把笔,自余驴鸣犬吠聒耳而已。"

〔一四〕生公说到点头:宋范成大《吴郡志》卷十六"虎丘":"千人坐,生公讲经处也,大石盘陀数亩,高下如刻削,亦它山所无。又有秦王试剑石、点头石、憨憨泉，皆山中之景。”

宋龚明之《中吴纪闻》：“今虎丘千人坐旁有石点头。《十道四蕃志》云：生公，异僧竺道生也，讲经于此，无信之者，乃聚石为徒，与谭至理，石皆为点头。”

〔一五〕远公之社：东晋高僧慧远，于庐山东林寺，同慧永、慧持及刘遗民、雷次宗等共十八人结社，精修念佛三昧，誓愿往生西方净土，又掘池植白莲，称白莲社。

〔一六〕居心如康乐：《宋书·谢灵运传》：灵运少好学，博览群书，文章之美，江左莫逮。袭封康乐公，食邑二千户。在会稽亦多徒众，惊动县邑。太守孟顗事佛精恳，而为灵运所轻，尝谓顗曰：“得道应须慧业文人，生天当在灵运前，成佛必在灵运后。”顗深恨此言。会稽东郭有回踵湖，灵运求决以为田，太祖令州郡履行。此湖去郭近，水物所出，百姓惜之，顗坚执不与。灵运既不得回踵，又求始宁岯崲湖为田，顗又固执。灵运谓顗非存利民，正虑决湖多害生命，言论毁伤之，与顗遂构仇隙。因灵运横恣，百姓惊扰，乃表其异志，发兵自防，露板上言。

《记纂渊海》卷八十五引《庐山记》：“谢灵运求入净社，远师以心杂止之。”

《古今事文类聚·续集》卷四：谢灵运欲入远公社。远公拒之，曰：“子发缜而须美，面与身戾，非令终之相，请多行阴德，戒饬三年而后可。”灵运怒曰：“学道在心，安以貌耶？”远笑而不答。后灵运果如远所料。

梅花书屋

陔萼楼后老屋倾圮，余筑基四尺，造书屋一大间〔一〕。旁广耳室如纱幮，设卧榻。前后空地，后墙坛其趾，西瓜瓤大牡丹三株，花出墙上，岁满三百余朵。坛前西府二树，花时积三尺香雪。前西壁①稍高，对面砌石台，插太湖石数峰。西溪梅骨古劲〔二〕，滇茶数茎，妩媚其旁。梅根种西番莲，缠绕如缨络。窗外竹棚，密宝相②盖之〔三〕。阶下翠草深三尺，秋海棠疏疏杂入〔四〕。前后明窗，宝襄、西府渐作绿暗。余坐卧其中，非高流佳客，不得辄入。慕倪迂"清閟"〔五〕，又以"云林秘阁"名之。

纯生氏曰：华竹和气，验人安乐；草木文章，发帝机杼。

【校】

①"西壁"，诸本俱作"四壁"，上既有"前"字，不应复有"四壁"，娄如松以为是"西壁"之误，据改。

②"宝相"，原本作"宝襄"，误。宝相花无作"宝襄花"者。

【注】

〔一〕陔萼楼：祁彪佳《越中园亭记·不二斋》："张文恭于居第旁有楼三楹，为讲学地，其家曾孙宗子更新之，建云林秘阁于后。宗子嗜古，擅诗文，多蓄奇书文玩之具，皆极精好，洵唯懒瓒清秘足以拟之。"按：此书室本名"梅花书屋"，由附录《鲁王宴》一文可证。本文述屋前后花卉甚多，却不以梅花胜，其命名之意，或慕王冕隐居九里山，植梅千株，自称茅屋三间为"梅花屋"耶？是陔萼楼即张文恭讲学之地，不二斋在焉，而梅花书屋在楼后，又名"云林秘阁"。

〔二〕西溪梅：清梁诗正《西湖志纂》卷一"西溪探梅"："西湖北山之阴，过石人岭，为西溪。溪水湾环，山径幽邃，直薄余杭县界。受南湖之浸，群山绕之，凡三十六里，自古荡以西，并称西溪。居民以树梅为业，花时弥漫如雪，故旧有西溪探梅之目。"

〔三〕宝相:即宝相花。原指出自佛教的一种吉祥图案,此为蔷薇花之一种。能攀援,故植于竹棚。司马光《三月三十日偶成兼呈真率诸公》诗:"宝相锦铺架,酴醾雪拥檐。"即是。"密宝相",密植宝相也。

〔四〕秋海棠:《群芳谱》卷三十六:"秋海棠,一名八月春,草本。花色粉红,甚娇艳。叶绿如翠羽。此花有二种,叶下红筋者为常品,绿筋者开花更有雅趣。"

〔五〕倪迂:《佩文斋书画谱》卷三十九:"倪瓒,字元镇,无锡人。强学好修,性雅洁。所居有阁,名清閟,乔木修篁,蔚然深秀,故自号云林。雅趣吟兴,每发挥于缣素间,苍劲妍润,尤得清致。晚益务恬退,黄冠野服,浮游湖山间。"

不二斋

不二斋〔一〕,高梧三丈,翠樾千重,墙西稍空,腊梅补之,但有绿天,暑气不到。后窗墙高于槛,方竹数竿,潇潇洒洒,盛子昭①"满耳秋声"横披一幅〔二〕。天光下射,望空视之,晶沁如玻璃、云母,坐者恒在清凉世界。图书四壁,充栋连床;鼎彝尊罍,不移而具。余于左设石床竹几,帷之纱幕,以障蚊虻;绿暗侵纱,照面成碧。夏日,建兰、茉莉,芗泽浸人,沁入衣裾。重阳前后,移菊北窗下,菊盆五层,高下列之,颜色空明,天光晶映〔三〕,如沉秋水。冬则梧叶落,腊梅开,暖日晒窗,红炉毾㲪〔四〕。以昆山石种水仙〔五〕,列阶趾。春时,四壁下皆山兰,槛前芍药半亩,多有异本。余解衣盘礴〔六〕,寒暑未尝轻出。——思之如在隔世。

纯生氏曰：挥洒云起，恍引入水帘、濠上也，盛暑对之，冷然惊爽。

【校】

①"盛子昭"，诸本皆误作"郑子昭"。画史无名"郑子昭"者，实为"盛子昭"之误。

【注】

〔一〕不二斋：据祁彪佳《越中园亭记·不二斋》所述，不二斋为张岱曾祖讲学之陔萼楼之书室。

〔二〕盛子昭：《浙江通志》卷一百九十六引《嘉兴府图记》："盛懋，字子昭，魏塘人。父洪甫善画，懋世其家学而尤过之。善山水人物花鸟。始学陈仲美，精致有余，特过于巧。时以吴仲圭墨竹、岳彦高草书、章文茂笔及懋山水称'武塘四绝'。"

满耳秋声：专指画竹。明倪谦《题过廷章所藏钱惟心墨竹石》"箨龙叶战风泠泠，满耳秋声生翠屏"，《竹坡为丁文暹赋》"四檐寒影不胜清，满耳秋声无处着"，明僧德祥《题王黄鹤画竹》"辋川竹里旧题诗，画里如今似见之。满耳秋声人不到，弹琴长笑月来时"，均咏画竹诗。

〔三〕晶映：即晶莹。

〔四〕毾㲪：《后汉书·西域传》：天竺国"西与大秦通，有大秦珍物，又有细布、好毾㲪"。章怀注："毾㲪，《埤苍》曰：毛席也。《释名》曰：施之承大床前小榻上，登以上床也。"

〔五〕昆山石：产于江苏昆山玉峰的奇石，玲珑白色。

〔六〕解衣盘礴：《庄子·田子方》："宋元君将画图，众史皆至，受揖而立。有一史后至者，儃儃然不趋，受揖不立，因之舍。公使人视之，则解衣般礴，臝。君曰：'可矣，是真画者也。'"

砂罐锡注(宜兴罐)

宜兴罐以龚春为上,时大彬次之,陈用卿又次之〔一〕。锡注以黄元吉①为上,归懋德次之〔二〕。夫砂罐,砂也;锡注,锡也。器方脱手,而一罐一注价五六金,则是砂与锡与价,其轻重正相等焉,岂非怪事!然一砂罐、一锡注直跻之商彝周鼎之列而毫无惭色,则是其品地也。

纯生氏曰:至微之物入宗子手,便能点铁成金。

【校】

①"黄元吉",原本作"王元吉",据砚云本、科图本改。

【注】

〔一〕宜兴罐:即宜兴紫砂壶。宜兴古称阳羡。明周高起《阳羡茗壶系》云:"壶于茶具,用处一耳。近百年中,壶黜银锡及闽豫瓷,而尚宜兴陶,又近人远过前人处也。至名手所作,一壶重不数两,价重每一二十金,能使土与黄金争价。"

其《创始》云:"金沙寺僧,久而逸其名矣。闻之陶家,云僧闲静有致,习与陶缸瓮者处,抟其细土,加以澄炼,捏筑为胎,规而圆之,刳使中空,踵傅口、柄、盖、的,附陶穴烧成,人遂传用。"

其《正始》云:"供春,学使吴颐山公青衣也。颐山读书金沙寺中,供春于给役之暇,窃仿老僧心匠。今传世者,栗色暗暗如古金铁,敦庞周正,允称神明。世以其孙龚姓,亦书为'龚春'。"小注云:"予于吴冏卿家见时大彬所仿,则刻供春二字,足折聚讼云。又云有董翰、赵梁、袁锡、时朋(即大彬父),是为四名家。万历间人,皆供春之后劲也。董文巧而三家多古拙。”

其《大家》云:“时大彬,号少山,或淘土,或杂硇砂土,诸款具足,诸土色亦具足,不务妍媚,而朴雅坚栗,妙不可思。初,自仿供春得手,喜作大壶。后游娄东,闻陈眉公与琅琊太原诸公品茶施茶之论,乃作小壶,几案有一具,生人闲远之思,前后诸名家,并不能及。遂于陶人标大雅之遗,擅空群之目矣。”

其《雅流》云:“陈用卿,与时同工,而年技俱后。负力尚气,尝挂吏议,在缧绁中。俗名陈三呆子。式尚工致,如莲子、汤婆、钵盂、圆珠诸制,不规而圆,已极妍饬。款仿钟太傅帖意。”

明陈贞慧《秋园杂佩》“时大彬壶”条:“时壶名远甚,即遐陬绝域犹知之。其制始于供春,壶式古朴风雅,茗具中得幽野之趣者。后则如陈壶、徐壶,皆不能仿佛大彬万一矣。一云供春之后四家,董翰、赵良远、袁钱,其一则大彬父时鹏也。彬弟子李仲芳,芳父小圆壶,李四老官号养心,在大彬之上,为供春劲敌,今罕有见者。或淪鼠菌,或重鸡彝,壶亦有幸有不幸哉。”

清陆廷灿《续茶经》卷下之三引明人闻龙《茶笺》:“老友周文甫,尝蓄一龚春壶,摩挲宝爱,不啻掌珠。用之既久,外类紫玉,内如碧云,真奇物也。后以殉葬。”

清李斗《扬州画舫录》卷四:“砂壶创于金沙寺僧。团紫砂泥作壶具,以指罗纹为标识。有吴学使者,读书寺中,侍童供春见之,遂习其技,成名工,以无指罗纹为标识。宋尚书时彦裔孙名大彬,得供春之传,毁甓以杵舂之,使还为土,范为壶燀,以熠火审候以出。雅自矜重,遇不惬意,碎之,至碎十留一,皆不惬意,即一弗留。彬枝指,以柄上拇痕为标识。大彬之后,则陈仲美、李仲芳、徐友泉、沈君用、陈用卿、蒋志雯诸人。友泉有云罍、蝉觯、汉瓶、僧帽、提梁卣、苦节君、扇面、美人肩、西施乳、束腰、菱花、平肩、莲子、合菊、荷花、竹节、橄榄、六方、冬瓜段、分蕉、蝉翼、柄云、索耳、番象鼻、沙鱼皮、天鸡、篆耳诸式。仲美另制鹦鹉杯。后吴人赵璧变彬之所为而易以锡，近时则以归复所制锡壶为贵。”

〔二〕锡注：茶具也，故名“茶注”，盛汤冲茶所用。《续茶经》卷中引《茶说》：“器具精洁，茶愈为之生色。今时姑苏之锡注，时大彬之沙壶，汴梁之锡铫，湘妃竹之茶灶，宣成窑之茶盏，高人词客、贤士大夫莫不为之珍重，即唐宋以来茶具之精，未必有如斯之雅致。”

张岱《夜航船》卷十二“嘉兴锡壶”：“嘉兴锡壶，所制精工，以黄元吉为上，归懋德次之。初年价钱极贵，后渐轻微。”

清朱彝尊《鸳鸯湖櫂歌》注：“里中黄元吉冶锡为壶，极精致。”

清刘源长《茶史》：“壶古用金银，以金为水母也，然未可多得。曩如赵良璧比之黄元吉所造，款式素雅，敲之作金石声。”

乾隆《浙江通志》卷一百九十六引《嘉兴县志》：“黄元吉，锡工也，所造茶具种种精巧，其色与银无辨，海内咸珍异之。”

归懋德：邓之诚《骨董琐记》卷一《绝技》：“赵良璧及吴中归锡、嘉禾黄锡，皆善制小锡壶有名。黄名元吉，蒋三即蒋诚，归锡即归复。”按：前引《扬州画舫录》言吴人赵璧变时大彬之所为而易以锡，近时则以归复所制锡壶为贵。赵璧即赵良璧，归复又作归复初，即归懋德。

沈梅冈（沈梅冈文具）

沈梅冈先生忤相嵩，在狱十八年〔一〕。读书之暇，旁攻匠艺，无斧锯，以片铁日夕磨之，遂铦利。得香楠尺许，琢为文具一、大匣三、小匣七、壁锁二；棕竹数片，为箑一，为骨十八，以笋、以缝、以键，坚密肉好〔二〕，巧匠谢不能事。夫人匄先文恭志公墓〔三〕，持以为贽。文恭拜受之，铭其匣曰：“十九年，中郎节〔四〕。十八年，给谏匣。节邪匝邪仝一辙。”铭其箑曰:“塞外毡,饥可飡;狱中箑,尘莫干。前苏后沉名班班。”梅冈制,文恭铭,徐文长书〔五〕,张应尧镌〔六〕,人称四绝,余珍藏之。又闻其以粥炼土,凡数年,范为铜鼓者二,声闻里许,胜暹罗铜〔七〕。

纯生氏曰:小霞抟土鼓,祝云:若鸣,当出狱。一日土鼓自鸣,寻亦超雪。

【注】

〔一〕沈梅冈:《明史·沈束传》略曰:束,字宗安,会稽人。嘉靖二十三年进士,除徽州推官,擢礼科给事中。时大学士严嵩擅政。大同总兵官周尚文卒,请恤典,严嵩格不予。束言:“今当事之臣,任意予夺,冒滥或幸蒙,忠勤反捐弃,何以鼓士气,激军心?”疏奏,嵩大恚,激帝怒,命杖于廷,下诏狱。束系久,衣食屡绝,唯日读《周易》为疏解。迨嵩去位,束在狱十六年矣,妻张氏上书,法司亦为请,帝终以廷杖遣戍未足遏其言,乃长系以困之。又二年方释还家。

〔二〕肉好:《礼记·曲礼下》疏:“《周礼·大宗伯》云:‘子执穀璧,男执蒲璧。’其璧则内有孔,外有玉,其孔谓之好,故《尔雅·释器》云:‘肉倍好谓之璧,好倍肉谓之瑗,肉好若一谓之环。’”是本言玉璧、玉瑗,后亦以圆形钱币之边孔为肉好,如《汉书·食货志下》:“铸大钱,文曰‘宝货’,肉好皆有周郭。”此处则指折扇关捩之孔及边缘。

〔三〕文恭:张岱曾祖张元汴,字子荩,号阳和。隆庆五年(一五七一)状元,历官翰林修撰、侍读。卒谥文恭。

〔四〕中郎节:《汉书·苏武传》:武帝时,苏武以中郎将使持节,使匈奴,被单于扣留。苏武杖汉节牧羊,卧起操持,节旄尽落。在匈奴凡十九岁,始以强壮出,及还,须发尽白。

〔五〕徐文长:清徐沁《明画录》卷六:“徐渭,字文长,号天池,晚称青藤道人,山阴人。为诸生。工诗文。应胡少保宗宪辟,作《白鹿表》,名重一时。中岁始学画花卉,初不经意,涉笔潇洒,天趣灿发,于二法中皆可称散僧入圣。画上自为诗句,书法更佳。署曰田水月。”

清姜绍书《无声诗史》卷三言:“渭于行草书尤精奇伟杰。尝言吾书第一,诗二,文三,画四。识者许之。”

〔六〕张应尧:明徐渭《徐文长三集》卷二十二有《竹秘阁铭》,有云:“阁以擎之,墨不涴肘。刻竹为阁,创精妙手。妙手为谁?应尧张叟。”

〔七〕铜鼓:清钱泳《履园丛话》卷二“铜鼓”:“铜鼓形如坐墩,中空无底,扣之有声,面圆而多花纹,其上隐起,有四耳,作蛙黾之状,无铸造年月字样。有径二尺余者,有径尺许者,亦大小不等。余生平所见不下三四十枚,唯晋陵赵瓯北先生家所藏一枚为最大。今云南、四川、广东西俱有之。朱竹垞有《铜鼓考》,谓皆出自诸葛孔明所铸,其实非也。《后汉书·马援传》:‘于交阯得骆越铜鼓,援取其鼓以铸铜马。’是在孔明之前。《晋书·食货志》:‘广州夷人宝贵铜鼓。’又《载记》云:‘赫连勃勃铸铜为大鼓,以黄金饰之。’又在孔明之后。唯《岭表录异》云:‘蛮夷之乐有铜鼓焉。’《新唐书》云:‘蛮人宴聚则击铜鼓。’则铜鼓者,实苗蛮之所造,非孔明也。”

岣嵝山房

岣嵝山房〔一〕,逼山,逼溪,逼弢光路〔二〕,故无径不梁,无屋不阁。门外苍松傲睨,蓊以杂木,冷绿万顷,人面俱失。石桥低磴,可坐十人。寺僧刳竹引泉,桥下交交牙牙,皆为竹邮〔三〕。天启甲子〔四〕,余键户其中者七阅月,耳饱溪声,目饱清樾。山上下多西栗、鞭笋①,甘芳无比。邻人以山房为市,蓏果、羽族日致之,而独无鱼。乃潴谿为壑，系巨鱼数十头。有客至，辄取鱼给鲜。

【校】

①“西栗”，诸本皆作“西粟”。按：岣嵝山房附近灵隐寺、冷泉皆有西栗树，据说为僧慧理自西域携来之种，故称“西栗”，《西湖梦寻》附《岣嵝山房小记》即作“西栗”，据改。“鞭笋”，诸本俱作“边笋”。按：《岣嵝山房小记》作“鞭笋”，音同字异，而作“鞭笋”较胜，据改。

【注】

〔一〕岣嵝山房：清梁诗正《西湖志纂》卷八引《钱塘县志》：“明李元昭，字用晦，号岣嵝山人。构庐于慎庵之址，架回溪绝壑之上，溪声出屋下，高厓插天，古木拔地。工诗，与山阴徐渭齐名，有《岣嵝山房集》。”

张元忭《岣嵝山房记》：“灵鹫山灵隐寺之西，循曲径，逾小涧，有泉泠然而清，有石狮蹲而虎踞，有梅数枝，有竹数竿，有屋数楹，悠然其间者，岣嵝山房也。其中为楼曰紫盖云者，岣嵝山之别峰也。楼之上下析为小室者五，凡燕居款客、却暑避寒之所，无不毕具。楼之外插槿为篱，叠石为垣，刳竹为瓦，引泉从垣间泻出，日夜作瀑布声。缘篱翠竹，交映其前，盛夏凛然如秋。出楼之北，跻石磴而上数十步，结桧为亭曰来鹤，因名为坪曰对奕。又上数十步曰孤啸台，为白砂丹井，为礼斗阁，为香雪巢。其外为桃蹊茶坂、梅坞橘坡。盖是山周遭不盈十亩，而极备幽致，入之者如游于蓬莱方丈而莫能穷诘也。山人姓李名元昭，少喜任侠，有提戈取功名之志。稍长，更读古书，工诗词。已而弃去，习举子业，为诸生。寻以祖爵袭千户侯，亡何又弃去。始一意养生之术，躬负瓢笠，与其徒云游湖海上，凡名胜之区，足迹殆遍。历七寒暑然后归，构山房，为终焉之计。室中刻木为小像，旁列棺殓之具，穴山为冢，题曰岣嵝山人墓。是时山人年六十有五，今七十有九矣。余自甲子岁闻山人名而访之，遂定方外交。嗣是往来钱塘，必造宿于山中，徘徊累日不忍去。”

〔二〕弢光路：灵隐寺西有法安院，唐长庆中，有诗僧韬光结庵于院西。灵隐寺有韬光庵，即以师命名。

明吴之鲸《武林梵志》卷五："韬光庵，韬光禅师建。师蜀人，当唐代宗时，辞师出游，师嘱之曰：'遇天可前，逢巢即止。'师游灵隐山巢沟坞，值白乐天守郡，悟曰：'此吾师之命我也。'遂卓锡焉。乐天闻之，遂与为友，题其堂曰法安。"

袁宏道游记《灵隐》："韬光在山之腰，出灵隐后一二里，路径甚可爱。古木婆娑，草香泉渍，淙淙之声，四分五路，达于山厨。"

〔三〕竹邮：《湖山便览》卷五"韬光泉"条引《名山胜概》云："从岣嵝山房上至韬光，峰高百盘，流泉数十折，僧家皆刳竹引泉，众响并作，沸于弦索。"

〔四〕天启四年，时张岱二十八岁。张岱《西湖梦寻》卷四《岣嵝山房》："天启甲子，余与赵介臣、陈章侯、颜叙伯、卓珂月、余弟平子读书其中。"

日晡，必步冷泉亭、包园、飞来峰〔一〕。一日，缘溪走看佛像，口口骂杨髡〔二〕。见一波斯坐龙象，蛮女四五献花果，皆裸形，勒石志之，乃真伽像也。余椎落其首，并碎诸蛮女，置溺溲处以报之。寺僧以余为椎佛也，咄咄作"怪事"，及知为杨髡，皆欢喜赞叹。

纯生氏曰：嘉靖时，陈仕贤守杭州，曾击真伽像弃于圊中。

【注】

〔一〕冷泉亭：宋潜说友《咸淳临安志》卷二十三："冷泉亭，在飞来峰下。唐刺史河南元萸建，刺史白居易记，刻石亭上。"元刘一清《钱塘遗事》卷一："冷泉亭正在灵隐寺之前，一泓极为清泚，流出飞来峰下，过九里松而入西湖。”明田汝成《西湖游览志》卷二十:“灵隐寺东有水曰龙源,横过寺前,即龙溪也,冷泉亭在其上。”

按:冷泉亭建于唐时,至宋时即拆去,亭中原有白居易“冷泉”二字及苏轼补“亭”字亦失去。元明时冷泉亭已不知何人所建。

包园:清梁诗正《西湖志纂》卷八“包庄”引《钱塘县志》:“明副使包涵所别业,名青莲山房。倚莲花峰,跨灵隐涧,深岩峭壁,萝径松门,饶朴野之趣。而其中崇台杰阁,曲房洞户,入者迷不得出。今已易主颓废,而人犹称包氏北庄。”参见卷三《包涵所》篇。

飞来峰:《咸淳临安志》卷二十三:“晏殊《舆地志》云:晋咸和元年,西天僧慧理登兹山,叹曰:‘此是中天竺国灵鹫山之小岭,不知何年飞来。佛在世日,多为仙灵所隐,今此亦复尔邪?’因挂锡,造灵隐寺,号其峰曰飞来。”

《西湖游览志》卷十:“飞来峰界乎灵隐、天竺两山之间,盖支龙之秀演者。高不逾数十丈,而怪石森立,青苍玉削,若骇豹蹲狮,笔卓剑植,衡从偃仰,益玩益奇。上多异木,不假土壤,根生石外,矫若龙蛇,郁郁然丹葩翠蕤,蒙羃联络,冬夏常青。烟、雨、雪、月四景尤佳。其下岩扃窈窕,屈曲通明,壁间布镌佛像,皆元浮屠杨琏真伽所为也。”

〔二〕杨髡:杨琏真珈,西域僧人,元初为江南释教总摄,与杭州演福寺僧允泽勾结,遍掘宋帝诸陵。陶宗仪《南村辍耕录》卷四引《唐义士传》:“岁戊寅,有总江南浮屠者杨琏真珈,怙恩横肆,势焰烁人,穷骄极淫,不可具状。十二月十有二日,帅徒役顿萧山,发赵氏诸陵寝,至断残支体,攫珠襦玉柙,焚其胔,弃骨草莽间。”最惨为理宗,或云含有夜明珠,乃倒尸树间,三日竟失其首。髡,秃头,对僧人的蔑称。

三世藏书

余家三世积书三万余卷。大父诏余曰:“诸孙中唯尔好书，尔要看者，随意携去。”余简太仆、文恭、大父丹铅所及有手泽存焉者，汇以请。大父喜，命舁去，约二千余卷。天启乙丑[①]，大父去世，余适往武林，父、叔及诸弟、门客、匠指、臧获、巢婢辈乱取之〔一〕，三代遗书，一日尽失。

【校】

①“天启乙丑”，诸本“天启”俱作“崇正（祯）”。按：崇祯无乙丑，而张岱《家传》言张汝霖“乙丑三月，病瘭翳，不起”，则“崇正”为“天启”之误显然，今改正。

【注】

〔一〕巢婢：贱婢。《南史·王琨传》：“琨父怿，不辨菽麦，时以为殷道矜之流。人无肯与婚，家以巢婢恭心侍之，遂生琨。”

余自垂髫聚书四十年，不下二万卷。乙酉，避兵入剡，略携数簏随行，而所存者，为方兵所据，日裂以吃[①]烟〔一〕，并舁至江干，藉甲内挡箭弹，四十年所积，亦一日尽失。此吾家书运，亦复谁尤！

【校】

①“吃”，原本作“吹”，据道光本改。

【注】

〔一〕吃烟：清金埴《巾箱说卷》：“今之烟者，神农未尝，《本草》不载。其种生于外国，名曰‘淡把姑’，亦曰‘金丝明薰草’。明末始入中华，今人呼为‘相思草’，言不食则相思弗能已也。忆康熙初间，海内唯闽烟名‘石马烟’（石马，地名），吸之数口，辄似中酒，今亡矣。吾浙及江南多种之，美其称号甚夥，然不能醉人。东北则盛行，兖州‘所烟’，转鬻于京及远方，其利溥博。‘所烟’者，兖城昔有卫所，种于其地，故名。气味较烈，殆与闽烟相埒矣。”

清方濬师《蕉轩随录》卷六“烟草鼻烟”条：烟草出吕宋国，一名淡巴菇，中国唯闽产佳。万历末有携至漳、泉者，马氏造之，曰“淡肉果”。渐传至九边，皆衔长管而火点吞吐之，有醉扑者。崇祯时严禁不止。见方氏《物理小识》。本朝则到处有之。王阮亭先生所谓“今世公卿士大夫，下逮舆隶妇女，无不嗜烟草者”。

余因叹古今藏书之富，无过隋、唐。隋嘉则殿分三品，有红琉璃、绀琉璃、漆轴之异。殿垂锦幔，绕刻飞仙。帝幸书室，践暗机，则飞仙收幔而上，橱扉自启；帝出，闭如初。隋之书计三十七万卷〔一〕。唐迁内库书于东宫丽正殿，置修文、著作两院〔二〕，学士得通籍出入。太府月给蜀都麻纸五千番，季给上谷墨三百三十六丸，岁给河间、景城、清河、博平四郡兔千五百皮为笔，以甲、乙、丙、丁为次。唐之书计二十万八千卷〔三〕。我明中秘书不可胜计，即《永乐大典》一书，亦堆积数库焉〔四〕。余书直九牛一毛耳，何足数哉！

纯生氏曰：记书混混有致，记隋、唐靡靡可听，宗子超超元箸。

【注】

〔一〕张岱所述非隋西都嘉则殿事，实为东都修文殿事，因裁剪过当，故致此误。《文献通考》卷一百七十四略云：隋平陈已后，经籍渐备。于是总集编次，存为古本。召天下工书之士，于秘书内补续残缺，为正副二本，藏于宫中，其余以实秘书内外之间，凡三万卷。炀帝即位，增秘书省官百二十员，并以学士补之。帝好读书著述，自为扬州总管，置王府学士至百人，常令修撰，以至为帝前后近二十载，修撰未尝暂停。初，西京嘉则殿有书三十七万卷，除其复重猥杂，得正御本三万七千余卷，纳于东都修文殿。又写五十副本，分为三品：上品红琉璃轴，中品绀琉璃轴，下品漆轴，于东都观文殿东西厢构屋以贮之。于观文殿前为书室十四间，窗户、床褥、厨幔，是咸极珍丽。每三间开方户，垂锦幔，上有二飞仙，户外地中施机发。帝幸书室，有宫人执香炉前行，践机则飞仙下，收幔而上，户扉及厨扉皆自启。帝出，则复闭如故。

〔二〕张岱此处所述有误。唐太宗于门下省置弘文馆，生三十人。又于东宫置崇文馆，生二十人。至唐中宗时，始改弘文馆名修文馆。又唐于史官外另设著作郎、著作佐郎，掌修撰碑志、祝文、祭文，并无修文院之设，应是"置修书院于著作院"之误。详见下注。

〔三〕《文献通考》卷一百七十四略云：唐分书为四类，曰经、史、子、集，而藏书之盛，莫盛于开元。其著录者五万三千九百一十五卷，而唐之学者自为之书者又二万八千四百六十九卷。呜呼！可谓盛矣。玄宗会幸东都，乃就乾元殿东序检校，又借民间异本传录。及还京师，迁书东宫丽正殿，置修书院于著作院。其后大明宫光顺门外、东都永福门外，皆创集贤书院，学士通籍出入。既而太府月给蜀郡麻纸五千番，季给上谷墨三百三十六丸，岁给河间、景城、清河、博平四郡兔千五百皮为笔材。两都各聚书四部，以甲、乙、丙、丁为次，列经、史、子、集四库。其本有正有副，轴带帙签，皆异色以别之。安禄山之乱，尺简不藏。（《新唐书·艺文志》大致相同。）

"二十万八千卷"，应是"二万八千卷"之误，但此数非唐藏书总数，只是唐人著述之数，即《新唐书·艺文志》及《文献通考》卷一百七十四所言"藏书之盛，莫盛于开元。其著录者五万三千九百一十五卷，而唐之学者自为之书者又二万八千四百六十九卷”。

〔四〕《永乐大典》二万二千八百七十七卷，凡例、目录六卷，凡一万二千册。见《蕉廊脞录》。

卷　三

丝　社

越中琴客不满五六人，经年不事操缦[一]，琴安得佳？余结丝社，月必三会之。有小檄曰：

中郎音癖，"清溪弄"三载乃成[二]；贺令神交，《广陵散》千年不绝[三]。器繇神以合道[四]，人易学而难精。幸生岩壑之乡[五]，共志丝桐之雅[六]。清泉磐石，援琴歌《水仙》之操[七]，便足怡情；涧响松风，三者皆自然之声，政须类聚[八]。偕我同志，爰立琴盟；约有常期，宁虚芳日。杂丝和竹，用以鼓吹清音[九]；动操鸣弦，自令众山皆响[一〇]。非关匣里，不在指头，东坡老方是解人[一一]；但识琴中，无劳弦上，元亮辈政堪佳侣[一二]。既调商角，翻信肉不如丝[一三]；谐畅风神，雅羡心生于手[一四]。从容秘玩，莫令解秽于花奴[一五]；抑按盘桓，敢谓倦生于古乐[一六]。共怜同调之友声，用振丝坛之盛举。

纯生氏曰：风韵清远，从海上移情悟入，鼓琴华阳亭，不无少仙机耳。

【注】

〔一〕操缦：《礼记·学记》："不学操缦，不能安弦。"陈澔《礼记集说》云："操缦，操弄琴瑟之弦也。"

〔二〕中郎：《后汉书·蔡邕传》：蔡邕字伯喈，陈留圉人也。吴人有烧桐以爨者，邕闻火烈之声，知其良木，因请而裁为琴，果有美音，而其尾犹焦，故时人名曰"僬尾琴"焉。初，邕在陈留也。其邻人有以酒食召邕者，比往而酒以酣焉。客有弹琴于屏，邕至门试潜听之，曰："憘！以乐召我而有杀心，可也？"遂反。将命者告主人曰："蔡君向来，至门而去。"邕素为邦乡所宗，主人遽自追而问其故，邕具以告，莫不怃然。弹琴者曰："我向鼓弦，见螳螂方向鸣蝉，蝉将去而未飞，螳螂为之一前一却。吾心耸然，唯恐螳螂之失之也。此岂为杀心而形于声者乎？"邕莞然而笑曰："此足以当之矣。"初平元年，拜左中郎将，从献帝迁都长安，封高阳乡侯。

清溪弄：嵇康《琴赋》："下逮谣俗，蔡氏五曲。"李善注："俗传蔡氏五曲，《游春》、《渌水》、《坐愁》、《秋思》、《幽居》也。"

《乐府诗集》卷五十九《蔡氏五弄》解题云："《琴历》曰：琴曲有蔡氏五弄。《琴集》曰：五弄，《游春》、《渌水》、《幽居》、《坐愁》、《秋思》，并宫调，蔡邕所作也。《琴书》曰：邕性沉厚，雅好琴道。嘉平初，入青溪访鬼谷先生，所居山有五曲，一曲制一弄。山之东曲常有仙人游，故作《游春》；南曲有涧，冬夏常渌，故作《渌水》；中曲即鬼谷先生旧所居也，深邃岑寂，故作《幽居》；北曲高岩，猨鸟所集，感物愁坐，故作《坐愁》；西曲灌水吟秋，故作《秋思》。三年曲成，出示马融，甚异之。"

《乐府诗集·琴曲歌辞》引《琴论》曰："和乐而作，命之曰畅；忧愁而作，命之曰操；引者，进德备业，申达之名也；弄者，情性和畅，宽泰之名也。"

〔三〕贺令：《太平御览》卷五百七十九引《世说》：会稽贺思令，善弹琴。常夜在月中坐，临风鸣弦。忽有一人，形貌甚伟，着械，有惨色，在中庭称善。便与共语，自云是嵇中散，谓贺云："卿手下极快，但于古法未备。"因授以《广陵散》。遂传之，于今不绝。

《广陵散》：《三国志·魏书·嵇康传》注引《魏氏春秋》曰：康寓居河内之山阳县，与陈留阮籍、河内山涛、河南向秀、籍兄子咸、琅邪王戎、沛人刘伶相与友善，游于竹林，号为七贤。钟会为大将军所昵，闻康名而造之，乘肥衣轻，宾从如云。康方箕踞而锻，会至，不为之礼。会深衔之。大将军尝欲辟康。山涛为选曹郎，举康自代，康答书拒绝，因自说不堪流俗，而非薄汤、武。大将军闻而怒焉。钟会劝大将军因此除之，遂杀安及康。康临刑自若，援琴而鼓，既而叹曰："雅音于是绝矣。"时人莫不哀之。康《别传》云：孙登谓康曰："君性烈而才俊，其能免乎？"称康临终之言曰："袁孝尼尝从吾学《广陵散》，吾每固之不与。《广陵散》于今绝矣！"与盛所记不同。

〔四〕器、道：《易·系辞》："形而上者谓之道，形而下者谓之器。"《东坡易传》："道者，器之上达者也。器者，道之下见者也。其本一也，化之者道也，裁之者器也，推而行之者一之也。"

〔五〕岩壑之乡：《晋书·顾恺之传》：恺之还至荆州，人问以会稽山川之状。恺之云："千岩竞秀，万壑争流，草木蒙笼，若云兴霞蔚。"

〔六〕丝桐：《史记·田敬仲完世家》：驺忌子以鼓琴见威王。王勃然不悦，曰："若夫治国家而弭人民，又何为乎丝桐之间？"

〔七〕《水仙》之操：《太平御览》卷五百七十八引《乐府解题》曰：《水仙操》，伯牙学琴于成连先生，三年不成，至于精神寂寞、情之专一，尚未能也。成连云："吾师方子春今在东海中，能移人情。"乃与伯牙俱往。至蓬莱山，留宿伯牙曰："子居习之，吾将迎师。"刺船而去，旬时不返。伯牙近望无人，但闻海水汩滑崩折之声，山林窅寞，群鸟悲号，怆然而叹曰："先生将移我情。"乃援琴而歌，曲终，成连回，刺船迎之而还。伯牙遂为天下妙矣。

〔八〕涧响松风：琴曲有《石上流泉》及《风入松》，为写涧响及松风者。

〔九〕清音：晋左思《招隐诗》："非必有丝竹，山水有清音。"

〔一〇〕众山皆响：《宋书·宗炳传》：炳好山水，爱远游，西陟荆、巫，南登衡、岳，因而结宇衡山，欲怀尚平之志。有疾还江陵，叹曰："老疾俱至，名山恐难遍睹，唯当澄怀观道，卧以游之。"凡所游履，皆图之于室，谓人曰："抚琴动操，欲令众山皆响。"古有《金石弄》，为诸桓所重，桓氏亡，其声遂绝，唯炳传焉。太祖遣乐师杨观就炳受之。

〔一一〕非关匣里：苏轼《琴诗》："若言琴上有琴声，放在匣中何不鸣？若言声在指头上，何不于君指上听？"

〔一二〕无劳弦上：《晋书·陶潜传》：陶潜，字元亮，大司马侃之曾孙也。少怀高尚，博学善属文，颖脱不羁，任真自得，为乡邻之所贵。潜不解音声，而畜素琴一张，无弦，每有酒适，辄抚弄以寄其意。性不解音，而畜素琴一张，弦徽不具。每朋酒之会，则抚而和之，曰："但识琴中趣，何劳弦上声。"

〔一三〕肉不如丝：《晋书·孟嘉传》：嘉好酣饮，愈多不乱。桓温问嘉："酒有何好，而卿嗜之？"嘉曰："公未得酒中趣耳。"又问："听妓，'丝不如竹，竹不如肉'，何谓也？"嘉答曰："渐近使之然。"一坐咨嗟。

〔一四〕心生于手：《宣和书谱》卷十：韦荣宗喜论书法，其得处皆吻合古人，亦技进乎道者也。尝谓人曰："凡下笔，心注于手，然后可下。若少等闲，殆亦无凭。"

严晓星述查阜西云："肉不如丝"、"心生于手"两句"与胡文焕、萧鸾之说正同"。胡文焕强调"吟之于口，则未免背之于手"（《新刻文会堂琴谱序》），对应"既调商角，翻信肉不如丝"；萧鸾强调"去文以存勾剔"（《杏庄太音补遗》卷一），也就是去除文辞，保留指法，对应"谐畅风神，雅羡心生于手"。

〔一五〕花奴解秽：唐南卓《羯鼓录》：玄宗洞晓音律，尤爱羯鼓、横笛，云："八音之领袖也，诸乐不可方此。"上性隽迈，雅不好琴，尝听弹三弄，未及毕，叱琴者曰："待诏出去。"谓宦者曰："速召花奴，将羯鼓来为我解秽。"按：花奴，汝南王琎小名也。

〔一六〕倦生古乐：《礼记·乐记》：魏文侯问于子夏曰："吾端冕而听古乐，则唯恐卧；听郑卫之音，则不知倦。敢问古乐之如彼何也？新乐之如此何也？"子夏对曰："今夫古乐，进旅退旅，和正以广，弦匏笙簧，会守拊鼓，始奏以文，复乱以武，治乱以相，讯疾以雅。君子于是语，于是道古，修身及家，平均天下。此古乐之发也。今夫新乐，进俯退俯，奸声以滥，溺而不止，及优侏儒，獿杂子女，不知父子。乐终，不可以语，不以道古。此新乐之发也。今君之所问者乐也，所好者音也。夫乐者，与音相近而不同。"

南镇祈梦

万历壬子，余年十六，祈梦于南镇梦神之前〔一〕，因作疏曰：

爰自混沌谱中〔二〕，别开天地；华胥国里，蚤见春秋〔三〕。梦两楹〔四〕，梦赤舄〔五〕，至人不无〔六〕；梦蕉鹿①〔七〕，梦轩冕〔八〕，痴人敢说。唯其无想无因，未尝梦乘车入鼠穴，捣齑啖铁杵〔九〕；非其先知先觉，何以将得位梦棺器，得财梦秽矢〔一〇〕？正在恍惚之交，俨若神明之赐。某也躨跜偃潴②，轩翥③樊笼，顾影自怜，将谁以告？为人匠玩〔一一〕，吾何以堪！一鸣惊人，赤壁鹤耶〔一二〕？局促辕下，南柯蚁邪〔一三〕？得时则驾，渭水熊耶〔一四〕？半榻蘧除，漆园蝶耶〔一五〕？神其诏我，或寝或吪〔一六〕；我得先知，何从何去。择此一阳之始〔一七〕，以祈六梦之正〔一八〕。功名志急，欲搔首而问天〔一九〕；祈祷心坚，故举头以抢地〔二〇〕。轩辕氏圆梦鼎湖，已知一字而一有验〔二一〕；李卫公上书西岳④，可云三问而三不灵〔二二〕？肃此以闻，唯神垂鉴。

纯生氏曰：想见宗老颟颟如玉山，轩轩如千里马，飕飕如行松柏之下，岩岩如清峭壁立千仞，无往非适。

【校】

①“蕉鹿”，原本作“焦鹿”，据咸丰本改。

②“潴”，原本作“猪”，据咸丰本改。

③“翥”，原本作“煮”，据咸丰本改。

④“上书西岳”，原本作“止书西狱”，据道光本改。

【注】

〔一〕南镇：《周礼·夏官》职方氏：“乃辨九州之国，使同贯利。东南曰扬州，其山镇曰会稽，其泽薮曰具区，其川三江，其浸五湖。”明章潢《图书编》卷二十：“九州山镇，分言之则曰四镇五岳，总言之皆曰山镇。扬之会稽，青之沂山，幽之医无闾，冀之霍山，固为四镇矣。”

南镇庙：宋施宿《会稽志》卷六：“南镇庙，在县南一十三里。隋开皇十四年，诏南镇会稽山，就山立祠，取其旁巫一人主洒扫。天宝十载，封会稽山为永兴军，每岁一祭。”《万历会稽县志》云：“在会稽山之阴。”按：会稽山，在绍兴旧城东南，大禹陵即在山之东麓。

《浙江通志》卷一：“会稽山，夏后氏朝诸侯处也，以作镇扬州。《周礼》职方氏与青之沂山、幽之医无闾、冀之霍山并称镇山。秦汉以来，世修秩祀，飨格明神，典綦重焉。隋开皇时立庙于山之阴，唐开元间改封会稽为南镇。天宝中，封南镇神为永兴公。宋淳化间，诏立夏日祀南镇。迄南宋暨元，并加封王号。明洪武时正祀典，止称会稽山之神，每岁有司致祭，后禹陵一日。遇国家举大礼，则遣官告祭。”

〔二〕混沌谱：宋陶谷《清异录》：华山陈真人（抟）隐于睡。冯翊士寇朝一常事真人，得睡之崖略。后还乡，唯睡而已。郡南刘垂范往谒，其从以睡告。垂范坐寝外，闻齁鼾之声雄美可听。退而告人曰：“寇先生睡中有乐，乃《华胥调双门曲》也。”或曰：“未审谱记何如？”垂范以浓墨涂纸满幅，题曰“混沌谱”，云：“即此是也。”

〔三〕华胥国：《列子·黄帝》：“黄帝三月不亲政事，昼寝而梦，游于华胥氏之国。华胥氏之国在弇州之西，台州之北，不知斯齐国几千万里，盖非舟车足力之所及，神游而已。其国无帅长，自然而已。其民无嗜欲，自然而已。不知乐生，不知恶死，故无夭殇。不知亲己，不知疏物，故无爱憎。不知背逆，不知向顺，故无利害。都无所爱惜，都无所畏忌，入水不溺，入火不热，斫挞无伤痛，指擿无痟痒，乘空如履实，寝虚若处床，云雾不硋其视，雷霆不乱其听，美恶不滑其心，山谷不踬其步，神行而已。”

〔四〕梦两楹：《礼记·檀弓上》：夫子谓子贡曰：“夏后氏殡于东阶之上，则犹在阼也；殷人殡于两楹之间，则与宾主夹之也；周人殡于西阶之上，则犹宾之也。而丘也殷人也，予畴昔之夜，梦坐奠于两楹之间。夫明王不兴，而天下其孰能宗予？予殆将死也。”寝疾七日而没。

〔五〕梦赤舄：《诗·豳风·狼跋》：“公孙硕肤，赤舄几几。”解《诗》者以“赤舄几几”为“美周公”。笺云：“公，周公也。孙，读当如‘公孙于齐’之‘孙’，孙之言孙遁也。周公摄政七年，致太平，复成王之位，孙遁辟之，成功之大美。欲老，成王又留之以为太师，履赤舄几几然。”

《论语·述而》：子曰：“甚矣吾衰也！久矣吾不复梦见周公！”

〔六〕至人不无：《庄子·大宗师》：“古之真人，其寝不梦。”

《淮南子·缪称训》：“是故体道者不哀不乐，不喜不怒，其坐无虑，其寝无寤，物来而名，事来而应。”

〔七〕梦蕉鹿：《列子·周穆王》：“郑人有薪于野者，遇骇鹿，御而击之毙之，恐人见之也，遽而藏诸隍中，覆之以蕉，不胜其喜。俄而遗其所藏之处，遂以为梦焉。”

〔八〕梦轩冕：梦见乘轩车，戴冠冕，得了富贵，如黄粱、南柯之梦是。

〔九〕梦入鼠穴：《世说新语 · 文学第四》：卫玠总角时问乐令“梦”，乐云：“是想。”卫曰：“形神所不接而梦，岂是想邪？”乐云：“因也。未尝梦乘车入鼠穴、捣齑啖铁杵，皆无想无因故也。”

〔一〇〕梦棺器：《世说新语 · 文学第四》：人有问殷中军：“何以将得位而梦棺器，将得财而梦矢秽？”殷曰：“官本是臭腐，所以将得而梦棺尸；财本是粪土，所以将得而梦秽污。”时人以为名通。

〔一一〕匠玩：无艺术特色的摆设。咸丰本以意改为“所玩”，误。

〔一二〕赤壁鹤：苏轼《后赤壁赋》：“时夜将半，四顾寂寥，适有孤鹤，横江东来，翅如车轮，玄裳缟衣，戛然长鸣，掠予舟而西也。须臾客去，予亦就睡，梦一道士羽衣翩跹，过临皋之下，揖予而言曰：‘赤壁之游乐乎？’问其姓名，俯而不答。‘呜呼噫嘻，我知之矣！畴昔之夜，飞鸣而过我者，非子也耶？’道士顾笑，予亦惊悟。开户视之，不见其处。”

〔一三〕南柯蚁：见本书《自序》“车旅蚁穴”注。

〔一四〕渭水熊：《史记 · 齐太公世家》：周西伯将出猎，卜之，曰：“所获非龙非彨，非虎非罴，所获霸王之辅。”于是西伯猎，果遇太公于渭之阳，与语大悦，载与俱归。“非虎非罴”，《竹书纪年》作“非熊非罴”。但西伯将遇太公，是卜而非梦，且所言为“罴”而非“熊”。“梦熊”之说，出于《诗 · 小雅 · 斯干》“吉梦维何？维熊维罴”，“大人占之，维熊维罴，男子之祥”。古人遂以梦中见熊罴为生男之兆，却与渭水飞熊事绝不相干，此处张岱用事稍误。

〔一五〕蘧除：用竹或苇编的席子。漆园：指庄子，曾为漆园吏。《庄子 · 齐物论》：昔者庄周梦为蝴蝶，栩栩然蝴蝶也，自喻适志与，不知周也。俄然觉，则蘧蘧然周也。不知周之梦为蝴蝶与？蝴蝶之梦为周与？周与蝴蝶，则必有分矣。此之谓物化。此句的意思是：我是不是要像庄生化蝶一样，一梦醒来，只剩下半边的竹席是真实的。

〔一六〕或寝或吪:《诗·小雅·无羊》:“或降于阿,或饮于池,或寝或吪。”此句的意思是:请神昭示我,是不是睡下以接受赐梦。

〔一七〕一阳之始:古人以冬至日为“一阳之始”。因为从这天开始,太阳开始北移。

〔一八〕六梦:《周礼·春官》:占梦,以日、月、星、辰占六梦之吉凶。一曰正梦,二曰噩梦,三曰思梦,四曰寤梦,五曰喜梦,六曰惧梦。

〔一九〕搔首问天:唐冯贽《云仙杂记》卷一:李白登华山落雁峰,曰:“此山最高,呼吸之气想通天帝座矣。恨不携谢朓惊人诗来搔首问青天耳。”

〔二〇〕举头抢地:司马迁《报任少卿书》:“当此之时,见狱吏则头枪地,视徒隶则正惕息。”

〔二一〕圆梦鼎湖:黄帝上升于鼎湖,因以鼎湖代指黄帝。皇甫谧《帝王世纪》云:黄帝梦大风吹天下,尘垢皆去。又梦人执千钧之弩,驱羊数万。帝叹曰:“‘风’为号令,‘垢’去‘土’,‘后’在也,岂有姓‘风’名‘后’者哉?千钧之弩,异‘力’能远,驱羊数万群,‘牧’民为善,岂有姓‘力’名‘牧’者哉?”依二占求之,得风后于海隅,得力牧于大泽。

〔二二〕上书西岳:唐李肇《国史补》:李靖年少贫贱,过华山庙,诉于神,且请告以官位所至。但伫立良久而神不应。乃出庙门,行约百步,闻庙中大声曰:“李仆射好走。”后李靖为唐开国元勋,官至宰相,封卫国公。按:李靖《上西岳书》今存,但系据小说伪造。中有“若三问不对,亦何神之有灵”句,为张岱所本。

禊泉※

惠山泉不渡钱塘〔一〕,西兴脚子挑水过江〔二〕,喃喃作“怪事”。有缙绅先生造大父,饮茗大佳,问曰:“何地水？”曰[①]：“惠泉水。”〔三〕缙绅先生顾其价曰：“我家逼近卫前〔四〕，而不知打水吃！切记之。”董日铸先生常曰〔五〕：“浓、热、满三字尽茶理，陆羽《经》可烧也。”两先生之言，足见绍兴人之村之朴〔六〕。

【校】

①“曰”字前原本有“大父”二字，据砚云本、科图本删。

【注】

〔一〕惠山泉：唐张又新《煎茶水记》：“故刑部侍郎刘公讳伯刍，于又新丈人行也，为学精博，有风鉴称。较水之与茶宜者凡七等：扬子江南零水第一，无锡惠山寺石水第二，苏州虎丘寺石水第三，丹阳县观音寺井水第四，大明寺井水第五，吴淞江水第六，淮水最下，第七。余尝具瓶于舟中，亲挹而比之，诚如其说也。”

〔二〕西兴：杭州、绍兴间必经码头，在萧山县西一十二里。本名西陵，五代钱镠以非吉语，改之。脚子：或称脚夫，即挑夫。

〔三〕惠泉水：此惠泉水非无锡惠山水。《万历绍兴府志》卷八：“惠泉，在太平山。二泉如带，大旱不涸。宋晏殊诗：稽山新茗绿如烟，静挈都篮煮惠泉。未向人前煞风景，更持醪醑醉花前。”按：据《万历志》卷四，太平山在府城东南七十八里。

〔四〕绍兴卫：明洪武时建，位于绍兴府署，南行过莲花桥，东行不远。

〔五〕董日铸：董懋策，字揆仲，会稽人。精于易理，学者称日铸先生。设帐于蕺山之阳，四方从游者岁逾数百人。注李长吉诗为《昌谷诗注》。为张岱祖父张汝霖之友，其婿周懋明则为张岱挚友。

〔六〕缙绅先生为“村”，董日铸先生则为“朴”。

余不能饮潟[①]卤〔一〕，又无力递惠山泉[②]。甲寅夏，过斑[3]竹庵〔二〕,取水啜之,磷磷有圭角,异之。走看其色,如秋月霜空,噀天为白,又如轻岚出岫,缭松迷石,淡淡欲散。余仓卒见井口有字画,因[4]帚刷之,“禊泉”字出,书法大似右军,益异之。试茶,茶香发。新汲少有石腥,宿三日气方尽。辨禊泉者无他法,取水入口,第挢舌舐[5]颚,过颊即空,若无水可咽者,是为禊泉。

【校】

①“潟”,原本作“泻”,据砚云本、科图本改。

②“惠山泉”,原本作“惠山水”,据砚云本、科图本改。

③“斑”,砚云本、科图本作“班”。“班”、“斑”古通。

④“因”,原本作“用”,据砚云本、科图本改。

⑤诸本俱作“舐”。“舐”,音义同“舐”。但细绎文义,此“舐”实是“抵”字之误,或作者、抄者误以为“舐”有“抵”音,特意于“氏”下加一点。“挢舌抵颚”,即翘起舌头抵住上颚,古书中常有此语,而“舐颚”则不但不见于书,且无法在饮水时做此动作。又,下云“过颊”,是舌抵上颚,饮水方能从两侧过颊。

【注】

〔一〕潟卤:绍兴地近海,地下水含盐碱较多。

〔二〕斑竹庵:据本卷《阳和泉》言“禊泉出城中”,可知斑竹庵即在绍兴城中。娄如松先生言庵在长庆寺内,而长庆寺在会稽县治东南一里,今鲁迅故居北邻。

好事者信之,汲日至,或取以酿酒,或开禊泉茶馆,或甏[1]而卖,及馈送有司者[2]。董方伯守越〔一〕,饮其水,甘之,恐不给,封锁禊井[3],禊泉名日益重。会稽陶谿、萧山北干、杭州虎跑〔二〕，皆非其伍，惠山差堪伯仲。在蠡城〔三〕，惠泉亦劳而微熟④，此方鲜磊，亦胜一筹矣。

【校】

①“甓”，咸丰本改“瓮”，误。

②“者”字原本无，据砚云本、科图本补。

③“禊井”，原本作“禊泉”，误，井可封而泉不可封。据砚云本改。

④“熟”，原本作“热”，据砚云本、科图本改。

【注】

〔一〕董承诏：万历进士，天启间任浙江左布政使，故称“方伯”。此时则任绍兴知府。

〔二〕陶谿为绍兴城南九里山溪水。北干山在萧山县北一里，山麓有干泉。虎跑即杭州著名的虎跑泉。

〔三〕蠡城：《越绝书》：山阴大城者，范蠡所筑治也，今传谓之蠡城。

长年卤莽〔一〕，水递不至其地，易他水，余笞之。詈同伴，谓发其私，及余辨是某地某井水，方信服。昔人水辨淄渑〔二〕，侈为异事。诸水到口，实实易辨，何待易牙〔三〕？余友赵介臣亦不余信〔四〕，同事久，别余去，曰：“家下水实进口不得，须还我口去。”

纯生氏曰：蒲元性取成都水淬刀，言杂涪水八升，盖汲者于涪津覆水，即以八升益之耳。李赞皇使人置金山泉扬子水，伪以石头城者献，李饮之曰：“此颇似建业水。”俱谢过不敢隐。两公术解之妙，不可思议，今得宗子而成鼎立。

【注】

〔一〕长年:元陶宗仪《南村辍耕录》卷八:"吾乡(陶,浙东黄岩人)称舟人之老者曰长年。(长,上声。)盖唐已有之矣。杜工部诗云:'长年三老歌声里,白昼摊钱高浪中。'"

〔二〕水辨淄渑:《吕氏春秋·审应览·精谕》:"白公曰:'若以水投水,奚若?'孔子曰:'淄渑之合者,易牙尝而知之。'"注:淄、渑,齐之两水名也。易牙,齐桓公识味臣也,能别淄渑之味。

《列子·仲尼》:"目将眇者先睹秋毫,耳将聋者先闻蚋飞,口将爽者先辨淄渑。"张湛注:"淄水出鲁郡莱芜县,渑水西自北海郡千乘县界,流至寿光县,二水相合。"

〔三〕易牙:齐桓公臣,能知味,主庖厨,桓公无易牙则食不甘。桓公唯人肉未尝,易牙蒸其子而进之,桓公以为忠。易牙终与竖刁、公子开方等乱齐。桓公死,虫出于尸而不葬。

〔四〕赵介臣:平步青云"介"应作"个"。按:"个臣"似无所取义,应以"介臣"近是。

张岱《西湖梦寻》卷四《岣嵝山房》:"天启甲子,余与赵介臣、陈章侯、颜叙伯、卓珂月、余弟平子读书其中。"张岱《快园道古》卷十四:"赵介臣为清朝教官,其友孟子塞致书责之,谓:'吾辈明伦,正在今日,尔奈何为教官,且坐明伦堂上?'介臣愧不能答。两年后,子塞亦贡,亦为教官,晤介臣,介臣曰:'天下学宫制度不一,岂贵庠没有明伦堂耶?'"

兰雪茶

日铸者,越王铸剑地也〔一〕,茶味棱棱有金石之气。欧阳永叔曰:"两浙之茶,日铸第一。"王龟龄曰:"龙山瑞草,日铸雪芽。"〔二〕日铸名起此。京师茶客,有茶则至,意不在雪芽也。而雪芽利之，一如京茶式，不敢独异。

【注】

〔一〕日铸：宋施宿《会稽志》卷九："日铸岭，在会稽县东南五十五里。"又引《黄氏青箱记》："日铸茶，江南第一。华初平云：日铸山茗天真清冽，有类龙焙。昔欧冶子铸五剑，采金铜之精于下。时溪涸而无云。千载之远，佳气不泄，蒸于草芽，发为英荣，淳味幽香，为人资养也。"

〔二〕欧阳修《归田录》卷上："草茶盛于两浙，两浙之品，日注为第一。"

王十朋，字龟龄，号梅溪。南宋初名臣。浙江乐清人。曾任绍兴府签判。"日铸雪芽，卧龙瑞草"两句见所作《会稽风俗赋》。

宋施宿《会稽志》卷十七"日铸茶"："日铸岭，在会稽县东南五十五里。岭下有僧寺名资寿，其阳坡名油车，朝暮常有日，产茶绝奇，故谓之日铸。然茶之尤者顾渚、蜀冈、蒙顶、皖山、宝云，皆见于唐以来记录或诗章中，日铸有名颇晚，吴越供奉中朝，土毛毕入，亦不闻有日铸，则日铸之出殆在吴越国除之后。《归田录》云：'草茶盛于两浙，两浙之品，日注第一。'《青箱记》亦云：'越州日铸茶，为江南第一。'范文正公汲清白堂西山泉，以建溪、日铸、卧龙、云门之品试之，云：'甘液华滋，悦人襟灵。'按：今会稽产茶极多，佳品唯卧龙一种，得名亦盛，几与日铸相亚。卧龙者，出卧龙山。或谓茶种初亦出日铸，盖有知茶者谓二山土脉相类，及艺成，信亦佳品。然日铸牙纤白而长，其绝品长至三二寸，不过十数株，余虽不逮，亦非他产所可望，味甘软而永，多啜宜人，无停滞酸噎之患。卧龙则芽差短，色微紫黑，类蒙顶紫笋，味颇森严，其涤烦破睡之功，则虽日铸有不能及。顾其品终在日铸下。自顷二者皆或充包贡，卧龙则易其名曰'瑞龙'，盖自近岁始也。'日铸'，他书及土人皆用此'铸'字，蔡君谟、东坡先生诗帖墨迹皆然，唯欧阳公著《归田录》则书为'日注'，疑公自有所据。其后亦有书作'注'者，盖自欧阳公始也。"

按："瑞草"，瑞龙（即卧龙山）所产之草茶。

三峨①叔知松萝②焙法〔一〕，取瑞草试之，香扑冽。余曰："瑞草固佳，汉武帝食露盘〔二〕，无补多欲；日铸茶薮，'牛虽瘠，偾于豚上'也〔三〕。"遂募歙人入日铸。扚法、掐法、挪法、撒法、扇法、炒法、焙法、藏法〔四〕，一如松萝。他泉瀹之，香气不出，煮禊泉，投以小罐，则香太浓郁。杂入茉莉③，再三较量，用敞④口瓷瓯淡放之；候其冷，以旋滚汤冲泻之，色如竹箨方解，绿粉初匀，又如山窗初曙，透纸黎光。取青妃白〔五〕，倾向素瓷，真如百茎素兰仝雪涛并泻也。雪芽得其色矣，未得其气，余戏呼之"兰雪"。

纯生氏曰：兰雪名茶，艳思藻发，羽《经》得未曾有。

【校】

①"三峨"，诸本俱误作"三娥"。《嫏嬛文集》卷四《家传·附传》言"三叔讳炳芳，号三峨"，据改。

②"松萝"，原本作"松罗"，他书亦有作"松罗"者。下文数处为"松萝"，据改。

③"茉莉"，原本作"茉蔾"，据咸丰本改。

④"敞"，原本作"厂"，据咸丰本改。

【注】

〔一〕三峨叔：张炳芳，字尔含，号三峨，为张汝霖第三子。《嫏嬛文集》卷四《家传·附传》有其传，可参看。天启七年，张炳芳走京师谋官，本篇所述应是此前事。

松萝：宋罗愿《新安志》卷四："松萝山在（休宁）县东北十三里，高百十六仞，周十五里。山半石壁百余仞，松萝交映。”

《续茶经》卷上之一引明冯时可《茶谱》：“茶全贵采造。苏州茶饮遍天下，专以采造胜耳。徽郡向无茶，近出松萝，最为时尚。是茶始比丘大方。大方居虎丘最久，得采造法，其后于徽之松萝结庵，采诸山茶，于庵焙制，远迩争市，价忽翔涌，人因称松萝，实非松萝所出也。”按：松萝茶出于明隆庆间。

明谢肇淛《五杂组》卷十一：“今茶品之上者，松萝也，虎丘也，罗岕也，龙井也，阳羡也，天池也。”

〔二〕露盘：《资治通鉴》卷二十：汉武帝作承露盘，高二十丈，大七围，以铜为之。上有仙人掌以承露，和玉屑饮之，云可以长生。

〔三〕牛虽瘠偾于豚上：《左传》昭公十三年：叔向曰：“寡君有甲车四千乘在，虽以无道行之，必可畏也，况其率道，其何敌之有？牛虽瘠，偾于豚上，其畏不死？”

〔四〕扚、掐言采茶。挪、撒、扇言晾茶。炒、焙言制茶。虽言八法，实即采、晾、制、藏四法之细化。

〔五〕妃：音、义皆如“配”。

四五年后，“兰雪茶”一哄如市焉。越之好事者不食松萝，止食兰雪。兰雪则食，以松萝而篡[①]兰雪者亦食，盖松萝贬声价俯就兰雪，从俗也。乃近日徽歙间松萝亦改名兰雪，向以松萝名者，封面系换，则又奇矣。

【校】

①篡，诸本俱作“纂”，无解。按：“纂”应是“篡”字之误。篡，以伪替真也，假冒也，与此正合。

白洋潮※

故事，三江看潮〔一〕，实无潮看，午后喧传曰“今年暗涨潮”，岁岁如之。戊寅[①]八月，吊朱恒岳少师，至白洋〔二〕，陈章侯〔三〕、祁世培同席。海塘上呼看潮，余遄往，章侯、世培踵至。立塘上，见潮头一线，从海宁而来，直奔塘上。稍近，则隐隐露白，如驱千百群小鹅，擘翼惊飞。渐近喷沫，冰花蹴起，如百万雪狮蔽江而下，怒雷鞭之，万首簇簇[②]，无敢后先。再近，则飓风逼之，势欲[③]拍岸而上。看者辟易，走避塘下。潮到塘，尽力一礴，水激射[④]，溅起数丈，着面皆湿。旋卷而右，龟山一挡，轰怒非常，炮碎龙湫，半空雪舞。看之惊眩，坐半日，颜始定。先辈言：浙江潮头自龛、赭两山漱激而起〔四〕。白洋在两山外，潮头更大，何耶？

纯生氏曰：惊雷斧天，毬雪高斗。

【校】

①“戊寅”，诸本俱作“庚辰”。庚辰为崇祯十三年（一六四〇），而朱燮元去世于崇祯十一年戊寅，是“庚辰”为“戊寅”之误无疑。

②“簇簇”，原本作“镞镞”，据砚云本、科图本改。

③砚云本、科图本无“欲”字。

④“激射”，原本作“击射”，据砚云本、科图本改。

【注】

〔一〕三江：地名，在绍兴城东北约四十里，钱清江南岸。绍兴、萧山境内钱清江、浦阳江、若耶溪诸水由此入海。明初设三江所，属绍兴卫。

〔二〕朱恒岳：朱燮元，字懋和，号恒岳。山阴人。万历二十年进士。天启元年，迁四川左布政使。永宁奢崇明反，蜀王要燮元治军，平之。官至一品，以功进少师，加左柱国。崇祯十一年春卒于官，年七十三。张岱有《祭少师朱恒岳公文》，见《嫏嬛文集》卷六。

白洋：在绍兴西北约五十里。《嘉庆山阴县志》卷五言大海之上有白洋山，明初汤和缘山而城。

〔三〕陈章侯：张岱《石匮书后集·妙艺列传》："陈洪绶，字章侯，诸暨人，为诸生。鲁监国授翰林待诏。笔下奇崛遒劲，直追古人：木石丘壑则李成、范宽，花卉翎毛则黄筌、崔顺，仙佛鬼怪则石恪、龙眠。画虽近人，已享重价。然其为人佻傝，不事生产，死无以殓。自题其像曰：'浪得虚名，穷鬼见诸。国亡不死，不忠不孝。'"

清陈康祺《郎潜纪闻三笔》卷六："陈洪绶，号老莲，诸暨人，前明崇祯间召入供奉，不拜。甲申后，名益高，技亦益进。书法遒逸，善画山水，尤工人物，得李公麟法，衣纹圆劲，设色奇古。论者谓笔意在仇、唐之上，与北平崔青蚓子忠齐名，称南陈北崔。"

《绎史摭遗》卷十四："陈洪绶，字章侯，诸暨人。四岁，就读妇翁家塾。翁方治舍垩壁，诫童子曰：'毋许人入我舍，涴我壁！'洪绶入，视之良久，给童子出，自累其案登之；手绘汉前将军关侯像长十余尺，拱而立。童子至，遑惧号哭。闻于翁，翁见之惊且拜，即其舍奉香火。既长，师事蕺山讲性命之学。已而意有所不如，遂纵酒，近妇人，而头面或数十日不沐。客有求画者，虽罄折至恭，辄勿与。或置酒召妓，辄自索笔墨；虽孺子傔从，无不应。尝赴西湖友人之召。先与他舟遇，径登其席，据上坐，举酒大嚼。主人怪之，已知为洪绶，亟称其画。洪绶骇曰：'子与我素不相识也？'竟起拂袖去。崇祯末，始入赀为国子生。明年还里遭乱，混迹浮屠氏，自称‘老迟’，亦称‘悔迟’，亦称‘老莲’，纵酒狎妓则如故。醉后语及国家沦丧、身世颠连，辄痛哭不已。后画名逾重，而意气逾奇。更数年，以疾卒。”

按：张岱《石匮书后集·妙艺列传》即言洪绶为张尔葆之婿，且“自幼及门”。《佩文斋书画谱》卷五十八引《山阴志》，亦言陈洪绶为张尔葆之婿，且传其画法。上引《绎史摭遗》言洪绶少依妇翁读书，而《梦忆》卷二《岣嵝山房》亦记洪绶与张岱兄弟共读于山房事，则洪绶妇翁即张岱仲叔张尔葆应无疑问。而《柳亭诗话》卷十五云：“萧山来南老吕禧，老莲妇弟也。”此或妻没而后娶于萧山来氏者。又：祁世培与张尔葆之子燕客为两姨表兄弟，又俱为商周祚之婿，是洪绶与祁世培亦为姻戚。

〔四〕龛赭两山：此言浙江潮，即著名的钱塘江潮。宋吴自牧《梦粱录》卷十二：“初一至初三、十五至十八，六日之潮最大。其银涛沃日，雪浪吞天，声若雷霆，势不可御，进退盈虚，终不失期。且海门在江之东北，有山曰赭山，与龛山对峙，潮水出其间也，卢肇潮赋所谓‘夹群山而远入，射一带以中投’者是也。”

明李介（即李寄，字介立）《天香阁随笔》卷一：“浙江之潮自龛山、赭山而来，奔流喷激，势如怒马，昔人所谓‘十万军声’者也。每至秋夏之间，朔望之际，潮头高者如山立焉。”

阳和泉

禊泉出城中，水递者日至。臧获到庵借炊，索薪、索菜、索米；后索酒、索肉，无酒肉，辄挥老拳。僧苦之。无计脱此苦，乃罪泉，投之刍秽，不已；乃决沟水败泉，泉大坏。张子知之，至禊井，命长年浚之。及半，见竹管积其下，皆黧胀作气；竹尽，见刍秽，又作奇臭。张子淘洗数次，俟泉至，泉实不坏，又甘洌。张子去，僧又坏之。不旋踵至再至三，卒不能救，禊泉竟坏矣。是时，食之而知其坏者半，食之不知其坏而仍食之者半，食之知其坏而无泉可食、不得已而仍食之者半。

壬申〔一〕，有称阳和岭玉带泉者〔二〕，张子试之，空灵不及禊而清洌过之，特以“玉带”名不雅驯。张子谓：阳和岭实为余家祖墓，诞生我文恭〔三〕，遗风余烈，与山水俱长。昔孤山泉出，东坡名之“六一”〔四〕，今此泉名之“阳和”，至当不易。盖生岭、生泉，俱在生文恭之前，不待文恭而天固已“阳和”之矣，夫复何疑？土人有好事者，恐玉带失其姓，遂勒石署之，且曰：“自张志‘禊泉’而‘禊泉’为张氏有，今琶山是其祖垄，擅之益易。立石署之，惧其夺也。”时有传其语者，阳和泉之名益著。铭曰：“有山如砺，有泉如砥。太史遗烈，落落磊磊。孤屿溢流，六一擅之。千年巴蜀，实繁其齿。但言眉山，自属苏氏。”

纯生氏曰：陶庵以阳和比六一，不思山门玉带千古增韵耶？

【注】

〔一〕壬申：崇祯五年，张岱三十六岁。

〔二〕阳和岭：娄如松曰：阳和岭在琶山，琶山在绍兴城南十五里。《万历绍兴府志》卷四：“琵琶山在府城南五里。一曰岊山，今俗但称杷山。”

玉带泉：《乾隆绍兴府志》卷三引《山阴县旧志》：琵琶山去山阴县南

五里,“有泉名玉带”。《嘉庆山阴县志》卷七:“玉带泉在琵琶山阳和岭下,泉止一洼,有孤松盘结其上。色微白,故名玉带。”

〔三〕平步青以为张岱所述有误,云:“按岭在琶山。石公(张岱)八世祖恭,字敬之,号敬轩,成化丙戌四月四日卒。次子昌,昌四子诏,诏三子天复。昌葬乌坞状元桥内,诏葬法华山,天复葬谢墅官山岙,文恭葬外山。其诞生文恭,吉地实在法华,土人呼出山蜈蚣,非阳和岭。”

〔四〕六一:欧阳修晚年自号六一居士,曰:“吾《集古录》一千卷,藏书一万卷,有琴一张,有棋一局,而尝置酒一壶,吾老于其间,是为六一。”

《万历杭州府志》:“六一泉,在孤山后岩。东坡守杭时,泉出,有怀六一翁,因名,乃叙而铭之。久废。成化丙申,南京大理寺卿夏时正间访得蓁秽中,命扫薙而浚发之,泓然故物也。”

苏轼《六一泉铭并序》略云:欧阳文忠公将老,自谓六一居士。予昔通守钱塘,见公于汝阴而南。公曰:“西湖僧惠勤甚文,而长于诗。子间于民事,求人于湖山间而不可得,则盍往从勤乎?”予到官三日,访勤于孤山之下,抵掌而论人物。曰:“公,天人也。人见其暂寓人间,而不知其乘云驭风历五岳而跨沧海也。吾以谓西湖盖公几案间一物耳。”勤语虽幻怪,而理有实然者。明年,公薨,予哭于勤舍。又十八年,予为钱塘守,则勤亦化去久矣。访其旧居,则弟子二仲在焉,画公与勤之像,事之如生。舍下旧无泉,予未至数月,泉出讲堂之后,孤山之趾,汪然溢流,甚白而甘。即其地,凿岩架石为室。二仲谓余:“师闻公来,出泉以相劳苦,公可无言乎?”乃取勤旧语,推本其意,名之曰六一泉,且铭之曰:泉之出也,去公数千里。后公之没,十有八年,而名曰六一,不几于诞乎?曰:君子之泽,岂独五世而已?盖得其人,则可至于百传。尝试与子登孤山而望吴越,歌山中之乐而饮此水,则公之遗风余烈,亦或见于斯泉也。

闵老子茶

周墨浓向余道闵汶水茶不置口〔一〕。戊寅九月至留都,抵岸,即访闵汶水于桃叶渡[二]。日晡,汶水他出,迟其归,乃婆娑一老。方叙话,遽起曰:"杖忘某所。"又去。余曰:"今日岂可空去?"迟之又久,汶水返,更定矣[三]。睨余曰:"客尚在耶?客在奚为者?"余曰:"慕汶老久,今日不畅饮汶老茶,决不去。"汶水喜,自起当垆。茶旋煮,速如风雨。导至一室,明窗净几,荆溪壶、成宣窑瓷瓯十余种,皆精绝。灯下视茶色,与瓷瓯无别,而香气逼人,余叫绝。余问汶水曰:"此茶何产?"汶水曰:"阆苑茶也。"余再啜之,曰:"莫绐余!是阆苑制法,而味不似。"汶水匿笑曰:"客知是何产?"余再啜之,曰:"何其似罗岕甚也!"[四]汶水吐舌曰:"奇,奇!"余问:"水何水?"曰:"惠泉。"余又曰:"莫绐余!惠泉走千里,水劳而圭角不动,何也?"汶水曰:"不复敢隐。其取惠水,必淘井,静夜候新泉至,旋汲之。山石磊磊藉瓮底,舟非风则勿行。故水之生磊,即寻常惠水犹逊一头地,况他水邪?"又吐舌曰:"奇,奇!"言未毕,汶水去。少顷,持一壶满斟余曰:"客啜此。"余曰:"香扑烈,味甚浑厚,此春茶耶?向瀹者的是秋采。"汶水大笑曰:"予年七十,精赏鉴者,无客比。"遂与定交[五]。

纯生氏曰:啜闵老子茶,思与蒙山僧同入青城访道。

【注】

〔一〕闵汶水:明刘銮《五石瓠》"闵茶有二"条:休宁闵茶,万历末闵汶水所制。其子闵子长、闵际行继之,既以得名,亦售而获利。市于金陵桃叶渡边，凡数十年。余友建昌陈允衡作《花乳斋茶品》，曰："余从癸未栖迟江左，每岁假鹫峰禅榻作累月留连。密迩海阳闵氏之花乳斋，交际行最久。每相过啜茗，辄移日忘归。欣赏之余，因悉闵茶名垂五十年。尊人汶水隐君，别裁新制，曲尽旗枪之妙，与俗手迥异。董文敏以'云脚间勋'颜其堂，家眉翁征士作歌辟之，一时名流如程孟阳、宋比玉诸公皆有吟咏，汶水君几以汤社主风雅。君没而伪茶渐出，是处窃闵茶之名。际行夷然不与之较。大抵其色则积雪，其香则幽兰，其味则味外之味。时与二三韵士品题闵氏之茶，其松萝之禅乎？淡远如岕，沉着如六安，醇厚如北源，朗园无得以傲之，虽百碗而不厌者也。"

周亮工《闽小记》上卷"闽茶"条："歙人闵汶水，居桃叶渡上。予往品茶其家，见其水火皆自任，以小酒盏酌客，颇极烹饮态，正如德山担青龙抄，高自矜许而已，不足异也。秣陵好事者尝诮闽无茶，谓闽客得闽茶，咸制为罗囊，佩而嗅之，以代旃檀，实则闽不重汶水也。闽客游秣陵者宋比玉、洪仲章辈，类依附吴儿，强作解事，贱家鸡而贵野鹜，宜为其所诮欤？三山薛老，亦秦淮汶水也。薛尝言：汶水假他味作兰香，究使茶之真味尽失。汶水而在，闻此亦当色沮。薛尝住为荆，自为剪焙，遂欲驾汶水上。余谓茶难以香名，况以兰定茶，乃咫尺见也，颇以薛老论为善。"

《山志·初集》卷三"闵茶"条："今之松萝茗有最佳者，曰闵茶。盖始于闵汶水，今特依其法制之耳。汶水高蹈之士，董文敏亟称之。"

〔二〕桃叶渡：清珠泉居士《续板桥杂记》："茶寮酒肆，东则桃叶渡口，西至武定桥头，张幕挑帘，食物俱备。"又云："桃叶渡在青溪曲处。渡头坊表，金碧焕如。每当夕照西沉，酒舫喧阗，与竞渡声相间。"

〔三〕更定：古人以五更分夜，二更时称"人定"，人至此时入睡。此言"更定"，即指二更（大约今人之晚九时至十一时间）人静之时。

〔四〕罗岕：《续茶经》卷下之四引《洞山茶系》："罗岕去宜兴而南，逾八九十里，浙直分界，只一山冈，冈南即长兴山，两峰相阻介就夷旷者，人呼为岕，云履其地，始知古人制字有意。今字书岕字，但注云山名耳。所出之茶，厥有四品。第一品，老庙后庙祀山之土神者。茶皆古本，每年产不过二十斤，色淡黄不绿，叶筋淡白而厚，制成，梗绝少，入汤，色柔白如玉露，味甘芳，香藏味中，空蒙深永，啜之愈出，致在有无之外。第二品，新庙后、棋盘顶、纱帽顶、手巾条、姚八房及吴江周氏地，产茶亦不能多，香幽色白，味冷隽，与老庙不甚别，啜之，差觉其薄耳。此皆洞顶岕也。总之，岕品至此，清如孤竹，和如柳下，并入圣矣。今人以色浓香烈为岕茶，真耳食而眯其似也。”

又引《岕茶汇钞》：“洞山茶之下者，香清叶嫩，着水香消。”

又引冯可宾《岕茶笺》：“环长兴境产茶者，曰罗嶰，曰白岩，曰乌瞻，曰青东，曰顾渚，曰筱浦，不可指数，独罗嶰最胜。环嶰境十里而遥为嶰者，亦不可指数。嶰而曰岕，两山之介也。罗隐隐此，故名。在小秦王庙后，所以称庙后罗岕也。”

〔五〕张岱《嫏嬛文集》卷一有《茶史序》，与本文大同小异，此节作：“老子大笑曰：‘余年七十，精饮事五十余年，未尝见客之赏鉴若此之精也。五十年知己无出客右。岂周又老谆谆向余道山阴有张宗老者，得非客乎？’余又大笑，遂相好如生平欢，饮啜无虚日。”

龙喷池

卧龙骧首于耶溪〔一〕，大池百仞，出其颔下〔二〕。六十年内，陵谷迁徙，水道分裂。崇祯己卯〔三〕，余请太守檄，捐金纠众，畚锸①千人，毁屋三十余间，开土壤二十余亩，辟除瓦砾刍秽千有余艘，伏道蜿蜒，偃潴澄靛〔四〕，克还旧观。昔之日不通线道者，今可肆行舟楫矣。喜而铭之，铭曰：蹴醒骊②龙〔五〕，如寐斯揭〔六〕；不避逆鳞，抉其鲠噎〔七〕。潴蓄澄泓，煦湿濡沫〔八〕。夜静水寒，颔珠如月〔九〕。风雷逼之，扬③鬐鼓鬣。

纯生氏曰：鳞甲怒张，有龙跳天门之势。

【校】

①“锸”，原本作“插”，据咸丰本改。

②“骊”，原本作“酾”，据咸丰本改。

③“扬”，原本作“杨”，据咸丰本改。

【注】

〔一〕卧龙：卧龙山，即龙山，见卷一《砎园》注。

耶溪：若耶溪。《万历绍兴府志》卷八：“若耶溪，在府城东南三十五里，北流入镜湖。古欧冶子铸剑之所。”《明一统志》卷四五：“若耶溪，在府城南二十五里，与镜湖合。西施采莲，欧冶铸剑于此。”因流经平水镇，今名平水江。此处与卧龙山相近者为若耶溪一支流。

按：龙山尾在西南，近于耶溪，首向东北，确有昂首之势，但云“昂首于耶溪”则欠稳。

〔二〕大池：文中未言池名，“龙喷池”之题旁人难于代拟。据宋施宿《会稽志》卷十：“龙喷池，在县西一里酒务前。”卷一又云：“池正方可三十亩。”又《万历绍兴府志》卷八云：“龙喷池，在卧龙山前。”度此池位置，应以龙喷池近是。

〔三〕己卯：崇祯十二年（一六三九），张岱四十三岁。

〔四〕靛：靛蓝，深蓝色染料。徐霞客《游雁宕日记》：“潭有碧如澄靛者。”

〔五〕骊龙：《尸子》卷下：“玉渊之中，骊龙蟠焉，颔下有珠。”骊龙，黑色之龙，颔下有珠，以应下文“颔珠如月”。

〔六〕寐：睡中。揭：揭起。

〔七〕鲠噎:此指咽喉中的堵塞物。

〔八〕煦湿濡沫:《庄子·大宗师》:“泉涸,鱼相与处于陆,相呴以湿,相濡以沫。”

〔九〕龙山为骊龙,龙喷池则为骊珠。

朱文懿家桂

桂以香山名〔一〕,然覆墓木耳,北邙萧然〔二〕,不堪久立。单醪河钱氏二桂〔三〕,老而秃。独朱文懿公宅后一桂〔四〕,干大如斗,枝叶覭鬖〔五〕,樾荫亩许,下可坐客三四十席。不亭、不屋、不台、不栏、不砌,弃之篱落间。花时不许人入看,而主人亦禁足勿之往,听其自开自谢已耳。樗栎以不材终其天年,其得力全在弃也〔六〕。百岁老人多出蓬户,子孙第厌其癃瘇耳,何足称瑞!

纯生氏曰:清江酒户,老梅如屋,此桂似之。

【注】

〔一〕香山:《万历绍兴府志》卷四:“香山在鹿池山东,木犀甚繁华。”按:鹿池山在府城东南八里。木犀即岩桂别称,想此香山多有墓葬,故虽然岩桂有名,却仅为覆墓之木。

〔二〕北邙:《明一统志》卷二十九:“北邙山,在府城北一十里。山连偃师、巩、孟津三县,绵亘四百余里,东汉诸陵及唐宋名臣坟多在此。晋张协赋:地势窊窿,丘墟陂陀,坟陇嵔迭,棋布星罗。”

〔三〕单醪河:宋施宿《会稽志》卷十:“箪醪河在府西二百步,一名投醪河。旧经云越王勾践投醪之所,或又名劳师泽。《水经》:越王栖会稽,有酒，投江，民饮其流，战气百倍。所投醪即浙江也。华安仁《考古》云：勾践谋霸，拊存国人，与共甘苦。师行之日，有献壶浆，跪受之，覆流水上，士卒承流而饮之，人百其勇，一战而有吴国也。”

〔四〕朱文懿公：朱赓，字少钦，号金庭，山阴人。隆庆二年进士。万历二十九年入阁参机务，三十四年独当国，时年七十二。卒赠太保，谥文懿。为张岱曾祖张元忭之挚友，祖父张汝霖之岳父。《明史》本传称“醇谨无大过，与沈一贯同乡相比，昵给事中陈治则、姚文蔚等，以故蒙诟病云”。

祁彪佳《越中园亭记·秋水园》：“秋水园，在朱文懿居第后，凿池园中，翔鸿阁迥立其上。旁有桂树，大数围，荫一亩余。”即此。

张家与朱氏为姻亲。张岱《嫏嬛文集》卷四《家传》记其曾祖张元忭嘉靖三十七年（一五五八）举于乡，次年“筑室龙山，遂邀太外祖朱金庭先生、少宗伯罗康洲先生读书其中。十年不辍。戊辰，同上春官，独曾祖不第”。至隆庆五年（一五七一），元忭中状元。其子张汝霖（张岱祖父）为朱赓之婿。

〔五〕鬔，即“髼”字。覭髳：《尔雅·释诂下》：“覭髳，茀离也。”郭璞注：“谓草木丛茸翳荟也。”

〔六〕樗栎不材：《庄子·人间世》：匠石见栎社树，其大蔽数千牛，观者如市，而匠石不顾，曰：“此散木也。以为舟则沉，以为棺椁则速腐，以为器则速毁，以为门户则液樠，以为柱则蠹。是不材之木也，无所可用，故能若是之寿。”

逍遥楼（逍遥楼滇茶）

滇茶故不易得，亦未有老其材八十余年者。朱文懿公逍遥楼滇茶〔一〕，为陈海樵先生手植〔二〕，扶疏①蓊翳，老而愈茂。诸②文孙恐其力不胜葩，岁删其萼盈斛，然所遗落枝头，犹自燔山熠谷焉。文懿公，张无垢后身〔三〕。无垢降乩与文懿谈宿世因甚悉，约公某日面晤于逍遥楼。公伫立久之，有老人至，剧谈良久，公殊不为意。但与公言："柯亭绿竹庵梁上，有残经一卷，可了之。"寻别去，公始悟老人为无垢。次日，走绿竹庵，简梁上，有《维摩经》一部，缮写精良，后二卷未竟，盖无垢笔也。公取而续书之，如出一手。先君言，箕仙③供余家寿芝楼，悬笔挂壁间，有事辄自动，扶下书之，有奇验。娠祈子，病祈药，赐丹，诏取某处，立应。先君祈嗣，诏取丹于某簏④临川笔内〔四〕。簏失钥闭久，先君简视之，鐄自出。觚管中有金丹一粒，先宜人吞之，即娠余。

【校】

①"扶疏"，原本作"扶苏"，据咸丰本改。

②砚云本、科图本无"诸"字。

③"箕仙"，原本作"乩仙"，据砚云本、科图本改。

④"簏"，原本作"麓"，据砚云本、科图本、道光本改。

【注】

〔一〕逍遥楼：《越中园亭记·东武山房》："晋许玄度居怪山，舍宅为寺，名宝林山寺。在寺之西趾，亦朱文懿公所构也。逍遥楼兀然高峙，接阜陵山，而规制古朴，俨见先进遗风。"按：怪山即飞来山，在绍兴府城内南部。民国《绍兴县志资料》第一辑《山阴之部·土地志》"塔山"条："山下有明朱文懿赓逍遥楼旧址。"塔山即怪山。

〔二〕陈海樵：陈鹤，字明野，号海樵，山阴人。嘉靖乙酉举人，年十七袭荫绍兴卫百户，非其志，遂弃官称山人。精诗工画。为朱赓岳父。有《梅樵先生集》二十一卷。

〔三〕张无垢：张九成，字子韶，号无垢居士，钱塘人。南宋绍兴二年进士。官刑部侍郎，为秦桧所陷，谪官。研思经学，然杂以佛理。

〔四〕临川笔：王羲之曾为临川内史。王勃《滕王阁赋》有"光照临川之笔"句，因取以为笔名。

朱文懿有姬媵，陈夫人狮子吼〔一〕。公苦之，祷于仙，求"化妒丹"。乩书曰："难，难！丹在公枕内。"取以进夫人，夫人服之，语人曰："老头子有仙丹，不饷诸婢而余是饷，尚昵余。"与公相好如初。

纯生氏曰：女子妒色，仙有医法，亦仅见之矣。吾更愿仙赐妒才丹方以广其化。

【注】

〔一〕狮子吼：《五灯会元》卷一言释迦牟尼佛初生："放大智光明，照十方世界。地涌金莲华，自然捧双足。东西及南北，各行于七步。分手指天地，作师子吼声。上下及四维，无能尊我者。"

《西清诗话》：东坡谪黄冈，与陈慥季常游。季常自以为饱禅学，而妻柳颇悍忌，季常畏之，故东坡因诗戏之曰："龙丘居士亦可怜，谈空说有夜不眠，忽闻河东狮子吼，拄杖落手心茫然。"

天镜园（浴凫堂）

天镜园浴凫堂〔一〕，高槐深竹，樾暗千层。坐对兰荡，一泓漾之，水木明瑟〔二〕，鱼鸟藻荇，类若乘空。余读书其中，扑面淋头①，受用一绿，幽窗开卷，字俱碧鲜。每岁春老，破塘笋必道此〔三〕，轻舠飞出，牙人择顶大笋一株掷水面，呼园中人②曰："捞笋！"鼓枻飞去。园丁划小舟拾之，形如象牙，白如雪，嫩如花藕，甜如蔗霜。煮食之，无可名言，但有惭愧。

纯生氏曰：绿字照眼，白雪沁肠，写出踌躕满志。

【校】

①"淋头"，原本作"临头"，据砚云本、科图本改。

②"园中人"，原本无"中"字，据砚云本、科图本补。

【注】

〔一〕天镜园：祁彪佳《越中园亭记·天镜园》："出南门里许为兰荡，水天一碧，游人乘小艇过之，得天镜园。园之胜以水，而不尽于水也。远山入座，奇石当门，为堂为亭，为台为沼，每转一境界辄自有丘壑，斗胜簇奇，游人往往迷所入。其后五泄君新构南楼，尤为畅绝。越中诸园，推此为冠。"

〔二〕水木明瑟：《水经注·济水》："池上有客亭，左右楸桐，负日俯仰，目对鱼鸟，水木明瑟，可谓濠梁之性，物我无违矣。"

〔三〕破塘：在绍兴城南二十里，附近山野中所出之笋集散于此，故称为破塘笋。

包涵所

西湖之船之楼①，实包副使涵所创为之〔一〕。大小三号：头号置歌筵，储歌童；次载书画；再次偫美人。涵老以[②]声妓非侍妾比，仿石季伦、宋子京家法〔二〕，都令见客。靓妆走马，媻姗勃窣〔三〕，穿柳过之，以为笑乐。明槛绮疏，曼讴其下，擫籥弹筝，声如莺试。客至则歌童演剧，队舞鼓吹，无不绝伦。乘兴一出，住必浃旬，观者相逐，问其所止。

【校】

①"西湖之船之楼"，诸本均作"西湖三船之楼"，不成语。按：康熙刻本《西湖梦寻》卷四《包衙庄》一文即本篇照录，唯开首一句为"西湖之船之楼"，意谓西湖之于船上建楼，虽语稍涩，亦可说通，据改。

②诸本均无"以"字，据《西湖梦寻》卷四《包衙庄》补。

【注】

〔一〕包应登，号涵所，钱塘人。万历十四年进士。官福建按察使司副使。与张岱祖父张汝霖有交。

《明神宗实录》卷三百五十五：万历二十九年，"吏部都察院考察方面官：素行不谨，副使包应登等；贪，知府卢泮等；才力不及，布政使沈修等；浮躁，副使郭光复等；年老，运使伍士望等；及府州县官杂职若干员，得旨革职、闲住、致仕、降调俱如例"。

〔二〕石季伦：石崇，字季伦。财产丰积，室宇宏丽。后房百数，皆曳纨绣，珥金翠。丝竹尽当时之选，庖膳穷水陆之珍。备有歌妓，用以侍客。《晋书》有传。

宋子京：宋祁，字子京。与兄宋庠同举进士，分别为第一、第三，人称大小宋。子京好游宴，畜声妓，清德不逮其兄。其令家妓见客事，未见记载。宋魏泰《东轩笔录》卷十记有一事：曾布曰："君不闻宋子京之事乎？昔晏元献公当国，子京为翰林学士，晏爱宋之才，雅欲旦夕相见，遂税一第于旁近，延居之，其亲密如此。遇中秋，晏公启宴，召宋，出妓，饮酒赋诗，达旦方罢。翌日罢相，宋当草词，颇极诋斥，至有‘广营产以殖私，多役兵而规利’之语。方子京挥毫之际，昨夕余酲尚在，左右观者亦骇叹。”或张岱误以晏殊事归于宋祁乎？或以为宗子言包应登以妓见客，拟以石崇、宋子京未必有讥意。郭子仪每见宾客，妓妾不离侧，最是熟典，宗子何不以子仪拟包氏？

〔三〕嫳姗勃窣：司马相如《子虚赋》：“嫳姗勃窣，上金堤。”“嫳姗勃窣”，诸家说不同。《文选》李善注引韦昭曰：“嫳跚勃窣，匍匐上也。”而《汉书》颜师古注：“谓行于丛薄之间也。”在此处以颜注较胜，盖言女子走马于丛柳之间，闪躲腾转，婀娜有姿。

南园在雷峰塔下，北园在飞来峰下〔一〕。两地皆石薮，积牒磥砢，无非奇峭〔二〕。但亦借作溪涧桥梁，不于山上叠山，大有文理。大厅以拱斗抬梁，偷其中间四柱，队舞狮子甚畅。

【注】

〔一〕北园：见卷二《岣嵝山房》“包园”注。

〔二〕清厉鹗《东城杂记》卷下：“玉玲珑，宋宣和花纲石也。苍润嵌空，扣之声如杂佩。本包涵所灵隐山庄旧物，沈氏用百夫牵挽之力致之庾园。”灵隐山庄即包氏北园。

北园作“八卦房”，园亭如规，分作八格，形如扇面。当其狭处，横亘一床，帐前后开阖，下里帐则床向外，下外帐则床向内。涵老据其中，扃上开明窗，焚香倚枕，则八床面面皆出。

穷奢极欲，老于西湖者二十年。金谷、郿坞〔一〕，着一毫寒俭不得，索性繁华到底，亦杭州人所谓“左右是左右”也。西湖大家，何所不有，西子有时亦贮金屋。咄咄书空〔二〕，则穷措大耳〔三〕。

纯生氏曰：《乐志论》开口良田广宅，无此华靡，而《池上篇》则全以淡胜，虽有樱口柳腰，语不及也。

【注】

〔一〕郿坞：《三国志·魏书·董卓传》：“筑郿坞，高与长安城埒，积谷为三十年储，云事成，雄据天下，不成，守此足以毕老。”注引《英雄记》：“卓坞中金有二三万斤，银八九万斤，珠玉锦绮、奇玩杂物皆山崇阜积，不可知数。”按：郿去长安二百六十里。

《吕布传》：“卓常使布守中阁，布与卓侍婢私通，恐事发觉，心不自安。”《董卓传》：“司徒王允、尚书仆射士孙瑞、卓将吕布共谋诛卓。”注引《英雄记》：“卓既死，当时日月清净，微风不起。旻、璜等及宗族老弱悉在郿，皆还，为其群下所斫射。卓母年九十，走至坞门曰‘乞脱我死’，即斩首。暴卓尸于市。卓素肥，膏流浸地，草为之丹。守尸吏暝以为大炷，置卓脐中以为灯，光明达旦，如是积日。”

金谷：石崇《金谷诗序》：“余有别庐在河内县金谷涧中。”潘岳有《金谷集作诗》，云其中“绿池泛淡淡，青柳何依依。滥泉龙鳞澜，激波连珠挥。前庭树沙棠，后园植乌椑。灵囿繁石榴，茂林列芳梨”。

《晋书·石崇传》：“时赵王伦专权。崇有妓曰绿珠，美而艳，善吹笛。孙秀使人求之。崇时在金谷别馆，方登凉台，临清流，妇人侍侧。使者以告。崇尽出其婢妾数十人以示之，皆蕴兰麝，被罗縠，曰：‘在所择。’使者曰：‘君侯服御丽则丽矣，然本受命指索绿珠，不识孰是？’崇勃然曰：‘绿珠吾所爱，不可得也。’秀怒，乃矫诏收崇及潘岳、欧阳建等。崇正宴于楼上，介士到门。崇谓绿珠曰：‘我今为尔得罪。’绿珠泣曰：‘当效死于官前。’因自投于楼下而死。崇曰：‘吾不过流徙交、广耳。’及车载诣东市，崇乃叹曰：‘奴辈利吾家财。’收者答曰：‘知财致害，何不早散之？’崇不能答。崇母兄妻子无少长皆被害，死者十五人，崇时年五十二。”

按：张岱以董卓、石崇拟包应登，讥之也。张岱祖父晚年与范长白、邹愚公、黄贞父、包涵所四人交密，除讲求声伎之外，又与包涵所、黄贞父讲究饮食。《梦忆》中对四先生均有专篇，于黄最为敬仰，而写包最为不堪。

〔二〕咄咄书空：《晋书·殷浩传》：“浩虽被黜放，口无怨言，夷神委命，谈咏不辍，虽家人，不见其有流放之戚。但终日书空，作‘咄咄怪事’四字而已。”

〔三〕措大：或作“醋大”。唐李匡乂《资暇集》：“措大代称士流为醋大，言其峭醋而冠，四人之首。一说衣冠俨然，黎庶望之，有不可犯之色，犯必有验，比于醋而更验，故谓之焉。或云往有士人，贫居新郑之郊，以驴负醋，巡邑而卖，复落魄不调，邑人指其醋驮而号之，新郑多衣冠所居，因总被斯号。亦云郑有醋沟，士流多居其州，沟之东尤多甲族，以甲乙叙之，故曰醋大。愚以为四说皆非也，醋宜作措，止言其能举措大事而已。”

然至唐末已多指穷困士子，遂有“穷措大”之称。宋赵善璙《自警编》卷二：“杜正献公（衍）食于家，唯一面一饭而已。或美其俭，公曰：‘衍本一措大尔，名位爵禄，冠冕服用，皆国家者。俸入之余，以给亲族之贫者。常恐浮食，焉敢以自奉也？一旦名位爵禄国家夺之，却为一措大，又将何以自奉养耶？’”

斗鸡社

天启壬戌〔一〕间好斗鸡，设斗鸡社于龙山下，仿王勃《斗鸡檄》檄同社〔二〕。仲叔、秦一生日携古董、书画、文锦、川扇等物与余博，余鸡屡胜之。仲叔忿懑，金其距，芥①其羽〔三〕，凡足以助其膈膊䳘②咮者无遗策，又不胜。人有言徐州舞阳侯③樊哙子孙〔四〕，斗鸡雄天下，长颈乌喙④，能于高桌上啄⑤粟。仲叔心动，密遣使访之，又不得，益忿懑。一日，余阅稗史，有言唐玄宗以酉年酉月生，好斗鸡而亡其国〔五〕。余亦酉年酉月生，遂止。

纯生氏曰：季、郈之鸡，无乃类是。

【校】

①"芥"，咸丰本作"介"。张岱用《史记·鲁世家》说，故作"芥其羽"，而《左传》原文为"介其鸡"。"介"与"其羽"二字不搭，鸡可介而羽不可介也。

②"䳘"为雏鸡出壳之声，与文义不合。颇疑应是"剟"字。剟音多，今称禽鸟啄人或以锐物刺人为"剟"。小鸡出壳时需以喙啄壳，亦可为"剟"。

③"舞阳侯"，诸本俱作"武阳侯"，按樊哙封舞阳侯，据改。

④"喙"，原本作"啄"，据咸丰本改。

⑤"啄"，原本作"喙"，据咸丰本改。

【注】

〔一〕壬戌：天启二年。张岱时年二十六岁。

〔二〕《旧唐书·王勃传》："勃年未及冠，应幽素举及第。沛王贤闻其名，召为沛府修撰，甚爱重之。诸王斗鸡，互有胜负，勃戏为《檄英王鸡》文。高宗览之，怒曰：'据此是交构之渐。'即日斥勃不令入府。久之，补虢州参军。"按：《王子安集》未收此文，时已失传，张岱也无从诵读，故张岱与王谑庵信中云："其妙处正在想像之间。"

张岱所作《斗鸡檄》，收入《嫏嬛文集》卷三。

〔三〕芥其羽：《左传》昭公二十五年："季、郈之鸡斗，季氏介其鸡，郈氏为之金距。"杜预注曰："擣芥子播其羽也；或曰以胶沙播之，为介鸡。"

宋王观国《学林》卷一："观国观《史记·鲁世家》曰：'季氏与郈氏斗鸡，季氏芥鸡羽，郈氏金距。'司马迁改介为芥，而杜预用其说以训《左传》耳。观国按：介与芥不相通用。介者介胄之介也，介其鸡者，为甲以蔽鸡之臆，则可以御彼之金距矣。司马迁误改介为芥，而杜预循其误。既自以为疑，又增胶沙之说。夫以胶浃沙而播其羽，是自累也，又恶能胜彼鸡？"

宋吴曾《能改斋漫录》卷四"介鸡"条以为王观国之说亦误："予按高诱注《吕氏春秋》云：'铠着鸡头。郑众曰：介，甲也，为鸡着甲。'盖鸡之斗，所伤者头，以铠介着之是矣。而观国谓为甲以蔽鸡之臆，盖不知高诱之注及不知物理。"

〔四〕《史记·樊郦滕灌列传》：樊哙"从高帝攻反燕王臧荼，虏荼，定燕地。楚王韩信反，哙从至陈，取信，定楚。更赐爵列侯，与诸侯剖符，世世勿绝，食舞阳，号为舞阳侯。"

〔五〕唐陈鸿《东城老父传》："玄宗在藩邸时，乐民间清明节斗鸡戏。及即位，治鸡坊于两宫间，索长安雄鸡金毫铁距、高冠昂尾千数，养于鸡坊。选六军小儿五百人，使驯扰教饲。上之好之，民风尤甚，诸王世家、外戚家、贵主家、侯家倾帑破产，市鸡以偿鸡直。都中男女以弄鸡为事，贫者弄假鸡。""上生于乙酉鸡辰，使人朝服斗鸡，兆乱于太平矣。上心不悟。十四载，胡羯陷洛，潼关不守，大驾幸成都。"

栖　霞

戊寅冬[一]，余携竹兜一、苍头一游栖霞[二]，三宿之。山上下左右鳞次而栉比之岩石颇佳，尽刻佛像[三]，与杭州飞来峰同受黥劓〔四〕,是大可恨事。山顶怪石巉岏,灌木苍郁,有颠僧住之。与余谈,荒诞有奇理,惜不得穷诘之。日晡,上摄山顶观霞〔五〕,非复霞理,余坐石上痴对。复走庵后,看长江帆影,老鹳河、黄天荡条条出麓下〔六〕,悄然有山河辽廓之感。

【注】

〔一〕崇祯十一年,张岱四十二岁。

〔二〕栖霞:山名,即摄山。在南京东北方四十里,因山下建有栖霞寺,故又名栖霞山。详见“摄山”注。

〔三〕《景定建康志》卷十七记摄山“千佛岭”:明僧绍之子仲璋,于西峰石壁与度禅师镌造无量寿佛。大同六年龛顶放光,齐文惠太子、豫章文献王、竟陵文宣王、始安王及宋江夏王、霍姬、齐田奂等琢造石像。梁临川靖惠王复加莹饰。岭中道有沈传师、徐铉、张稚圭、王雱等题名。

〔四〕袁宏道游记《飞来峰》:“壁间佛像皆杨秃所为,如美人面上瘢痕,奇丑可厌。”另参见卷二《岣嵝山房》。

〔五〕摄山:《明一统志》卷六:“有草可以摄生,故名。又山形方,四面重岭,亦名伞山。山有千佛岭。”

《南史·明僧绍传》:僧绍住江乘摄山。闻沙门释僧远夙德,往候定林寺。高帝欲出寺见之,僧远问僧绍曰:“天子若来,居士若为相对?”僧绍曰:“山薮之人,政当凿坏以遁。若辞不获命,便当依戴公故事。”既而遁还摄山,建栖霞寺而居之,高帝甚以为恨。

明章潢《图书编》卷六十:“栖霞寺殿后有石浮图数丈,极精巧,山千岩盘绕,随处皆凿释像于中,饰以金碧,名千佛岭。山多药草,可以摄生,故名。山之顶极众山之高,下视江水如带,左龙江,右龙潭,前瓜步,真州金、焦二山如块石在江中。”

〔六〕《宋史纪事本末》卷十五《金人渡江南侵》:韩世忠既败兀术于

金山,遂自镇江溯流西上。“兀术循南岸,世忠循北岸,且战且行。世忠艨艟大舰出金师前后数里,击柝之声达旦,将至黄天荡。兀术窘甚。或曰:‘老鹳河故道今虽湮塞,若凿之,可通秦淮。’兀术从之,一夕渠成,凡五十里,遂趋建康。岳飞设伏牛头山待之。”按:兀术开老鹳河故道,又有四十里、三十里之说。

黄天荡:在栖霞山之东,今已淤为湿地。

老鹳河:是由黄天荡南下入秦淮河的一条河流故道。兀术开通后,引舟入秦淮,再由秦淮河入大江逃窜。

一客盘礴余前,熟视余。余晋与揖,问之,为萧伯玉先生〔一〕,因坐与剧谈,庵僧设茶供。伯玉问及补陀〔二〕,余适以是年朝海归,谈之甚悉。《补陀志》方成〔三〕,在箧底,出示伯玉,伯玉大喜,为余作叙。取火下山,拉与同寓宿,夜长无不谈之,伯玉强余再留一宿。

纯生氏曰:伯玉极精《南华》,旷世才也。

【注】

〔一〕萧伯玉:萧士玮,字伯玉,泰和人。天启进士。官至吏部郎中。极好山水园林之胜,家有春浮园。明亡后任弘光文选司,支持史可法、高弘图、姜曰广。弘光后避兵南昌金莲山中,以忧死。有《春浮园集》十卷。

〔二〕补陀:即普陀山。《浙江通志》卷一:“普陀山,亦名补陀洛伽山,华言小白华山,去定海县约二百里。山周围百里,孤悬海中,相传普门大士示现于此,善财南询处也。”

〔三〕《补陀志》:张岱《嫏嬛文集》卷二有《海志》,即是。

湖心亭看雪(湖心亭雪)

崇祯五年十二月,余住西湖。大雪三日,湖中人鸟声俱绝。是日更定矣，余拏一小舟，拥毳衣炉火，独往湖心亭看雪〔一〕。霜淞①沆砀，天与云、与山、与水，上下一白。湖上影子，唯长堤一痕，湖心亭一点，与余舟一芥，舟中人两三粒而已。

【校】

①“霜”，乾隆本、咸丰本及《西湖梦寻·湖心亭》附《湖心亭小记》俱作“雾”，此据砚云本改。“淞”，诸本皆同，正字为“凇”，二字通用已久，可改可不改。霜淞即树挂。冬日雾浓时则凝结于树枝而成冰，为雾淞；如果因霜雪积于树枝，则称以霜淞更为准确。此处大雪之后，应以“霜淞”为是。

【注】

〔一〕湖心亭：明田汝成《西湖游览志》卷二：“湖心亭，旧为湖心寺，鹄立湖中，三塔鼎峙。相传湖中有三潭，深不可测，所谓三潭印月是也，故建三塔镇之。”

到亭上，有两人铺毡对坐，一童子烧酒，炉正沸。见余大惊①喜，曰：“湖中焉得更有此人！”拉与②同饮。余强饮三大白而别。问其姓氏，是金陵人，客此。及下船，舟子喃喃曰：“莫说相公痴，更有痴似相公者。”〔一〕

纯生氏曰：扁舟破浪来相见，出船巍然，使人神耸。

【校】

①“惊”字原本无，据砚云本、科图本补。

②“与”，原本作“余”，据砚云本、科图本改。

【注】

〔一〕苏轼《志林·记承天寺夜游》:“元丰六年十月十二日夜,解衣欲睡,月色入户,欣然起行。念无与乐者,遂至承天寺寻张怀民。怀民亦未寝,相与步于中庭。庭下如积水空明,水中藻荇交横,盖竹柏影也。何夜无月,何处无竹柏,但少闲人如吾两人耳。”友人费卫东以为张岱《湖心亭》意境正从东坡此文化来。

按:张岱自称“爱繁华”,但也有喜孤寂清幽一面,此文之外,《庞公池》篇亦可见之。

陈章侯

崇祯己卯①八月十三〔一〕,侍南华老人饮湖舫〔二〕,先月蚤归。章侯怅怅向余曰:“如此好月,拥被卧耶?”余敕苍头携家酿斗许,呼一小划船再到断桥。章侯独饮,不觉沾醉〔三〕。过玉莲亭,丁叔潜呼舟北岸,出塘栖蜜橘相饷,畅啖之。章侯方卧船上嚎嚣。岸上有女郎,命童子致意云:“相公船肯载我女郎至一桥否〔四〕?”余许之。女郎欣然下,轻纨淡弱,婉瘱可人。章侯被酒挑之曰:“女郎侠如张一妹,能同虬髯客饮否?”〔五〕女郎欣然就饮。移舟至一桥,漏二下矣,竟倾家酿而去。问其住处,笑而不答。章侯欲蹑之,见其过岳王坟,不能追也。

纯生氏曰:软语清谑,宛睹眉宇。

【校】

①“己卯”,诸本俱作“乙卯”。崇祯无乙卯,应是己卯(崇祯十二年)

之误。

【注】

〔一〕己卯:崇祯十二年。是年秋,张岱赴杭州参加秋试,得榜首。

〔二〕南华老人:张岱称为"季祖",即曾祖张元忭之季子、祖父张汝霖之弟张汝懋。万历四十一年(一六一三)进士,令休宁,有惠政。擢御史,官至大理寺丞。据《崇祯朝野记》,崇祯初定逆案,汝懋列"交结近侍又次等"(逆案六等中最末一等)。崇祯十三年卒,年八十。其孙张培,字伯凝。《嫏嬛文集》有《祭伯凝八弟文》。

按:张汝懋之列入"逆案"末等一事,于张岱对"逆案"的看法颇有影响。《石匮书后集·逆党列传总论》中道:"时当丙寅,魏珰政盛,余犹记先帝(崇祯帝)在信邸时,亦称颂上公,疏凡三上。倘以此疏置之逆案,则先帝亦应在颂美之列,而今乃洗垢索瘢,苛以论人,而恕以自责,则先帝亦不情甚矣。故余谓:人至不幸,生而为此时之人,不可概责其入党,但当于入党之中,取而分别其甚与不甚。"因有此见横于心中,故张岱能不计阮大铖入逆案而相交往,称姚益城为先生(见卷五《朱楚生》)。

〔三〕沾醉:大醉。《汉书·游侠传·陈遵》:"尝有部刺史奏事,过遵,值其方饮,刺史大穷,候遵沾醉时,突入见遵母。"颜师古注:"沾,湿,言其大醉也。"

〔四〕"一桥",观此文前后地名,距岳王坟近者,应是苏堤之跨虹桥。但据明田汝成《西湖游览志》,苏堤六桥自南而北,跨虹桥则为第六桥。里湖杨公堤亦有六桥,由北而南数,北为第一桥,但距岳王坟尚远。据文意,此"一桥"应指苏堤之跨虹桥。张岱于西湖甚熟,或不应有此误。初以为"一"或为"六"字之讹,及读《西湖梦寻》"岳王坟",云"天启丁卯,浙抚造祠媚珰,穷工极巧,徙苏堤第一桥于百步之外",则张岱固以跨虹桥为"第一桥"也。但距岳王坟近者另有一"第一桥",即苏小小墓侧之西泠桥,然仅见于诗咏,未必为时人所常道也。

元张舆诗云:"红藕花深逸兴饶,一双鸂鶒避鸣桡。晓风凉入桃花扇,腊酒香分椰子瓢。狂客醉欹明月上,美人歌断绿云消。数声渔笛知何处?疑在西泠第一桥。”

袁宏道游记《西湖四》:“西陵桥一名西林,一名西泠,或曰即苏小小结同心处也。余因作诗吊之。方子公曰:‘数声渔笛知何处?疑在西泠第一桥’,陵作泠,苏小恐误。”

〔五〕《虬髯客传》:红拂女张氏既与李靖私奔,行次灵石旅舍。张氏以发长委地,立梳床前。忽有一人,赤髯而虬,乘蹇驴而来,投革囊于炉前,取枕欹卧看张氏梳头。靖怒甚。张氏熟观其面,一手握发,一手映身,摇示令勿怒,急急梳头毕,敛袂前问其姓。卧客曰姓张。对曰:“妾亦姓张,合是妹。”遽拜之。问第几,曰第三。问妹第几,曰最长。遂喜曰:“今日多幸遇一妹。”张氏遥呼曰:“李郎且来拜三兄。”靖骤拜。遂环坐切肉共食。

卷　四

不系园（定香桥）

甲戌十月，携楚生住不系园看红叶〔一〕。至定香桥〔二〕，客不期而①至者八人：南京曾波臣〔三〕，东阳赵纯卿，金坛彭天锡〔四〕，诸暨陈章侯，杭州杨与民、陆九、罗三，女伶陈素芝。余留饮。章侯携缣素为纯卿画古佛，波臣为纯卿写照，杨与民弹三弦子，罗三唱曲，陆九吹箫。与民复出寸许界尺〔五〕，据小梧，用北调说《金瓶梅》一剧，使人绝倒。是夜，彭天锡与罗三、与民串本腔戏，妙绝；与楚生、素芝串调腔戏，又复妙绝。章侯唱村落小歌，余取琴和之，牙牙如话〔六〕。纯卿笑曰："恨弟无一长以侑兄辈酒。"余曰："唐裴将军旻居丧，请吴道子画天宫壁度亡母。道子曰：'将军为我舞剑一回，庶因猛厉，以通幽冥。'旻脱缞衣，缠结，上马驰骤，挥剑入云，高十数丈，若电光下射，执鞘承之，剑透室而入，观者惊栗。道子奋袂如风，画壁立就〔七〕。章侯为纯卿画佛，而纯卿舞剑，今日[②]事也。”纯卿跳身起，取其竹节鞭，重三十斤，作胡旋舞数缠〔八〕，大噱而去。

纯生氏曰：尝怪《西园雅集记》类点鬼簿，此作乃见奇创之才。

【校】

①“而”字原本无，据砚云本补。

②“今日”前，原本有“正”字，据砚云本、科图本删。

【注】

〔一〕不系园：清陆以湉《冷庐杂识》卷六：“明季钱塘汪然明孝廉汝谦，啸傲湖山，制一舟名‘不系园’，题诗云：‘种种尘缘都谢却，老耽一舸水云间。’又作《不系园记》，其略云：自有西湖，即有画舫。武林旧事艳传至今，其规制种种不可考识矣。往见包观察始创楼船，余家季元继作洗妆台，玲珑宏敞，差足相敌。然别渚幽汀，多为双桥压水锁之，不得入。癸亥夏，偶得木兰一本，斫而为舟，长六丈二尺，广五之一。入门数武，堪贮百壶，次进方丈，足布两席。曲藏斗室，可供卧吟。侧掩壁厨，俾收醉墨。出转为廊，廊升为台，台上张幔，花晨月夕，如乘彩霞而登碧落。若遇惊飚蹴浪，欹树平桥，则卸栏卷幔，犹然一蜻蜓艇耳。中置家僮二三擅红牙者，俾佐黄头以司茶酒。客来斯舟，可以御风，可以永夕，远追先辈之风流，近寓太平之清赏。陈眉公先生题曰‘不系园’，佳名胜事，传异日西湖一段佳话。岂必垒石凿沼围丘壑而私之，曰“我园我园”也哉？黄参议汝亨为作《不系园约》，标以十二宜、九忌。十二宜云：名流、高僧、知己、美人、妙香、洞箫、琴、清歌、名茶、名酒、殽不逾五簋、却驺从。九忌云：杀生、杂宾、作势轩冕、苛礼、童仆林立、俳优作剧、鼓吹喧填、强借、久借。汪又有小艇曰‘随喜庵’，曰‘观叶’，曰‘小团瓢’，曰‘雨丝风片’。近日西湖船若‘半湖春’、‘摇碧斋’、‘四壁花’、‘宜春舫’、‘十丈莲’、

‘烟水浮家’、‘小天随’等，皆堪游憩，然如‘不系园’之有廊有台，则未之见也。”按：汪然明与祁彪佳交密，固应与张岱相熟。

〔二〕定香桥：《西湖志纂》卷五：“定香桥，在苏堤第一桥之西，近赤山埠，其水即浴鹄湾。”其地偏于清静。

〔三〕曾波臣：清姜绍书《无声诗史》卷四：“曾鲸，字波臣，莆田人，流寓金陵。所至卜筑以处，回廊曲室，位置潇洒。磅礴写照，如镜取影，妙得神情。其傅色淹润，点睛生动，虽在楮案，盼睐颦笑，咄咄逼真。年八十三终。”

〔四〕彭天锡：见卷六《彭天锡串戏》篇。

〔五〕界尺：长仅寸许，即说书人用的“惊堂”。

〔六〕牙牙：唐司空图《障车文》：“二女则牙牙学语，五男则雁雁成行。”牙牙，言其声也。

〔七〕吴道子：唐朱景玄《唐朝名画录·神品上》：“吴道玄，字道子，东京阳翟人也。少孤贫。天授之性，年未弱冠，穷丹青之妙。浪迹东洛。时明皇知其名，召入内供奉。开元中，驾幸东洛，吴生与裴旻将军、张旭长史相遇，各陈其能。时将军裴旻厚以金帛，召致道子，于东都天宫寺为其所亲将施绘事。道子封还金帛，一无所受，谓旻曰：‘闻裴将军旧矣，为舞剑一曲，足以当惠。观其壮气，可助挥毫。’旻因墨缞为道子舞剑，舞毕，奋笔俄顷而成，有若神助，尤为冠绝，道子亦亲为设色。其画在寺之西庑。又张旭长史亦书一壁。都邑士庶皆云：‘一日之中，获睹三绝。’”

宋郭若虚《图画闻见录》卷五：“开元中，将军裴旻居丧，诣吴道子，请于东都天宫寺画神鬼数壁以资冥助。道子答曰：‘吾画笔久废，若将军有意，为吾缠结舞剑一曲，庶因猛励，以通幽冥。’旻于是脱去缞服，若常时装束，走马如飞，左旋右转，掷剑入云，高数十丈，若电光下射，引手执鞘承之，剑透室而入。观者数千人，无不惊栗。道子于是援毫图壁，飒然风起，为天下之壮观。道子平生绘事，得意无出于此。”

〔八〕胡旋舞：《新唐书·五行志》：“胡旋舞，本出康居，以旋转便捷为巧。”又《安禄山传》言禄山“至玄宗前作胡旋舞，疾如风焉”。

秦淮河房（秦淮河灯船）

秦淮河河房，便寓，便交际，便淫冶，房值甚贵，而寓者①无虚日。画船箫鼓，去去来来，周折其间。河房之外，家有露台，朱栏绮疏，竹帘纱幔。夏月浴罢，露台杂坐。两岸水楼中茉莉风起，动儿女香甚〔一〕。女客团扇轻纨，缓鬓倾髻，软媚着人。

【校】

①“者”前，原本有“之”字，据砚云本删。

【注】

〔一〕动儿女香：其香惹动儿女之情。

年年端午，京城士女填溢，竞①看灯船。好事者集小篷船百什艇，篷上挂羊角灯如联珠〔一〕。船首尾相衔，有连至十余艇者。船如烛龙火蜃，屈曲连蜷，蟠委旋折，水火激射。舟中𨱎钹星铙〔二〕，宴歌弦管，腾腾如沸。士女凭栏轰笑，声光乱乱，耳目不能自主。午夜，曲倦灯残，星星自散。钟伯敬有《秦淮河灯船赋》，备极形致〔三〕。

纯生氏曰：屠赤水云：“虹梁百丈，灯火万家，管弦沸楼，鱼虾腥市。”其秦淮之谓乎？

【校】

①“竞”,原本作“之”,据砚云本改。

【注】

〔一〕羊角灯:以羊角为材料制成的透光灯罩。其制法有二说。一,“用羊角加溶解剂水煮成胶质,再浇到模子中,冷却后成为半透明的球形灯罩”。其说见邓云乡《红楼风俗谭》。二,“取上好羊角,将其先截为圆柱状,然后与萝卜丝一起放在水里煮,煮到变软后取出,把纺锤形的楦子塞进去,将其撑大,到撑不动后,再放到锅里煮,然后再取出,换大一号的楦子撑,如是反复几次,最后撑出大而鼓、薄而亮的灯罩来”。此说采自网上,不知作者。

《续板桥杂记》:“秦淮河船,上用篷厂,悬以角灯,下设回栏,中施几榻,盘盂尊罍,色色皆精。船左右不设窗寮,以便眺望。每当放船落日,双桨平分,扑鼻风荷,沁心雪藕,聆清歌之一曲,望彼美兮盈盈,真乃缥缈欲仙,尘襟胥涤矣。”

〔二〕鏾:音散,上声。《广韵》:“鏾,弩牙缓也。”与此处文义不尽合。按:鏾在此处义同“零散”之“散”,与下“星”字作零星解,同为修饰钹铙之声断续而不紧凑。

〔三〕钟惺《秦淮灯船赋》小序:“小舫可四五十只,周以雕槛,覆以翠幕。每舫载二十许人,人习鼓吹,皆少年场中人也。悬羊角灯于两旁,略如舫中人数,流苏缀之。用绳联舟,令其衔尾,有若一舫。火举伎作,如烛龙焉。已散之,又如凫雁槃跚波间。望之皆出于火,直得一赋耳。”

又余怀《板桥杂记》:“秦淮灯船之盛,天下所无。两岸河房,雕栏画槛,绮窗丝障,十里珠帘。主称既醉,客曰未晞。游揖往来,指目曰:某名姬在某河房,以得魁首者为胜。薄暮须臾,灯船毕集,火龙蜿蜒,光耀天地,扬槌击鼓,踏顿波心。自聚宝门水关至通济门水关,喧阗达旦。桃叶渡口,争渡者喧声不绝。”

《续板桥杂记》:“当夫序届天中,日逢竹醉,(一月十三日倾城出游,较端午尤盛。)游船数百,震荡波心。清曲南词,十番锣鼓,腾腾如沸,各奏尔能。须臾,烛龙炫耀,帘幕毕钩,倩妆倚栏,声光乱乱。虽无昔日灯船之盛,而良辰美景,乐事赏心,洵升平气象也。”

兖州阅武(兖州演武)

辛未三月〔一〕,余至兖州,见直指阅武〔二〕。马骑三千,步兵七千,军容甚壮。马蹄卒步,滔滔旷旷〔三〕,眼与俱驶,猛掣始回。其阵法奇在变①,旝动而鼓〔四〕,左抽右旋,疾若风雨。阵既成列,则进图直指前,立一牌曰“某阵变某阵”。连变十余阵,奇不在整齐而在便捷。

【校】

①“变”,原本作“变换”,科图本作“变阵”,据砚云本改。

【注】

〔一〕辛未:崇祯四年(一六三一)。是年张岱在兖州。

〔二〕直指:《汉书·隽不疑传》:“武帝末,郡国盗贼群起,暴胜之为直指使者,衣绣衣,持斧,逐捕盗贼,督课郡国。”此指御史。朝廷派遣御史至地方,代天子巡狩,除了考察藩服大臣及府州县官之外,还有一项使命,那就是阅武。

〔三〕滔滔旷旷:《淮南子·兵略训》:“是故将军之心,滔滔如春,旷旷如夏,湫漻如秋,典凝如冬。”《诗·小雅·四月》:“滔滔江汉,南国之纪。”《淮南子·缪称训》:“旷旷乎大哉。”

〔四〕旝动而鼓:《左传》桓公五年:“战于繻葛,命二拒曰:‘旝动而鼓。’”杜预注:“旝,旃也,通帛为之,盖今大将之麾也,执以为号令。”

扮胡人[①]百余骑，数里外烟尘坌起。迾卒五骑〔一〕，小如黑子，顷刻驰至，入辕门报警。建大将旗鼓，出奇设伏。胡骑[②]突至，一鼓成擒，俘献中军。

【校】

①“胡人”，原本作“敌人”，据科图本改。

②“胡骑”，原本作“敌骑”，据科图本改。

【注】

〔一〕迾卒：《文选》汉张衡《西京赋》：“迾卒清候，武士赫怒。”李善注：“郑玄《礼记注》曰：迾，遮也。清候，清道候望也。”

内以姣童扮胡女[①]三四十骑，荷旃被毳〔一〕，绣袪魋结〔二〕，马上走解，颠倒横竖，蹦[②]骗翻腾〔三〕，柔如无骨。乐奏马上，三弦、胡拨四（琥珀词）、土儿密失、叉儿机[③]〔四〕，僸佅兜离〔五〕，罔不毕集，在直指筵前供唱，北调淫俚，曲尽其妙。是年，参府[④]罗某，北人，胡儿胡女[⑤]皆其歌童外宅，故极姣丽，恐易人为之，未必能尔也。

纯生氏曰：宫女陈师，兵法行酒，戏事也。斩二姬，锄一吕，不以戏目之也。彼等之儿戏者，真如优人矣。

【校】

①“扮胡女”，原本无“胡”字，据科图本补。

②“蹦”，诸本俱作“借”，误字也。蹦即蹦柳，见宋程大昌《演繁露》卷十三。宋孟元老《东京梦华录》卷七“诸军呈百戏”中作“褙柳枝”。

褃，在此为俗字，音读如借。明方以智《通雅》卷十二云："《文昌杂录》曰五日走马，谓之䠠柳。《焦氏类林》作'藉'。"是䠠亦有作"藉"或"褃"者，然非正字。是既由"䠠"误为"藉"，又由"藉"误为"借"也。张岱《鄉嬛文集》卷四《附传》季叔张烨芳传下有"客窃往䠠柳"句，是张岱熟知此字，本篇亦不当误，盖转抄致误也。

③此句原文为"三弦胡拨琥珀词四上儿密失叉儿机"，多颠倒错讹，至不知所述为何物。窃改正为"三弦、胡拨四(琥珀词)、土儿密失、叉儿机"。试证如下：三弦、胡拨、琥珀词，以上三名都是弹拨乐器。"胡拨"即"火不思"，又名"胡拨四"、"浑不似"。而"琥珀词"亦即"胡拨四"。张岱于此道本是行家，料不会把一物说成二物。故此"琥珀词"三字当是张氏用小字以注"胡拨四"，而误为抄者窜入正文者，且更误插入"胡拨四"三字之中，割"四"字于后句。又按："上"字系"土"字之误，见本书注引刘侗《帝京景物略》等。

④"参府"，原本作"参将"，据砚云本、科图本改。

⑤"胡儿胡女"，原本作"所扮者"，据科图本改。

【注】

〔一〕荷旃被毳：《文选》王褒《圣主得贤臣颂》："夫荷旃被毳者，难与道纯绵之丽密。"六臣注："荷，负也。旃，氈也。被，服也。纯绵，缯帛也。言夷狄负氈服毛者，难与论缯帛之丽密也。"

〔二〕魋结：即椎髻。《史记·陆贾传》："陆生至，尉他魋结箕倨见陆生。"《史记集解》服虔曰："魋音椎，今兵士椎头结。"《索隐》："魋，谓为髻一撮，似椎而结之，故字从结。"

〔三〕䠠：宋程大昌《演繁露》卷十三"䠠柳"条："最后折柳环插毬场，军士驰马射之，其矢镞阔于常镞略可寸余，中之辄断，名曰䠠柳。其呼藉若乍声。枢帅洪公谓予曰：'何始?'予曰：'殆蹛林故事耶?'归阅《汉书·匈奴传》'秋，马肥，大会蹛林'，服虔曰：'蹛音带。'师古曰：'蹛者，绕林而祭也。鲜卑之俗，自古相传，秋天之祭，无林木者尚植柳枝，众骑驰绕三周乃止，此其遗法。’”

宋孟元老《东京梦华录》卷七“诸军呈百戏”条谈及诸种马戏，除了骗马之外，又有“褙柳枝”：“又以柳枝插于地，数骑以刬子箭或弓或弩射之，谓之褙柳枝。”

褙，在此为俗字，音读如借。明方以智《通雅》卷一二云：“《文昌杂录》曰五日走马，谓之躤柳。《焦氏类林》作‘藉’。”按：此即话本小说所言之“百步穿杨”也。

又有音误为“剪柳”者。宋周煇《清波杂志》卷八：“政和五年四月，燕辅臣于宣和殿先御崇政殿，阅子弟五百余人驰射，挽强精锐，毕事赐坐，出宫人列于殿下。鸣鼓击柝，跃马飞射，剪柳枝，射绣毬，击丸，据鞍开神臂弓，妙绝无伦，卫士皆有愧色。”清刘献廷《广阳杂记》卷一：“永乐时，禁中有剪柳之戏。剪柳即射柳也。陈眉公云：胡人以鹁鸽贮葫芦中，悬之柳上，射之，射中葫芦，鸽辄飞去，以飞之高下为胜负，往往会于清明端午日，名曰射柳。”

骗：《东京梦华录》卷七“诸军呈百戏”条：“又有执旗挺立鞍上，谓之立马。或以身下马，以手攀鞍而复上，谓之騗马。”

翻腾：《东京梦华录》卷七“诸军呈百戏”条：“或用手握定镫裤，以身从后鞦来往，谓之跳马。忽以身离鞍，屈右脚挂马鬃，左脚在镫，左手把鬃，谓之献鞍，又曰弃鬃。背坐或以两手握镫袴，以肩着鞍桥，双脚直上，谓之倒立。忽掷脚着地，倒拖顺马而走，复跳上马，谓之拖马。或留左脚着镫，右脚出镫离鞍，横身在鞍一边，右手捉鞍，左手把鬃，存身直一脚顺马而走，谓之飞仙膊马。又存身拳曲在鞍一边，谓之镫里藏身。或右臂挟鞍，足着地，顺马而走，谓之赶马。或出一镫坠身着鞦，以手向下绰地，谓之绰尘。或放令马先走，以身追及，握马尾而上，谓之豹子马。”以上皆可作“翻腾”注脚。

〔四〕三弦：明杨慎：“今之三弦始于元时。”清毛奇龄《西河词话》：“三弦始于秦时，本三代鼗鼓之制，而改形易响，谓之弦鞉。唐时乐人多习之。世以为胡乐，非也。”按：三弦，华人及胡人皆有，相近而形制略异。

胡拨四：清俞正燮《癸巳存稿》卷十一“火不思”条：“盖火不思十四名：火不思、和必斯、浑不似、浑不是、浑拨四、胡拨四、胡不思、胡博词、虎拍词、琥珀思、琥珀词、琥珀搥，皆就音近字书之，古直项琵琶也。”《醒世姻缘传》第二十一回，“十来个女先弹起琵琶、弦子、琥珀词”，此琥珀词即“胡拨四”。

《元史·礼乐志》：“火不思，制如琵琶，直颈，无品，有小槽，圆腹如半瓶榼，以皮为面，四弦，皮絣同一孤柱。”

明方以智《通雅》卷三十：“火不思，即今之琥珀词也。智见今山、陕、中州皆弹琥珀词，其制似之，盖浑不似之转语也。今京师有吴拨四、土儿密失、叉儿机等。”

明刘侗《帝京景物略》卷二“灯市”一条，言北京元宵灯市张灯，“乐作”句下有注云：“其器则胡拨四、土儿密失、叉儿机等。”《日下旧闻考》卷四十五引《帝京景物略》则作“其器则和必斯、都哩默色、察尔奇等”。其译语总目云：“和必斯，蒙古语，乐器名也，旧作胡拨四。”

土儿密失：《日下旧闻考》卷四十五蒙古语作“都哩默色”，译语总目言“都哩，蒙古语，式样也。默色，器械也”，仍不明为何种乐器。回乐器中有“塞他尔”，今维吾尔有乐器名“都它儿”，皆为弹拨乐器，疑相类。

叉儿机：《日下旧闻考》卷四十五作“察尔奇”，译语总目言“满洲语，札板也”。札板疑即拍板之类，《元史·礼乐志》：“拍板，制以木为板，以绳联之。”今说“快板书”时所执之“大板儿”与之相近，但非竹制也。

按：方以智、刘侗及张岱均以“胡拨四、土儿密失、叉儿机”连称，三人同时，之间未必有因袭关系，且以方以智之博物，注《日下旧闻考》诸臣中有通蒙古语者，亦不能明“土儿密失”为何物，疑“胡拨四、土儿密失、叉儿机”本元时熟语，概指蒙古及西域诸乐器，明时虽然延用，但已不详其为何物矣。

〔五〕《文选》班固《东都赋》：“僸佅兜离，罔不俱集。”李善注：“《孝经钩命决》曰：'东夷之乐曰侏，南夷之乐曰任，西夷之乐曰林离，北夷之乐曰僸。'毛苌《诗传》曰：'东夷之乐曰韎，南夷之乐曰任，西夷之乐曰朱离，北夷之乐曰禁。'然说乐是一，而字并不同，盖古音有轻重也。"

牛首山打猎(牛首打猎)

戊寅冬〔一〕，余在留都，同族人隆平侯与其弟勋卫、甥赵忻城〔二〕，贵州杨爱生〔三〕，扬州顾不盈〔四〕，余友吕吉士、姚简叔〔五〕，姬侍王月生、顾眉、董白、李十、杨能〔六〕，取戎衣衣客，并衣姬侍。姬侍服大红锦狐嵌箭衣、昭君套〔七〕，乘款段马。鞲青骹，绁①韩卢〔八〕，铳箭手百余人，旗帜棍棒称是，出南门，校猎于牛首山前后〔九〕，极驰骤纵送之乐。得鹿一、麂三②、兔四、雉三、猫狸七。看剧于献花岩，宿于祖堂③〔一〇〕。次日午后猎归，出鹿麂以飨士，复纵饮于隆平家。江南不晓猎较为何事〔一一〕，余见之图画戏剧，今身亲为之，果称雄快。然自须勋戚豪右为之，寒酸不办④也。

纯生氏曰：李昌夔荆州打猎，大修装饰，锦鞲绣袄，女队二千人。兹虽不及其盛，而豪气过之。

【校】

①"绁"，砚云本、科图本作"丝"，应误。

②"三"，砚云本、科图本作"一"。

③"祖堂"，诸本皆误作"祖茔"，唯科图本作"堂"，据改。

④“办”，原本作“辨”，据砚云本改。

【注】

〔一〕戊寅：崇祯十一年（一六三八）。

〔二〕隆平侯：《明史·张信传》：“成祖入京师，论功比诸战将，进都督佥事，封隆平侯，禄千石，与世伯券。”据《明史·功臣世表》，崇祯时张拱薇袭爵，至崇祯十一年战没。后此袭爵者为拱薇之弟拱日。弘光时，拱日为马阮一党，据顾炎武《圣安本纪》卷六，南都既破，张拱日随赵之龙等迎降清军。又按：张信为临淮人，与张岱非一族，此所谓“族人”，不过同姓而已。

赵忻城：《明史·赵彝传》：“成祖称帝，封忻城伯，禄千石。”《明史·功臣世表》：“赵之龙，泰昌元年九月丁亥袭。崇祯十六年十二月癸酉，守备南京。大清兵下江南，降。”

《爝火录》卷十：“总督京营戎政少保兼太子太保忻城伯赵之龙，以军士二十二万迎降。”后受清三等男封爵。

〔三〕杨鼎卿，字爱生。其父杨文骢为张岱祖父张汝霖门生。文骢为马士英妹丈，弘光中，监军江阴，清兵渡江，走苏州。后为南明唐王兵部侍郎，抗清时父子被俘，不屈死。

朱子素《嘉定县乙酉纪事》：“弘光元年乙酉，北兵由河南分道南下。五月庚辰，渡江。忻城伯赵之龙率文武开门迎降。北帅豫王（多铎）遂入南京。方议分兵徇诸郡，未发，从降臣请，传谕安抚，乃以前御史王懩、大理丞刘光斗、鸿胪少卿黄家鼒等分行。是时，三吴百城望风奔溃，长吏多解印绶去。其士大夫或聚乡兵保乡土，或从江湖起义，往往而是。家鼒至苏州，巡抚霍达走太湖，会前监军道杨文骢率兵五百入郡，家鼒方劳军西察院，文骢直入，执家鼒及从者数人，尽诛之，发取库积而去。”

《粤游纪闻》有异说：“兵侍杨文骢，士英戚也。乙酉夏，道苏州，取库金二十余万。子鼎卿，以总兵带孤衔，有兵一千，掠取民资无算；又诡称兵数万要饷，朝廷不能应。文骢至行在，语颇不逊。至是（指清兵渡钱塘江），降清。”

又《南天痕》卷二十六：“及大兵渡钱塘，文骢与鲁王大学士田仰同遁，至山岛中，军士尚万人。无何，与仰同遣卒载币帛献贝勒于道迎降。贝勒受田币，杀杨使者。明日阅其兵，令田兵居左，杨兵居右，各释兵械，驱田兵出，以铁骑围杨兵而歼焉。文骢父子皆死，其监纪孙临亦不屈死。临字武公，桐城诸生，兵部侍郎普之弟。为人举止风流，文采动人。后避难台州，文骢招之入幕，奏为职方主事；遂与同难。”

〔四〕顾尔迈，字不盈，淮安人。始末不详，仅知朱市名妓王节曾归之。王节，王月妹也。

〔五〕吕吉士：见卷二《燕子矶》注。姚简叔：见卷五《姚简叔画》。

〔六〕顾眉：《板桥杂记》：“顾媚，字眉生，又名眉，庄妍靓雅，风度超群，鬓发如云，桃花满面，弓弯纤小，腰肢轻亚，通文史，善画兰，追步马守真，而姿容胜之，时人推为南曲第一。家有眉楼，绮窗绣帘，牙签玉轴，堆列几案，瑶琴锦瑟，陈设左右，香烟缭绕，檐马丁当。当是时，江南侈靡，文酒之宴，红妆与乌巾紫裘相间，座无眉娘不乐。而尤艳顾家厨食品差拟郇公、李太尉，以故设筵眉楼者无虚日。后归合肥龚尚书芝麓。”

《续眉庐丛话》引《众香集·顾媚小传》云：“字眉生，号横波，秦淮名校书，归合肥龚尚书芝麓。尚书雄豪盖代，视金玉如泥沙，得眉娘佐之，益轻财好客，怜才下士，名誉盛于往时。丁酉岁（顺治十四年）过金陵，寓市隐园。值夫人生辰，张灯开宴，召宾客数十辈，命老梨园郭长春等演剧。酒客丁继之、张燕筑及二王郎串《王母瑶池宴》。夫人垂珠帘，召旧日同居南曲呼姊妹行者与宴。时尚书门人楚南严某赴浙监司任，逗遛居尊下，褰帘长跪捧卮，称贱子上寿，坐客皆离席伏。夫人欣然，为罄三爵，尚书意甚得也。陈其年、吴园次、邓孝威、余曼翁并作长歌纪其事，艺林传为佳话。”

董白：《板桥杂记》：“董白，字小宛，一字青莲，天姿巧慧，容貌娟妍，七八岁时阿母教以书翰，辄了了。少长顾影自怜，针神曲圣，食谱茶经，莫不精晓。性爱闲静，遇幽林远涧，片石孤云，则恋恋不忍舍去。至男女杂坐，歌吹喧阗，心厌色沮，意弗屑也。慕吴门山水，徙居半塘，小筑河滨，竹篱茅舍，经其户者则时闻咏诗声或鼓琴声，皆曰：'此中有人。'已而，扁舟游西子湖，登黄山，祷白狱，仍归吴门。丧母抱病，贷楼以居。随如皋冒辟疆过惠山，历澄江荆溪，抵京口，涉金山绝顶，观大江竞渡以归。后卒为辟疆侧室。事辟疆九年，年二十七，以劳瘁死。"辟疆有《影梅庵忆语》悼之。

李十：《板桥杂记》："李十娘，名湘真，字雪衣。生而娉婷娟好，肌肤玉雪。性嗜洁，能鼓琴清歌，略涉文墨，爱文人才士。余每有同人诗文之会，必主其家。每客用一精婢侍砚席，磨隃麋，爇都梁，供茗果。暮则合乐酒宴，尽欢而散，然宾主秩然，不及于乱。于时流寇讧江北，名士渡江侨金陵者甚众，莫不艳羡李十娘也。十娘愈自闭匿，称善病，不妆饰，谢宾客。阿母怜惜之，顺适其意，婉语辞逊，弗与通，唯二三知己，则欢情自接，嬉怡忘倦矣。后易名贞美。"

杨能：卷七《过剑门》演戏诸妓中有杨能，当亦南曲中妓。`

〔七〕箭衣：射箭所穿紧袖之衣。

昭君套：套，帽套也。王士祯《古夫于亭杂录》"补遗"云："明时，京师士大夫冬日制貂为套，着冠帽上以御寒，名曰帽套。"昭君套，其形制应源于《昭君出塞》剧中装饰，既流行于民间，遂以"昭君"名之。多为富贵人家年轻女子所戴。内衬貂、狐、银鼠等皮毛，又有带双尾者。明尤侗《浪淘沙·咏昭君套》："一握小丁貂，艳色茸毛，金当满座总粗豪。妆向美人头上去，别样妖娆。双尾鬓云交秀映，眉稍若教，上马更多娇。从此香闺添小字，唤作昭昭。"所谓双尾，当是垂于两侧之兽尾。

平步青《霞外攟屑》卷十"齐眉、包帽、昭君套"条："《西云杂记》卷一：今俗妇女首饰有抹额，此二字亦见《唐书·娄师德传》，又《南蛮传》，又韩愈《送郑尚书序》。《续汉书·舆服志》注胡广曰：'北方寒凉，以貂皮暖额附施于冠，因遂变成首饰。'此即抹额之滥觞。按以貂此暖额，即昭君套抹额，又即包帽，又即齐眉，伶人则曰额子。”

〔八〕韩卢：《战国策·秦策》：“譬若放韩卢而逐狡兔也。”鲍彪注：“俊犬名。《博物志》：韩有黑犬名卢。”

〔九〕校猎：《文选》司马相如《上林赋》：“于是乎背秋涉冬，天子校猎。”李奇注：“以五校兵出猎也。”《汉书·成帝纪》：“行幸长杨宫，从胡客大校猎。”如淳曰：“合军聚众，有幡校击鼓也。《周礼》校人掌王田猎之马，故谓之校猎。”师古曰：“如说非也。此校谓以木自相贯穿为阑校耳。校人职云‘六厩成校’，是则以遮阑为义也。校猎者，大力阑校以遮禽兽而猎取也。军之幡旗虽有校名，本因部校，此无豫也。”

牛首山：《明一统志》卷六：“在府南三十里，旧名牛头山。有二峰东西相对。晋元帝初作宫殿，王宪指双峰曰：‘此天阙也。’故又名天阙山。刘宋立郊坛于此。梁武帝又于山下建寺。山上有石洞，洞中有石鼓，天欲雨则石鼓自鸣。”

〔一〇〕祖堂：即祖堂山，又名花岩山、华严山。《至大金陵新志》卷五上：“祖堂山，在城南四十五里，周回四十里，高一百二十七丈。东有水下注平陆。宋大明三年，于山南建幽栖寺，因名幽栖。唐贞观初，法融禅师得道于此，为南宗第一祖师，乃改为祖堂山。”《江南通志》卷十一：“花岩山，在牛首山南五里，即祖堂山。沿山一石桥入山径，至花岩寺，右有石窟甚深广。佛书云：唐贞观中法融师居之，大雪时忽有奇花二茎生于岩侧，又有白鸟献花之异，因名献花岩。”

清王士祯《池北偶谈》卷十一“阮怀宁”记：金陵八十老人丁胤，常与予游祖堂寺，憩呈剑堂，指示予曰，“此阮怀宁度曲处也。阮避人于此山，每夕与狎客饮，以三鼓为节。客倦罢去，阮挑灯作传奇，达旦不寝，以为常。《燕子笺》、《双金榜》、《狮子赚》诸传奇，皆成于此。”又《所知录》云：“大铖既降本朝，在营中，诸公闻其有《春灯谜》诸剧，问能自度曲否？大铖即起，执板顿足而唱以侑酒。”

阮大铖罢官家居，后因避寇乱，移居南京，居牛首山献花岩。大铖家有戏班，此言“看剧”，当即看大铖编演之剧。详见卷八《阮圆海戏》及注。

〔一一〕猎较：《孟子·万章下》：“孔子之仕于鲁也，鲁人猎较，孔子亦猎较。猎较犹可，而况受其赐乎？”赵岐注：“猎较者，田猎相较，夺禽兽，得之以祭。”

杨神庙台阁

枫桥杨神庙〔一〕，九月迎台阁〔二〕。十年前迎台阁，台阁而已，自骆氏兄弟主之〔三〕，一以思致文理为之。扮马上故事二三十骑，扮传奇一本，年年换，三日亦三换之。其人与传奇中人必酷肖方用，全在未扮时，一指点为某似某，非人人绝倒者不之用。迎后，如扮胡琏①者直呼为胡琏〔四〕，遂无不胡琏之，而此人反失其姓。人定，然后议扮法，必裂缯为之，果其人其袍铠须某色某缎某花样，虽匹锦数十金不惜也。一冠一履，主人全副精神在焉。诸友中有能生造刻画者，一月前礼聘至，匠意为之，唯其使。装束备，先期扮演，非百口叫绝又不用。故一人一骑，其中思致文理，如玩古董名画，一勾一勒不得放过焉。

【校】

①“胡琏”，咸丰本改作“胡楗”。下同。按：此剧指明人单本所作《蕉帕记》（收入《六十种曲》），今传本作“胡连”。《论语》“瑚琏”器名，戏曲小说中安排丑角姓名往往借用成语，取其谐音，类于诨号，称胡连或胡琏均无不可，或张岱另有所据，不改。

【注】

〔一〕枫桥：宋施宿《会稽志》卷十一“诸暨县”：“枫桥，在县东北五十里。”《浙江通志》卷三十六引弘治《绍兴府志》：“枫桥，在（诸暨）县东北五十里。唐时建，宋淳祐间重建石桥，作亭其上。”

杨神庙：娄如松曰：杨神庙，俗名枫桥大庙，在诸暨枫桥镇和平路。庙今仍在，二〇〇二年镇政府立有《枫桥大庙重修碑记》，云：“明嘉靖年间敕建紫薇侯庙，以奉祀当地船工，俗呼杨老相公庙。”杨俨，宋时枫桥冷水里人，因解乡里急难而奉为神。每年九月十五前后三天迎台阁。

〔二〕台阁：宋周密《武林旧事》卷三“迎新”：“户部点检所十三酒库，例于四月初开煮，九月初开清。先是，提领所呈样品尝，然后迎引至诸所隶官府而散。每库各用疋布书库名高品，以长竿悬之，谓之‘布牌’。以木床铁擎为仙佛鬼神之类，驾空飞动，谓之‘台阁’。杂剧百戏诸艺之外，又为渔父习闲、竹马出猎、八仙故事，及命妓家女使裹头花巾为酒家保，及有花果五熟盘架、放生笼养等，各库争为新好。库妓之琤琤者，皆珠翠盛饰，销金红背，乘绣鞯宝勒骏骑。各有皂衣黄号私身数对，诃导于前，罗扇衣笈，浮浪闲客，随逐于后。少年狎客往往簇饤持杯，争劝马首，金钱彩段，沾及舆台。都人习以为常，不为怪笑。”

清龚炜《巢林笔谈》卷二“赛会奇观”：“吴俗信巫祝，崇鬼神。每当报赛之期，必极巡游之盛：整齐执事，对对成行；装束官弁，翩翩连骑。金鼓管弦之迭奏，响遏行云；旌旂幢盖之飞扬，辉生皎日。执戈扬盾，还存大傩之风；走狗臂鹰，或寓田猎之意。集金珠以饰阁，结绮彩而为亭。执香者拜稽于途，带杻者匍匐于道。虽或因俗而各异，莫不穷侈而极观。偶至槎溪，适逢胜会，创新奇于台阁，采故典于诗章。金华山上，现出富贵神仙；柳市南头，变作繁华世界。陶彭泽之黄花满径，都属宝株；裴晋公之绿野开筵，尽倾珠箧。分两社以争胜，致一国之若狂。队仗之鲜华，乃其余事；宝珠之点缀，实是奇观。”

〔三〕骆氏为枫桥大族。徐渭《徐文长三集》有《游五泄记》，言万历初游五泄，初至枫桥，骆怀远兄弟为东道主人。此处之骆氏兄弟为骆纬、骆绍，皆骆问礼之子。问礼，诸暨人，嘉靖乙丑进士，万历初官湖广副使。

〔四〕胡连为明单本所编戏曲《蕉帕记》中的人物。《蕉帕记》写书生龙骧与小姐胡弱妹定情而终成眷属故事。胡弱妹之兄胡连是个纨袴子弟，专与龙骧不和捣乱，却处处丢丑。此戏插科打诨甚是有趣，以致流于恶谑，颇为大众喜爱。虽然此剧是写才子佳人，人们却最爱看胡连。

土人有小小灾祲，辄以小白旗一面，到庙禳之，所积盈库。是日以一竿穿旗三四，一人持竿三四，走神前，长可七八里，如几百万白蝴蝶回翔盘礴在山坳树隙。四方来观者数十万人，市枫桥下，亦摊亦篷。台阁上、马上有金珠宝石堕地，拾者如有物凭焉，不能去，必送还神前；其在树丛田坎间者，问神，辄示其处，不或爽。

纯生氏曰：得名者反失其姓，名之累人，不可思议。

雪　精

外祖陶兰风先生倅寿州〔一〕，得白骡，蹄跲①都白，日行二百里，畜署中。寿州人病噎嗝，辄取其尿疗之。凡告期〔二〕，乞骡尿状常十数纸。外祖以木香沁其尿〔三〕，诏百姓来取。后致仕归，捐馆〔四〕，舅氏峀轩解骖赠余〔五〕。

【校】

①“跲”字置此无解，疑是误字。

【注】

〔一〕陶兰风:《康熙会稽县志》卷二十三“陶大顺”下:“季子允嘉,号兰风,以廪例入成均。万历甲午试北闱,房师荐元,主司欲亚之,房师执不听,曰:‘吾不忍此生贬价。’后庚子、癸卯、己酉俱登副榜,以例贡授中都通判,驻正阳。正阳为淮颍巨商孔道,允嘉剔弊除奸,商民安堵,报最,陞福建运副,乞身归里,人称其恬退。”

寿州:明属凤阳府,治在正阳镇。倅,通判。

〔二〕告期:官府放告,接受民间诉讼之日。

〔三〕此指入药之青木香,即马兜铃之根,可清火毒,通滞气。

〔四〕据娄如松查考,陶兰风去世在天启二年(一六二二),时张岱二十六岁。

〔五〕啬轩:陶兰风之子崇文,号啬轩。

余豢之十余年许,实未尝具一日草料,日夜听其自出觅食,视其腹未尝不饱,然亦不晓其何从得饱也。天曙,必至门祗候,进厩候驱策,至午勿御,仍出觅食如故。后渐跋扈难御,见余则驯服不动,跨鞍去如箭,易人则咆哮蹄①齧,百计鞭策之不应也。一日,与风马争道城上,失足堕濠堑死,余命葬之,谥之曰“雪精”〔一〕。

纯生氏曰:白骡不入华山,而以溲活人,设有款门求肝者,骡其不免乎?争道以死,亦云幸矣。

【校】

①“蹄”,原本作“啼”,与“咆哮”义重,此据咸丰本改。又,《晋书·慕容隽载记》:“马悲鸣蹄齧,人莫能近。”《庾峻传》:“牛马有踶齧者,恐伤人,不货于市。”

【注】

〔一〕雪精：元赵道一《历世真仙体道通鉴》卷四十一："张氲，自号洪崖子。游青盖山，拜景成子为师。景成子指曰：'姑射之南有古洞，当居之，若得五药童役之，则成仙。'遂如言往，果得五童，曰橘、栗、术、葛、柚。居洞中十五年。常乘青驴，携五童入灵夏，访昆仑，游终南，往来青城、王屋、太行间，与叶、罗二天师为侣。圣历中，武后召之，不至。明皇开元七年赴召，拜太常卿，累迁至司徒，皆不受，辞归山中。尝指所乘白驴曰：'此乃千岁雪精也。'入姑射山，绝粒服气，不复出。开元十六年，洪州（今江西南昌）大疫，遂跨驴从五童施药市中，病者立愈。时乘雪精携五童往来城市，酣笑自若，仍莫知所言。天宝四载四月，年九十三，尸解。"

严助庙（陶家堰灯头）

陶堰司徒庙〔一〕，汉会稽太守严助庙也〔二〕。岁上元设供，任事者聚族谋之终岁。凡山物𤜱𤜱〔三〕（虎、豹、麋鹿、獾猪之类），海物噩噩〔四〕（江豚、海马、鲟黄①、鲨鱼②之类），陆物痴痴〔五〕（猪必三百斤，羊必二百斤，一日一换。鸡、鹅、凫、鸭之属，不极肥不上供③），水物噞噞〔六〕（凡虾、鱼、蟹、蚌之类，无不鲜活），羽物毨毨〔七〕（孔雀、白鹇、锦鸡、白鹦鹉之属，即生供之），毛物毧毧〔八〕（白鹿、白兔、活貂鼠之属，亦生供之），洎非地〔九〕（闽鲜荔枝、圆眼、北苹婆果、沙果、文官果之类）、非天〔一〇〕（桃、梅、李、杏、杨梅、枇杷、樱桃之属，收藏如新撷）、非制〔一一〕（熊掌、猩唇、豹胎之属）、非性〔一二〕（酒醉、蜜饯之类）、非理〔一三〕（云南蜜唧、峨嵋雪蛆之类）〔一四〕、非想（天花、龙蛋、雕镂瓜枣、捻塑米面之类）之物，无不集。庭实之盛〔一五〕，自帝王宗庙、社稷坛壝所不能比隆者。

【校】

①“鲟黄”，道光本作“鳞黄”，应误。

②“鲨鱼”，原本作“沙鱼”，据砚云本、科图本改。

③“供”，原本作“贡”，据道光本改。

【注】

〔一〕娄如松曰：陶堰在绍兴城东四十五里，张岱外婆家在陶堰。司徒庙，当地俗称百家庙，在陶堰镇西二百米处。

司徒：江南民间丛祠之神多以“司徒”称，如苏州之朱司徒，常熟之柴司徒、陈司徒、陶李司徒、太乙司徒、金李二司徒，南宋洪迈《夷坚志》所载常熟梅李镇之“伏虎茅司徒”，以及著名之“扬州五司徒”等，固与生前官职无关。

〔二〕严助：《汉书》有传。会稽吴人。郡举贤良，武帝善助对，擢为中大夫。后拜会稽太守。

〔三〕犆犆：形体粗大状。

〔四〕噩噩：汉扬雄《扬子法言》卷四：“虞夏之《书》浑浑尔，《商书》灏灏尔，《周书》噩噩尔。”浑浑、灏灏、噩噩皆训大。张岱此处所言皆为海产之体大者。

〔五〕痴痴：蠢然无知状。

〔六〕噞：鱼口开合吞吐状。噞噞：喻其鲜活。

〔七〕毨：禽鸟羽毛鲜明状。毨毨：喻禽鸟鲜活。

〔八〕毧毧：兽毛绒绒，亦鲜活状。

〔九〕非地：非本土所产。下言荔枝、圆眼（即桂圆）产于闽粤，而苹婆果（即苹果）、沙果（比苹果小，直径三四公分，略酸涩）、文官果（即文冠果，外形如桃，裂成三瓣，中有黑籽可食）则产于山东、河北等地。

〔一〇〕非天：非时令之物。下言诸鲜果虽为本地所产，但时令均非中元时所有。

〔一一〕非制:非礼制所许,以其害生也,如下言诸物皆取大型猛兽之一小部。

〔一二〕非性:非食材之本味。下言诸物皆以酒以蜜改变原物之风味。

〔一三〕非理:食法越出常理。

〔一四〕云南蜜唧:唐张鷟《朝野佥载》卷二:“岭南獠民好为蜜蝍,即鼠胎未瞬,通身赤蠕者,饲之,以蜜饤之,筵上嗫嗫而行,以箸挟取啖之,唧唧作声,故曰蜜蝍。”

峨嵋雪蛆:南宋陆游《老学庵笔记》:“《嘉祐杂志》云‘峨眉雪蛆治内热’。予至蜀,乃知此物实出茂州雪山。雪山四时常有积雪,弥遍岭谷,蛆生其中。取雪时并蛆取之,能蠕动。久之,雪消,蛆亦消尽。”

〔一五〕庭实:《左传》庄公十二年:“庭实旅百。”注:“庭中所陈品数百也。”

十三日,以大船二十艘载盘铃〔一〕,以童崽扮故事,无甚文理,以多为胜。城中及村落人,水逐陆奔,随路兜截,转折,谓之“看灯头”。且夜夜①在庙演剧,梨园必倩越中上三班,或雇自武林者,缠头日数万钱,唱《伯喈》、《荆钗》〔二〕,一老者坐台下对院本,一字脱落,群起噪之,又开场重做。越中有“全伯喈”、“全荆钗”之名,起此。

【校】

①“且”,原本、咸丰本俱作“五”,今据砚云本改。“且夜夜”,“且”作副词“还有”。“五夜夜”,正月十五灯节前后共五夜,每个夜晚都在庙演戏,亦通。但既言“夜夜”,已经是五夜了,何必多一“五”字?

【注】

〔一〕盘铃：或作“盘铃”。盘铃本指一种乐器。《新唐书·回鹘传》：“乐有笛、鼓、笙、觱篥、盘铃，戏有弄驼、师子、马伎、绳伎。”后用以称用盘铃扮演之傀儡戏。《刘宾客嘉话录》：“大司徒杜公在维扬也，尝召宾幕闲语：‘我致政之后，必买一小驷八九千者，饱食讫而跨之，着一麤布襕衫，入市看盘铃傀儡足矣。’”《医方类聚》卷六十四“眼门”记十六件致眼病之忌，其中有“雪下视日、日中看花、看弄盘铃”，当即指傀儡戏。盘铃的舞台是供傀儡演出的小型活动舞台，而此处之盘铃则指供真人演出的大型活动舞台。

〔二〕《伯喈》：指高明所撰《琵琶记》。明徐渭《南词叙录》云：“南戏始于宋光宗朝，永嘉人所作《赵贞女》、《王魁》二种实首之，故刘后村有‘死后是非谁管得，满村听唱蔡中郎’之句。元初，北方杂剧流入南徼，一时靡然向风，宋词遂绝，南戏亦衰。永嘉高经历明，避乱四明之栎社，异伯喈之被谤，乃作《琵琶记》雪之，用清丽之词，一洗作者之陋。于是村坊小伎，进与古法部相参，卓乎不可及矣。”《赵贞女》，即《南词叙录·宋元旧篇》之《赵贞女蔡二郎》，剧中言蔡伯喈弃亲背妇，为暴雷震死。

《荆钗》：指南戏《荆钗记》。此戏亦始于宋元，《南词叙录·宋元旧篇》即有《王十朋荆钗记》之目，至明初为李景云改编。

天启三年，余兄弟携南院妓①王岑，老串杨四、徐孟雅〔一〕，圆社河南张大来②往观之。到庙蹴踘，张大来以“一丁泥”、“一串珠”名世。毬着足，浑身旋滚，一似黏疐〔二〕有胶、提掇有线、穿插有孔者，人人叫绝。剧至半，王岑扮李三娘，杨四扮火工窦老，徐孟雅扮洪一嫂，马小卿十二岁，扮咬脐，串《磨房》、《撇池》、《送子》、《出猎》四出〔三〕。科诨曲白，妙入筋髓，又复叫绝。遂解维归，戏场气夺,锣不得响,灯不得亮。

纯生氏曰:记事古奥,如读《汲冢周书》。

【校】

①“妓”字原本无,据砚云本补。

②“来”下原本有“辈”字,据砚云本删。

【注】

〔一〕老串:非梨园子弟而喜串演戏曲有名者。

杨四、徐孟雅:潘之恒《鸾啸小品》卷二《神合》言二人所擅长:“李四情钟故耦,感慨仳离,敝貂苏季。”“徐孟激扬蹈厉,声躁而志昂。古来英雄,以暴自锢,一彻而昭,在此观矣。”

〔二〕黏疐:黏连牵滞。

〔三〕以上皆无名氏《白兔记》一剧中的戏出,唯其中“磨房”,今本作“挨磨”;“撇池”、“送子”,今本合为“送子”一出。《白兔记》又名《刘知远白兔记》,与《荆钗记》、《杀狗记》、《拜月记》为四大南戏,编者署“永嘉书会才人”。

乳　酪

乳酪自驵侩为之,气味已失,再无佳理。余自豢一牛,夜取乳置盆盎,比晓,乳花簇起尺许,用铜铛煮之,瀹兰雪汁,乳斤和汁四瓯,百沸之。玉液珠胶,雪腴霜腻,吹气胜兰,沁入肺腑,自是天供。或用鹤觞、花露入甑蒸之〔一〕,以热妙;或用豆粉搀和,漉之成腐,以冷妙;或煎酥,或作皮,或缚饼①,或酒凝,或盐腌,或醋捉,无不佳妙。而苏州过小拙和以蔗浆霜，熬之，滤之，钻之，掇之，印之，为带骨鲍螺〔二〕，天下称至味。其制法秘甚，锁密房，以纸封固，虽父子不轻传之。

纯生氏曰：使人咽喉间作甘露快。

【校】

①"缚"字在此无解，疑是"抟"字之误。抟饼，即以乳和面，抟揉为饼。或以为"缚"为"縳"字之讹，縳者卷也，縳饼即卷面成饼意。以乳卷饼，似难想象为何物。

【注】

〔一〕鹤觞：酒名。北魏杨衒之《洛阳伽蓝记》卷四："市（指洛阳大市）西有退酤、治觞二里，里内之人多酝酒为业。河东人刘白堕善能酿酒。季夏六月，时暑赫晞，以罂贮酒，暴于日中，经一旬，其酒不动，饮之香美，醉而经月不醒。京师朝贵多出郡登藩，远相饷馈，逾于千里。以其远至，号曰'鹤觞'，亦名'骑驴酒'。"

花露：酒名。宋王楙《野客丛书》卷十七："真州郡斋旧有酒名，谓之花露，人亦莫晓。仆读姚合诗'味轻花上露，色似洞中泉'，得非取此乎？又太真妃宿酒初消，吸花露以润肺，见《开元遗事》。"元吴景奎《席上即事》诗："待得月斜人散后，一杯花露酒初消。"花露酒又有莲花露、琼花露等名目。

〔二〕带骨鲍螺：请教对江南小吃素有研究的苏州友人何文斌，回札如下："带骨鲍螺，一种乳酪甜品，形似带壳的鲍鱼。鲍螺，原指鲍鱼，明《吴音奇字》中亦收录'蚫螺'一词。至迟在宋时，鲍螺已作为一种甜点的名称，周密的《武林旧事》卷二将'鲍螺'、'裹蜜'并列，吴自牧的《梦粱录》卷十三有'市西坊买蚫螺、滴酥'的记载。明清时尤为流行，分为粉、白两色。明人《市肆记》'果子类'列有鲍螺，《金瓶梅》中作者借应伯爵的口说：泡螺酥'上头纹溜，就象螺蛳儿一般'，吃起来'入口即化'。李日华《六研斋笔记·三笔》卷二也提到"抱螺酥"，认为就是汉时'八珍'中'以羊脂为之'的'酥酪蝉'。徐珂《清稗类钞》有'鲍螺'一则：'乾隆时，有以牛乳煮令百沸，点以青盐卤，使凝结成饼，佐以香粳米粥，食之绝佳。复有以蔗糖法制如螺形，甘洁异常。始于鲍氏，故名鲍螺，亦名鲍酪。'但徐氏的解释是这种甜品为鲍氏始创，所以冠以'鲍'氏，恐怕并没理解鲍螺不是螺，而是鲍鱼贝。"

按：明李日华《六研斋笔记·三笔》卷二："汉时八珍，猩唇、豹胎之外有酥酪蝉者。注云以羊脂为之，乃今之抱螺酥也，其形与螺初不肖，而酷似蝉腹，乃知名物之妙，今不逮古多矣。"

二十四桥风月（邗沟夜月）

广陵二十四桥风月〔一〕，邗沟尚存其意〔二〕。渡钞关〔三〕，横亘半里许，为巷者九条。巷故九，凡周旋折旋于巷之左右前后者什百之。巷口狭而肠曲，寸寸节节，有精房密户，名妓、歪妓杂处之。名妓匿不见人，非向导①莫得入。

【校】

①"导"，诸本俱作"道"，二字通，为便理解，改为"导"。

【注】

〔一〕二十四桥：宋沈括《补笔谈》："扬州在唐时最为富盛，旧城南北十五里一百一十步，东西七里三十步，可纪者有二十四桥。最西浊河茶轩桥，次东大明桥，（今大明寺前。）入西水门有九曲桥，（今建隆寺前。）次东西当帅牙南门，有下马桥，又东作坊桥，桥东河转向南，有洗马桥，次南桥，（见在今州城北门外。）又南阿师桥，周家桥，（今此处为城北门。）小市桥，（今存。）广济桥，（今存。）新桥，开明桥，（今存。）顾客桥，通泗桥，（今存。）太平桥，（今存。）利园桥，出南水门有万岁桥，（今存。）青园桥，自驿桥北河流东出，有参佐桥，（今开元寺前。）次东水门，（今有新桥，非古迹也。）东出有山光桥。（见在今山光寺前。）又自衙门下马桥直南有北三桥，中三桥，南三桥，号'九桥'，不通船，不在二十四桥之数，皆在今州城西门之外。"

清梁章钜《浪迹丛谈》卷二"二十四桥"条："扬州二十四桥之名，熟在人口，而皆不能道其详。宋王象之《舆地纪胜》云：'二十四桥，隋置，并以城门坊市为名。后韩令坤者，省筑州城，分布阡陌，别立桥梁，所谓二十四桥者，或存或亡，不可得而考。'或谓二十四桥只是一桥，即在今孟玉生山人毓森所居宅旁。俱未敢以为信。按杜牧之《樊川集》云'扬州，胜地也。每重城向夕，倡楼之上，常有绛纱灯万数，辉罗耀列空中，九里三十步街中，珠翠填咽，邈若仙境'云云。则所谓'二十四桥明月夜'者，自必罗布于九里三十步中，不得以一桥当之。沈括《补笔谈》亦云（略）。然则即沈括所纪，除九桥外，亦止有二十桥，所谓二十四桥者，究竟无由凿指其地。"

按：梁氏引杜牧云云，见于《太平广记》卷二百七十三"杜牧"条引《唐阙史》，非《樊川集》。梁氏之意，所谓二十四桥在"九里三十步内"，即指扬州娼馆聚集之地。所谓"十里珠帘，二十四桥风月"正是张岱"二十四桥风月"本意，只是明末已经衰败，仅存余韵于钞关一带了。

〔二〕邗沟：《春秋左氏传》哀公九年秋，"吴城邗沟，通江、淮"。杜注："于邗江筑城穿沟，东北通射阳湖，西北至宋口入淮，通粮道也。今广陵邗江是。"此邗沟指扬州一带运河。而后人所称邗沟，则指扬州城东南一段运河，或称漕河、官河。具体到本文，则指钞关码头一带。

〔三〕钞关：《明史·食货志五》："宣德四年，以钞法不通。由商居货不税，由是于京省商贾凑集地、市镇店肆门摊税课，增旧凡五倍。……委御史、户部、锦衣卫、兵马司官各一，于城门察收。舟船受雇装载者，计所载料多寡、路近远纳钞。钞关之设自此始。……于是有漷县、济宁、徐州、淮安、扬州、上新河、浒墅、九江、金沙洲、临清、北新诸钞关，量舟大小修广而差其额，谓之船料，不税其货。唯临清、北新则兼收货税，各差御史及户部主事监收。”以其纳钞，故曰“钞关”。时扬州钞关建于旧城东南之运河北岸，由户部分司掌管。至嘉靖三十四年，扬州城向东拓展，新城南门为挹江门，位置正在钞关之北。

歪妓多可五六百人，每日傍晚，膏沐薰烧，出巷口，倚徙盘礴于茶馆酒肆之前〔一〕，谓之“站关”。茶馆酒肆，岸上下①纱灯百盏，诸妓掩映闪灭于其间，㿜𪕊者帘〔二〕，雄趾者阈〔三〕。灯前月下，人无正色，所谓“一白能遮百丑”者，粉之力也。游子过客，往来如梭，摩睛相觑，有当意者，逼前牵之去；而是妓忽出身分〔四〕，肃客先行，自缓步尾之。至巷口，有侦伺者，向巷门呼曰：“某姐有客了！”内应声如雷，火燎即出。

【校】

①“下”字原本无，据砚云本补。

【注】

〔一〕倚徙：流连徘徊。盘礴：懒散地闲坐。

〔二〕㿜：脸上有麻。𪕊：五官不端正。帘：以帘遮面。

〔三〕雄趾者阈：足大者立于门槛之后，以阈遮足也。

〔四〕身分：身价。

一一俱去，剩者不过二三十人。沉沉二漏，灯烛将烬，茶馆黑魆①无人声。茶博士不好请出，唯作呵欠，而诸妓醵钱向茶博士买烛寸许，以待迟客。或发娇声唱《劈破玉》等小词〔一〕，或自相谑浪嘻笑，故作热闹，以乱时候；然笑言哑哑，声中渐带凄楚。夜分不得不去，悄然暗摸如鬼，见老鸨，受饿、受笞，俱不可知矣。

【校】

①“黑魆”，科图本、砚云本作“墨魆”，可通。

【注】

〔一〕《劈破玉》：明王夫之《姜斋诗话》卷下：“《清商曲》，起自晋、宋，盖里巷淫哇，初非文人所作，犹今之《劈破玉》、《银纽丝》耳。”

清李斗《扬州画舫录》卷十一：“小唱以琵琶、弦子、月琴、檀板合动而歌。最先有《银钮丝》、《四大景》、《倒扳桨》、《剪靛花》、《吉祥草》、《倒花蓝》诸调。以《劈破玉》为最佳。有于苏州虎丘唱是调者，苏人奇之，听者数百人。明日来听者益多，唱者改唱大曲，群一噱而散。”

余族弟卓如，美须髯，有情痴，善笑，到钞关必狎妓，向余噱曰：“弟今日之乐，不减王公。”余曰：“何谓也？”曰：“王公大人侍妾数百，到晚耽耽望幸，当御者亦不过一人。弟过钞关，美人数百人，目挑心招，视我如潘安〔一〕，弟颐指气使，任意拣择，亦必得一当意者呼而待我。王公大人岂遂过我哉！”复大噱。余亦大噱。

纯生氏曰：二十四桥明月，褰裳而就者如云，髯客得毋以蒯缑往耶？

【注】

〔一〕潘安：即潘岳，字安仁，民间曲辞小说多称潘安。《晋书》有传，略云：少以才颖见称，乡邑号为奇童，谓终贾之俦也。早辟司空太尉府，举秀才。岳才名冠世，为众所疾，遂栖迟十年。出为河阳令，负其才而郁郁不得志。性轻躁，趋世利，与石崇等谄事贾谧，每候其出，与崇辄望尘而拜。谧二十四友，岳为其首。岳美姿仪，少时常挟弹出洛阳道，妇人遇之者，皆联手萦绕，投之以果，遂满车而归。

世美堂灯

儿时跨苍头颈，犹及见王新建灯〔一〕。灯皆贵重华美，珠灯、料丝无论〔二〕，即羊角灯亦描金细画，缨络罩之。悬灯百盏尚须秉烛而行，大是闷人！

【注】

〔一〕王新建：此王新建即新建伯王承勋。《明史·王守仁传》：嘉靖时，守仁"论功封特进光禄大夫、柱国、新建伯，世袭，岁禄一千石"。《功臣世表》：守仁孙王承勋，"万历五年袭。二十年督漕运。三十年十二月以督漕久劳，加太子太保。天启五年正月卒于家"。

张岱《嫏嬛文集》卷四《家传·附传》："自是（仲叔）收藏日富，大江以南，王新建、朱石门、项墨林、周铭仲，与仲叔而五焉"。

〔二〕珠灯：刘侗《帝京景物略》卷二《灯市》记灯有"烧珠"一品，即此珠灯。详见下"烧珠"注。

料丝：明郎瑛《七修类稿》卷四十四"料丝"条："料丝灯出于滇南，以金齿卫者胜也。用玛瑙紫石英诸药，捣为屑，煮腐如粉，然必市北方天花菜点之方凝，而后缫之为丝，织如绢状，上绘人物山水，极晶莹可爱，价亦珍贵。盖以煮料成丝，故谓之料丝。阁老李西涯以为缭线，书之于册，一时之误耳。此因地与中国相远，人不知也。”

明谢肇淛《滇略》卷三：“永昌人善造料丝。初由镇守内使有之，珍秘殊甚，永昌人试效为，及成，反精于彼，又长大数倍。其法以紫石英、赭石合饶磁诸料，煅之于烈火中，抽其丝，织以成片，加之彩绘，以为灯屏，故曰料丝。”

余见《水浒传》“灯景诗”有云：“楼台上下火照火，车马往来人看人。”已尽灯理〔一〕。余谓灯不在多，总求一亮。余每放灯，必用如椽大烛，专令数人剪卸烬煤，故光迸重垣，无微不见。

【注】

〔一〕友人王培军来信寄“札记”云：《水浒传》第七十二回《柴进簪花入禁院，李逵元夜闹东京》引诗云：“楼台上下火照火，车马往来人看人。”（《容与堂刻水浒传》）李贽批云：“妙！”明张岱亦极赏之，其《陶庵梦忆》卷四“世美堂灯”条，评云：“已尽灯理。”又《快园道古·学问》云：“《水浒传》形容汴京灯景云云，只此十四字，古今灯诗灯赋，千言万语，刻画不到。”按，此实宋熊知至诗，见明凌迪知《万姓统谱》卷一（《宋诗纪事》卷十三采之，即据凌书；又，钱钟书《宋诗纪事补订》中，于此句旁，画一大圈，是赏心略同）。熊字意诚，建阳人，北宋天圣年间，五举不第，遂归隐。南宋史弥宁《友林乙藁》中，有《灯夕》诗，云：“楼台拚饮夜不夜，罗绮飘香人看人。”从其脱化，然点金成铁矣。又此诗自宋后，流传人口，释子参禅，亦每喜援用，见《五灯会元续略》卷二、《续指月录》卷五等。

十年前，里人有李某者为闽中二尹〔一〕，抚台委其造灯，选雕佛匠，穷工极巧，造灯十架。凡两年灯成，而抚台已物故，携归藏椟中。又十年许，知余好灯，举以相赠，余酬之五十金，十不当一，是为主灯。遂以烧珠〔二〕、料丝、羊角、剔纱诸灯辅之。

【注】

〔一〕二尹：即府同知，或称二府。

〔二〕烧珠：炼石烧成之宝珠，有五色，或称水料烧珠。灯则以烧珠串成。

而友人有夏耳金者，剪彩为花，巧夺天工，罩以冰纱，有烟笼芍药之致。更用𩞄铁线界画规矩，匠意出样，剔纱为蜀锦，鞔①其界地，鲜艳出人。耳金岁供镇神，必造灯一盏，灯后，余每以善价购之。余一小傒善收藏，虽纸灯亦十年不得坏，故灯日富。又从南京得赵士元夹纱屏及灯带数副〔一〕，皆属鬼工，决非人力。

【校】

①"鞔"，诸本俱作"皺"。皺，《广韵》"皮脱也"，与文意不合。据文意，此字当是"鞔鼓"之"鞔"(音曼)之误借。鞔鼓为以皮蒙鼓，此则以蜀锦蒙灯架之框也。《吕氏春秋·恃君览》："司城子罕曰：'南家工人也，为鞔者也。'"即是。

【注】

〔一〕夹纱：张岱《夜航船》卷十二"夹纱物件"："赵士元制夹纱及夹纱帏屏，其所劂翎毛花卉，颜色鲜明，毛羽生动，妙不可言，扇扇是黄荃、吕纪得意名画。"

灯宵，出其所有，便称胜事。鼓吹弦索，厮养臧获皆能为之。有苍头善制盆花，夏间以羊毛炼泥墩，高二尺许，筑“地[①]涌金莲”〔一〕，声同雷炮，花盖亩余。不用煞拍鼓铙〔二〕，清吹锁呐应之，望花缓急为锁呐缓急，望花高下为锁呐高下。灯不演剧则灯意不酣，然无队舞鼓吹则灯焰不发。余敕小傒串元剧四五十本。演元剧四出，则队舞一回，鼓吹一回，弦索一回。其间浓淡、繁简、松实之妙，全在主人位置，使易人易地为之，自不能尔尔。故越中夸灯事之盛，必曰“世美堂灯”。

纯生氏曰：庚戌秋中，吾乡放灯极盛，此不及万分之一矣。余撰《武林灯事》四十八条，存《谁堂笔记》。

【校】

①“地”，原本作“池”，据咸丰本改。

【注】

〔一〕《五灯会元》卷一言释迦牟尼“初生刹利王家，放大智光明，照十方世界，地涌金莲华，自然捧双足”。

〔二〕煞拍：拍板。

宁 了

大父母喜豢珍禽：舞鹤三对，白鹇一对，孔雀二对，吐绶鸡一只，白鹦鹉、鹩哥、绿鹦鹉十数架。一异鸟名“宁了”，身小如鸽，黑翎如八哥，能作人语，绝不唅呣。

大母呼媵婢，辄应声曰："某丫头，太太叫！"有客至，叫曰："太太客来了，看茶！"有一新娘子善睡，黎明辄呼曰："新娘子，天明了，起来罢！太太叫，快起来！"不起，辄骂曰："新娘子，臭淫妇，浪蹄子！"新娘子恨甚，置毒药杀之。

"宁了"疑即"秦吉了"〔一〕，蜀叙州出〔二〕，能人言。一日夷人买去，秦吉了曰："我汉禽，不入胡地。"遂[①]惊死〔三〕。其灵异酷似之。

纯生氏曰：是非燕雀之网所能罗者。

【校】

①自"秦吉了曰"至此共十二字，原本无，据道光本补。

【注】

〔一〕秦吉了：宋吴曾《能改斋漫录》卷十五"吉了禽"条："唐万年县尉段公路撰《北户录》，纪廉州民获赤白吉了者，赤者寻卒，白者久而能言，笑语效人，禽之珍者也。予考郑熊所作《番禺记》云：'秦吉子，出藤州风县，身绀觜丹，两眼旁有眉如胭脂抹弯环垂下，秀媚可爱，深类鸲鹆，头上微有冠如鸡，然舌辨而语清。所食唯鱼肉，凡宾客奴仆一过而皆知其名位。苟饲之或不如所欲，家有弊事，亦以告人。'熊以为秦吉了，段以为吉了，而更分以赤白两种，何耶？白乐天亦有《秦吉了》诗。了音料。"

宋范成大《桂海虞衡志·志禽》："秦吉了，如鸜鹆，绀黑色，丹味黄距，目上连顶有深黄文，顶毛有缝，如人分发。能人言，比鹦鹉尤慧。大抵鹦鹉声如儿女，吉了声则如丈夫。出邕州溪洞中。"

〔二〕叙州：今四川宜宾市。

〔三〕明曹安《谰言长语》："泸南有畜秦吉了者，能作人言。夷酋欲以钱十万买之,其人告以贫,欲卖之。秦吉了曰:‘我汉禽也,不愿入蛮夷山。’不食而死。”

张氏声伎

谢太傅不畜声伎,曰:“畏解,故不畜。”〔一〕王右军曰:“老年赖丝竹陶写,恒恐儿辈觉。”〔二〕曰“解”,曰“觉”,古人用字深确。盖声音之道入人最微,一解则自不能已,一觉则自不能禁也〔三〕。

【注】

〔一〕谢太傅:即东晋谢安。史称谢安性好音乐,期丧不废,每游赏,必以妓女从,故不应有“畏解”及“不畜声伎”之说。按:此处所记应是宋武帝刘裕事。《南史·荀伯玉传》云:宋武帝节俭过人,殷仲文劝令畜伎,答云:“我不解声。”仲文曰:“但畜自解。”又答:“畏解,故不畜。”

〔二〕王右军:王羲之。《世说新语·言语第二》:“谢太傅语王右军曰:‘中年伤于哀乐,与亲友别,辄作数日恶。’王曰:‘年在桑榆,自然至此,正赖丝竹陶写。恒恐儿辈觉,损欣乐之趣。’”

陶:通“淘”,使之通畅。写,通“泻”,义亦同。丝竹陶写,意谓以丝竹使抑郁之情得以宣泄。

〔三〕张岱所言之“觉”,与王羲之原语之义不同。羲之意谓儿辈发觉自己以丝竹宣泄忧闷,张岱则以为是儿辈通解丝竹。

我家声伎,前世无之,自大父于万历年间与范长白、邹愚公、黄贞父、包涵所诸先生讲究此道〔一〕,遂破天荒为之。有“可餐班”,以张彩、王可餐、何闰、张福寿名;次则

“武陵班”，以何韵士、傅吉甫、夏清之名；再次则“梯仙班”，以高眉生、李岭生、马蓝生名；再次则“吴郡班”，以王畹生、夏汝开、杨啸生名；再次则“苏小小班”，以马小卿、潘小妃名；再次则平子“茂苑班”，以李含香、顾岕竹、应楚烟、杨𫘧駬名。主人解事日精一日，而傒僮技艺亦愈出愈奇。

【注】

〔一〕范长白见卷五《范长白》篇，邹愚公见卷七《愚公谷》篇，黄贞父见卷一《奔云石》篇，包涵所见卷三《包涵所》篇。

余历年半百，小傒自小而老、老而复小、小而复老者，凡五易之。无论“可餐”、“武陵”诸人如三代法物〔一〕，不可复见，“梯仙”、“吴郡”间有存者，皆为佝偻老人，而“苏小小班”亦强半化为异物矣〔二〕。“茂苑班”则吾弟先去，而诸人再易其主。余则婆娑一老，以碧眼波斯，尚能别其妍丑〔三〕。山中人自①海上归，种种海错皆在其眼，请共舐之。

纯生氏曰：烟霞风景，补缀藻绣，如山深月清中有猿啸，听者凄其欲绝。

【校】

①“自”，诸本皆误作“至”。张岱《西湖梦寻序》云：“山中人归自海上，盛称海错之美，乡人竞来共舐其眼。”据改。

【注】

〔一〕三代:一般指夏、商、周为三代,但也有以商、周、汉为三代者,如张岱《夜航船》卷十二“宝玩部”“三代铜”一条,即以商、周、汉为三代。

法物:礼器。三代祭礼所用之青铜器。或以为青铜器无夏代者,此为现代之鉴识,而古人则以为夏有礼器也。如赵希鹄《洞天清禄集·古钟鼎彝器辨》云:“夏尚忠,商尚质,周尚文,其制器亦然。商器质素无文,周器雕篆细密,此固一定不易之论。而夏器独不然。余尝见夏雕戈,于铜上相嵌以金,其细如发,夏器大抵皆然。”

〔二〕据本卷《严助庙》,天启三年,马小卿十二岁,或已入苏小小班;据《过剑门》,至崇祯十一年之前则已离开,估计此时苏小小班已经解散。由此可见张岱家境消长。

〔三〕碧眼波斯:自唐代开始,民间盛传波斯商人“别宝”故事,或称胡人,或称胡贾,或称波斯胡人,或称婆罗门,或称大食长老,往往能于平常之物中识其为异宝奇珍。戴孚《广异记》载有若干条,举其一例:近世有波斯胡人,至扶风逆旅,见方石在主人门外,盘桓数日。主人问其故,胡云:“我欲石捣帛。”因以钱二千求买,主人得钱甚悦,以石与之。胡载石出,对众剖得径寸珠一枚。以刀破臂腋,藏其内,便还本国。随船泛海,行十余日,船忽欲没。舟人知是海神求宝,乃遍索之,无宝与神,因欲溺胡。胡惧,剖腋取珠。舟人咒云:“若求此珠,当有所领。”海神便出一手,甚大多毛,捧珠而去。

方物※

越中清馋〔一〕,无过余者,喜啖方物。北京则苹婆果〔二〕、黄鼠马牙松〔三〕。山东则羊肚菜〔四〕、秋白梨、文官果、甜子。福建则福橘、福橘饼、牛皮糖、红腐乳。江西则青根〔五〕、丰城脯。山西则天花菜〔六〕。苏州则带骨鲍螺、山查丁、山查糕、松子糖、白圆、橄榄脯。嘉兴则马交鱼脯、陶庄黄雀。南京则套樱桃、桃门枣、地栗团、窝笋团、山查糖。杭州则西瓜、鸡豆子、花下藕〔七〕、韭芽、玄笋、塘栖①蜜橘。萧山则杨梅、蓴菜、鳶②鸟、青鲫、方柿。诸暨则香狸〔八〕、樱桃、虎栗。嵊则蕨粉、细榧。龙游则③糖。临海则枕头瓜。台州则瓦楞蚶、江瑶柱。浦江则火肉。东阳则南枣。山阴则破塘④笋、谢橘〔九〕、独山菱、河蟹、三江屯蛏、白蛤、江鱼、鲥鱼、里河鰦。远则岁致之,近则月致之、日致之。耽耽逐逐,日为口腹谋,罪孽固重。但由今思之,四方兵燹,寸寸割裂,钱塘衣带水,犹不敢轻渡,则向之传食四方,不可不谓之福德也。

纯生氏曰:幻笔空肠,老饕那得不垂涎耶?

【校】

①“塘栖”,原本作“糖栖”,据咸丰本改。

②原本及砚云本均作“鳶”,字书无此字,似应读如“乜(yà)”。咸丰本作“鳶”,鳶即“鸠”字,当是臆改。

③诸本皆无“则”字。龙游,浙江地名,与嵊县相隔数县,产蔗糖。按文例,“龙游”下应补一“则”字,否则易与“蕨粉、细榧”并列,误归于嵊产。

④“破塘”,原本作“破糖”,据砚云本改。

【注】

〔一〕清馋:清与腻为对言。张岱下列诸食品,多属蔬菓、甜食、山珍及水产,肉类不过野禽、肉脯,对中产之家亦属寻常之物。

〔二〕苹婆果：宋周去非《岭外代答》卷八记有“频婆果”，云：“极鲜红可爱。佛书所谓唇色赤好如频婆果是也。”而《岭南风物记》则云：“频婆果出广州，树极大，果如蚕豆荚，子圆如豆，藏其中，老则迸开，如桐瓢状，色大红，土人取其熟食之。”以上所言实为一物，皆为岭南之果。而张岱所言北京之“苹婆果”，实即今北方之“苹果”而古称为“柰”（榛）者。柰，本自西土传入中原，史称出自凉州，当地人切晒为肺脯，号曰“频婆粮”。北京虽然有地名“苹果园”，方物至今不以苹果著，猜测当时苹果盛产于北京附近，而以北京为地名标榜，如今之“天津鸭梨”非产自天津也。

〔三〕黄鼠马牙松：周汝昌先生《砚霓小集》中《鹦哥祖母黄鼠马牙》一文认为，此五字应是“黄芽马粪菘”之误，即北京大白菜。周文又引《本草纲目》卷二六云：“南方之菘，畦内过冬，北方者多入窖内。燕京圃人又以马粪入窖壅培，不见风日，长出苗叶皆嫩黄色，脆美无滓，谓之黄芽菜，豪贵以为嘉品，盖亦仿韭黄之法也。”

《说郛》卷九十五上引吴氏《中馈录》言黄芽菜另一种制法：“将白菜割去梗叶，止留菜心，离地二寸许，以粪土壅平，用大缸覆之，缸外以土密壅，勿令透气，半月后取食，其味最佳。”

明陆容《菽园杂记》卷六：“按菘菜即白菜，今京师每秋末，比屋腌藏以御冬，其名箭干者，不亚苏州所产。闻之老者云：永乐间，南方花木蔬菜，种之皆不发生，发生者亦不盛。近来南方蔬菜无一不有，非复昔时矣。今吴菘之盛生于燕，不复变而为芜菁，岂在昔未得种艺之法，而今得之邪？抑亦气运之变，物类随之而美邪？将非橘柚之可比邪？”

清梁章钜《浪迹三谈》卷五“白菜”：“北方白菜，以安肃县所出为最，闻县境每冬必产大菜一本，大可专车，俗名之曰菜王，必驰以首供玉食，然后各园以次摘取。山左所产犹佳，迤南则其味递减，唯吾乡浦城所产尚具体而微，广西柳州所出亦略与北地相仿。近吾乡永福亦产此，俗呼为永福白，较胜于浦城。去冬余薄游温州，有以山东白菜相馈者，皆以永福白充数，盖福州由海舶来者，南风三日即至，而天津、山东之海舶向不入瓯江也。此菜以吴红生太守所制为最著,同人皆赏其菜中尚带辣味,而不知其暗搀生萝卜耳。"

清吴其濬《植物名实图考》卷三:"按菘菜种类有'莲花白'、'箭干铃'、'杵杓白'各种,唯'黄芽白'则肥美无敌,王世懋谓为蔬中神品,不虚也。"

按:周汝昌说甚是,虽然"黄鼶马牙松"未必即是"黄芽马粪菘"五字之误("马鬣黄芽菘"或"马粪黄芽菘"亦可说通,而"黄鼶马牙松"或为二物之误,亦有可能),但其物指"黄芽菘"则无疑问。另,张岱此处既说是北京方物,而把黄芽菜由北京运至江南当时尚无可能。此黄芽菜或是张岱在兖州所食,但也有可能是江南自产,因为起码在南宋时江南即有培育黄芽菜之事,《咸淳临安志》卷五十八言杭州菜品有"黄芽"一种,小注云:"冬间取巨菜,覆以草,积久而去其腐叶,黄白纤莹,故名。"所云"巨菜",即今之白菜或白菜之一种,《梦忆》卷八《蟹会》一则有"以鸭汁煮白菜,如玉版",即是。

"鼶",砚云本、道光本皆作"鼠",似较"鼶"字更误。"黄鼶"可拟菜中生出的黄芽,而"黄鼠"为何物耶?或言北方有以黄鼠为美食者,按明李诩《戒庵老人漫笔》卷三"周尚书谈边事"条即言陕西出黄鼠,味佳。但此黄鼠乃地鼠,而北京黄鼠则指黄鼬,亦即黄鼠狼,其毛可做笔,其肉若遇饥年虽未尝不可食,然未闻有视为美馔者。何况黄鼠各地都有,从未听说黄鼠以北京所产为最佳食材者。

〔四〕羊肚菜:一种菌属山珍。《竹屿山房杂部》卷六将其与天花菜、鸡棕、燕窝菜、干蕈、石耳、木耳、干竹笋、干蘑菇并列。又《池北偶谈》卷八言山东济南"庚辰、辛巳岁大祲,人多流亡,时邑境甘露降于林木,地生羊肚菜"。因其花纹如羊肚(即羊胃),故名。

〔五〕青根:江西临川有"青菜梗",疑即所指。

〔六〕天花菜:产于山西五台的一种蘑菇。潘之恒《广菌谱》:"天花蕈即天花菜,出五台山,形如松花而大,白色,食之甚美。"

〔七〕鸡豆子：芡实又名鸡头，不知是否此物。

花下藕：荷花开时之藕，最为鲜嫩。

〔八〕香狸：又称灵猫，即今食材之果子狸。

〔九〕谢橘：《浙江通志》卷一百四引《余姚县志》："产东山谢氏园者曰谢橘，小而甘。"

祁止祥癖

人无癖不可与交，以其无深情也；人无疵不可与交，以其无真气也。

余友祁止祥有书画癖〔一〕，有蹴踘癖，有鼓钹癖，有鬼戏癖，有梨园癖。壬午〔二〕至南都，止祥出阿宝示余。余谓："此西方迦陵鸟〔三〕，何处得来？"阿宝妖冶如蕊女〔四〕，而娇痴无赖，故作涩勒〔五〕，不肯着人。如食橄榄，咽涩无味，而韵在回甘；如吃烟酒，鲠餲无奈〔六〕，而软同沾醉：初如可厌，而过即思之。

【注】

〔一〕祁止祥：《浙江通志》卷一百八十引《绍兴府志》："祁豸佳，字止祥，山阴人。彪佳弟。（按：此误，应是堂兄。）天启丁卯举人，以教谕迁吏部司务，寻以疾归。工诗文，善书画，四方来索者，辄呵冻流汗以应。家居数十年，以寿终。"

清徐沁《明画录》卷五："祁豸佳，字止祥，晚号雪瓢，山阴人。合乡荐。书法绝类董文敏，山水宗北苑、惠崇，出入于襄阳、橡林，苍秀坌溢，虽率笔草草，神韵自足。"

〔二〕壬午：崇祯十五年，此年秋张岱在南京。

〔三〕迦陵鸟:即佛经之"迦陵频伽"。《佛教大辞典》略云:"又译歌罗频伽,加兰伽,迦兰频伽,羯罗频迦,迦楞频伽,迦陵毗伽,迦陵伽等。鸟名。译曰好声,和雅。《正法念经》曰:'山谷旷野,多有迦陵频伽,出妙声音,若天若人,紧那罗等无能及者。'慧苑《音义》下曰:'迦陵频伽,此云美音鸟,或云妙声鸟。此鸟本出雪山,在鷇中即能鸣。其音和雅,听者无厌。'"

〔四〕蕊女:蕊,开放见蕊的花朵。蕊女即指年华正好时的女子,即今之所谓"花季少女"。

〔五〕涩勒:明方以智《通雅》卷四十二言涩勒竹"有刺而坚,村村以为篱落,土人呼为勒竹"。按:此竹多刺,人不易近,张岱以喻阿宝之"不肯着人"。

〔六〕餢:"噎"之异体字。鲠噎:咽喉堵塞,此言难于下咽。

止祥精音律,咬钉嚼铁,一字百磨,口口亲授,阿宝辈皆能曲通主意。乙酉,南郡失守,止祥奔归。遇土贼,刀剑加颈,性命可倾,至宝是保①。丙戌,以监军驻台州〔一〕,乱民卤掠,止祥囊箧都尽,阿宝沿途唱曲,以膳主人。及归,刚半月,又挟之远去。止祥去妻子如脱躧耳,独以娈童崽子为性命,其癖如此。

纯生氏曰:王武子马癖,和长舆钱癖,杜预《左传》癖,皆足千古,况止祥哉!止祥客广陵时,为周元亮画南北宗派四十灯,今藏余家。

【校】

①"至宝是保",诸本皆作"至宝是宝"。按周密《齐东野语》卷十九:赵子固得五字不损本《兰亭》,乘舟夜归,风作舟覆,幸值浅港,行李衣衾

皆淹溺无余,子固方被湿衣立浅水中,手持《禊帖》,示人曰:"《兰亭》在此,余不足介意也。"因题八言于卷首云:"性命可轻,至宝是保。"张岱改"性命可倾","命倾"可通,唯"保"不可作"宝",疑是转抄致误,据改。另,张岱《西湖梦寻序》有句云"唯吾旧梦是保",义同。

【注】

〔一〕乙酉,弘光亡后,鲁王朱以海避难于台州,七月监国于绍兴。至次年丙戌五月,江上兵败,六月鲁王逃入海。

泰安州客店

客店至泰安州,不复敢以客店目之。余进香泰山,未至店里许,见驴马槽房二三十间;再近,有戏子寓二十余处;再近,则密户曲房,皆妓女妖冶其中。余谓是一州之事,不知其为一店之事也。

投店者先至一厅事,上簿挂号,人纳店例银三钱八分,又人纳税山银一钱八分〔一〕。店房三等,下客夜素早亦素,午在山上用素酒果核劳之,谓之"接顶"。夜至店,设席贺,谓烧香后求官得官,求子得子,求利得利,故曰贺也。贺亦三等:上者专席,糖饼、五菓、十肴、果核、演戏;次者二人一席,亦糖饼,亦肴核,亦演戏;下者三四人一席,亦糖饼、肴核,不演戏,用弹唱。计其店中,演戏者二十余处,弹唱者不胜计,庖厨炊爨亦二十余所,奔走服役者一二百人。下山后,荤酒狎妓唯所欲。此皆一日事也。若上山落山,客日日至,而新旧客房不相袭,荤素庖厨不相溷,迎送厮役不相兼,是则不可测识之矣。泰安一州与此店比者五六所,又更奇。

纯生氏曰:曼卿过钱痴,桃虫处桃,壤虫处壤,岂不当自反耶?

【注】

〔一〕明时往泰山进香者,例纳泰安州香税。据《明实录》及《明史》,官府年入达两万余两。

卷　五

范长白

范长白〔一〕园在天平山下〔二〕，万石都焉。龙性难驯，石皆笏起。旁为范文正公墓。园外有长堤，桃柳曲桥，蟠屈湖面，桥尽抵园，园门故作低小，进门则长廊复壁，直达山麓。其缯楼幔阁、秘室曲房，故故匿之，不使人见也。

【注】

〔一〕范长白：范允临，字长倩，号长白。《同治苏州府志》卷八十一有小传，略云："范允临，字长倩，吴县人。文正公（仲淹）十七世孙。万历乙未进士。授南京兵部主事，改工部，历员外郎、郎中。出为云南提学佥事，迁福建参议，未至任而归。允临才识通敏，耻为章句之学，盛年仕宦，奋欲以功名自效。先佥事云南时，值凤克陷武定，猝围会城，允临登陴，百端防御，城借以完。代者忌允临，不录其功。及迁福建，忌者犹不止，中以考功法。归而筑室天平之阳，流连觞咏，数与故人及四方知交来吴者遨游山水间。尤工书法，与董其昌相伯仲，远近争购之。自仲淹置赡族义田三十顷，至明季仅存三之一，允临复以腴田十顷佐其入，人称其善继云。”

〔二〕天平山：在苏州城西二十里，木渎镇北，以枫叶、奇石、清泉出名。中有范仲淹祠。

明王鏊《姑苏志》卷八：“天平山，在支硎南五里，视诸山最为崷崒，其林木亦秀润。山多奇石，诡异万状。有卓笔峰、飞来峰、五丈石、卧龙峰、巾子峰、毛鱼池、大小石屋。其山顶正平，曰望湖台，上巨石圆而面湖者曰照湖镜。趾有白云寺，范文正公祖墓在焉。其西有笔架峰，其后群石林立，名万笏林。”

山之左为“桃源”，峭壁回湍，桃花片片流出。右“孤山”，种梅千树。渡涧为“小兰亭”，茂林修竹，曲水流觞，件件有之。竹大如椽，明静娟洁，打磨滑泽如扇骨，是则兰亭所无也。地必古迹，名必古人，此是主人学问。但桃则谿之，梅则屿之，竹则林之，尽可自名其家，不必寄人篱下也〔一〕。

【注】

〔一〕张岱《瑯嬛文集》卷三《与祁世培》：“造园亭之难，难于结构，更难于命名。盖命名俗则不佳，文又不妙。名园诸景，自辋川之外，无与并美。即萧伯玉春浮之十四景，亦未见超异。而王季重先生之绝句，又只平平。故知胜地名咏，不能聚于一处也。”

又卷二《西施山书舍记》云：“凡天下名山古迹，影响者什三，附会者什七，后之品题者，亦只宜以淡远取之。如土城以西施得名，佳人姓氏，偶落兹土，乃造园者一肚皮学问故典无处着落，扁额如‘响屧廊’、‘脂粉塘’之类，门帖如‘沼吴’、‘伯越’、‘锦帆’、‘苎萝’等语，将西施、范大夫句句配合，字字粘捻，见者无不哕噫欲呕。”

余至，主人出见。主人与大父同籍，以奇丑著。是日释褐，大父嬲之曰："'丑不冠带'〔一〕，范年兄亦冠带了也。"人传以笑。余亟欲一见。及出，状貌果奇，似羊肚石雕一小猱，其鼻垩颧颐犹残缺失次也。冠履精洁，若谐谑谈笑，面目中不应有此。

【注】

〔一〕丑不冠带：《百忌日》："甲不开仓，乙不栽植，丙不修灶，丁不剃头，戊不受田，己不破券，庚不经络，辛不合酱，壬不决水，癸不词讼，子不问卜，丑不冠带，寅不祭祀，卯不穿井，辰不哭泣，巳不远行，午不苫盖，未不服药，申不安床，酉不会客，戌不乞狗，亥不嫁娶。"

开山堂小饮，绮疏藻幕，备极华缛。秘阁清讴，丝竹摇飏，忽出层垣，知为女乐。饮罢，又移席小兰亭。比晚辞去，主人曰："宽坐，请看'少焉'。"余不解。主人曰："吾乡有缙绅先生，喜调文袋，以《赤壁赋》有'少焉月出于东山之上'句，遂字月为'少焉'。顷言'少焉'者，月也。"固留看月，晚景果妙。主人曰："四方客来，都不及见小园雪，山石谽岈，银涛蹴起，掀翻五泄〔一〕，捣碎龙湫〔二〕，世上伟观，惜不令宗子见也。"步月而出。至玄墓〔三〕，宿葆生叔书画舫中。

纯生氏曰：道安谓安道行像神明太俗，世情未尽。长白奇丑骇人而冠履精洁，有此行像，何待务光免俗？

【注】

〔一〕五泄:《水经注》卷四十"浙江水"言诸暨之"泄溪"云:"溪广数丈,中道有两高山夹溪,造云壁立,凡有五泄。下泄悬三十余丈,广十丈,中三泄不可得至,登山远望,乃得见之。泄悬百余丈,水势高急,声震水外。上泄悬二百余丈,望若云垂。此是瀑布,土人号为泄也。"

宋张淏《会稽续志》卷四:"五泄山,在(诸暨)县西南四十里。有两山夹谿,造云壁立,双瀑飞泻,历五级始下注溪壑,故曰五泄。飞沫如雪,溟蒙数里,淙激之声,雄于雷霆,震撼岩谷,过者骇焉。"

〔二〕龙湫:浙江雁荡山有瀑布大龙湫、小龙湫。《浙江通志》卷二十:"大龙湫,《名胜志》:在雁山西谷。水自雁湖合诸溪涧,会成巨渊,渊侧石槛有龙窟如井,深窈不测,槛中作凹,石壁数百仞,水从凹中泻下,望之若悬布,随风变态,纵横不一。"

〔三〕玄墓:玄墓山,相传东晋青州刺史郁泰玄葬此,故名。在天平山西约二十余里之光福,紧临太湖。当年自天平山至玄墓有河道可通。

于　园

于园在瓜洲步五里铺,富人于五所园也〔一〕。非显者刺,则门钥不得出。葆生叔同知瓜洲,携余往,主人处处款之。园中无他奇,奇在磥石。前堂石坡高二丈,上植果子松数颗,缘坡植牡丹、芍药,人不得上,以实奇。后厅临大池,池中奇峰绝壑,陡上陡下,人走池底,仰视莲花,反在天上,以空奇。卧房槛外,一壑旋下如螺蛳缠〔二〕,以幽阴深邃奇。再后一水阁,长如艇子,跨小河,四围灌木蓊丛,禽鸟啾唧,如深山茂林,坐其中,颓然碧窈〔三〕。瓜洲诸园亭，俱以假山显，胎于石，娠于磥石之手，男女于琢磨搜剔之主人〔四〕，至于园，可无憾矣。

【注】

〔一〕于园：祁彪佳《癸未日历》（崇祯十六年）十月初一："早发维扬，辰刻抵步洲。二守岑君镐来晤，寻以肩舆游于仲生园。走大堤半里，初以为村庄也。入其堂，亦农家气象。堂后乃为沚园。过茶厅，以回廊接之。又过一小憩处，入大楼，前为山子，尽植牡丹。小廊折而西，上为一亭，下以砖洞。穿洞又一厅，前俱植橘。自此稍北，一阁前尽植梅花。步土冈至一亭，则在梅花中也。循亭而东有室宇，主人以祀乃翁处。前为带水，沿流见假山，棕榈郁然，虚室在其北。从堂后又一山，稍南一野亭，尽见稻田，柳堤一桥，亦有村家之致。"

步：即"埠"，码头也。瓜洲临长江，有码头，称瓜洲步或瓜洲渡。

于五所：人名。

〔二〕北方称"螺蛳转儿"，如螺蛳壳旋扭的形状。

〔三〕颓然：光线昏暗状。碧窈：幽绿。

〔四〕男女：此作生养长成解。

仪真汪园〔一〕，葺石费至四五万，其所最加意者为"飞来"一峰，阴翳泥泞，供人唾骂。余见其弃地下一白石，高一丈、阔二丈而痴，痴妙；一黑石，阔八尺、高丈五而瘦，瘦妙。得此二石足矣，省下二三万收其子母，以世守此二石，何如？

纯生氏曰：富人之园，宗老亦复驱使木石。

【注】

〔一〕仪真：县名，东临扬州江都县，清雍正时避讳改仪征。

诸工（竹漆等器）

竹与漆与铜与窑，贱工也。嘉兴"腊竹王二"之漆竹〔一〕，苏州姜华雨之莓箓竹〔二〕，嘉兴"洪漆"之漆、"张铜"之铜〔三〕，徽州吴明官之窑，皆以竹与漆与铜与窑名家起家，而其人且与缙绅先生列坐抗礼焉。则天下何物不足以贵人，特人自贱之耳。

纯生氏曰：此不特为诸工言之，正要人人良贵。

【注】

〔一〕"腊竹王二"为嘉兴匠人诨名，姓王行二，以善制腊竹而得名。咸丰本于"嘉兴"下添"之"字，为"嘉兴之腊竹"，大误。此文所言是工匠，不可仅标地名而无人名也。

〔二〕莓箓竹：即梅绿竹，如湘妃竹而细，取做扇骨。张岱《夜航船》卷十二："又有以斑竹为椅桌等物者，以姜姓第一，因有'姜竹'之称。"

〔三〕"张铜"本名为张鸣岐，王士祯《池北偶谈》卷十七"近日一技之长，如雕竹则濮仲谦，螺甸则姜千里，嘉兴铜炉则张鸣岐"即是。

邓之诚《骨董琐记》卷三："朱竹垞《鸳湖櫂歌》云：'梅花小阁两重阶，屈戌屏风六扇排，不及张铜炉在地，三春长暖牡丹鞋。'自注：'有张鸣岐制铜为薰炉，闻于时。'彭羡门《金粟闺词》亦云：'薄寒初荐锦氍毹，朔气空中通坐隅。不惜裹蹄金一饼，鸳鸯湖畔铸张炉。'按张所制器，皆有'张鸣岐印'款识。"

姚简叔画※

姚简叔画千古〔一〕，人亦千古。戊寅〔二〕，简叔客魏国[①]为上宾。余寓桃叶渡，往来者闵汶水、曾波臣一二人而已。简叔无半面交，访余，一见如平生欢，遂榻余寓。为[②]余料理米盐之事，不使余知。有空则[③]拉余饮淮上馆，潦倒而归。京中诸勋戚、大老、朋侪、缁衲、高人、名妓与简叔交者，必使交余，无或遗者。与余同起居者十日，有苍头至，方知其有妾在寓也。

【校】

①"国"字原本无，据砚云本补。

②"为"，原本作"与"，据砚云本改。

③"则"字原本无，据砚云本补。

【注】

〔一〕姚简叔：清徐沁《明画录》卷五："姚允在，字简叔，山阴人。工诗。所画山水，师吴仙台、杜士良，而苍秀过之。行笔潇洒有致，兼善人物、界画，直追古法。尝游陪京，为魏国徐六岳所礼重，董文敏时尤称许。"

〔二〕戊寅：崇祯十一年（一六三八）。

简叔塞渊[①]〔一〕，不露聪明，为人落落难合，孤意一往，使人不可亲疏。与余交，不知何缘，反而求之不得也。访友报恩寺，出册叶百方，宋元名笔。简叔眼光透入重纸，据梧精思〔二〕，面无人色。及归，为余仿苏汉臣〔三〕。一图：小儿方据澡盆浴，一脚入水，一脚退缩欲出；宫人蹲盆侧，一手掖儿，一手为儿擤鼻涕；旁坐宫娥，一儿浴起，伏其膝，为结绣踽。一图：宫娥盛妆端坐[②]有所俟，双鬟尾之;一侍儿捧盘,盘列二瓯,意色向客;一宫娥持其盘,为整茶锹[四],详视端谨。覆视原本,一笔不失。

纯生氏曰:聪明不露,孤意一往,是人千古。纸透眼光,面无人色,是画千古。宗老传简叔不传之妙,乃令人得见苏汉臣画图,奇绝。

【校】

①"塞渊"二字,砚云本、科图本无。

②"端坐",原本作"端立",据砚云本改。

【注】

〔一〕塞渊:《诗·邶风·燕燕》:"仲氏任只,其心塞渊。"孔颖达疏:"言仲氏有大德行也,其心诚实而深远也。"

〔二〕据梧精思:身靠梧几而沉思。语出《庄子·齐物论》:"昭文之鼓琴也,师旷之枝策也,惠子之据梧也,三子之知几乎。"庄子所言三子,皆思虑太过者。《世说新语·排调》:范荣期云:"何必劳神苦形、支策据梧邪?"即用此意。据梧而耗精伤神,故张岱下言"面无人色",本不必究其所据是几是案也。

〔三〕苏汉臣:元夏文彦《图绘宝鉴》卷四:"苏汉臣,开封人。宣和画院待诏。师刘宗古,工画释道人物,臻妙,尤善婴儿。绍兴间复官。孝宗隆兴初画佛像称旨,补承信郎。"

元汤垕《古今画鉴》:"仕女之工,在于得其闺阁之态。唐周昉、张萱,五代杜霄、周文矩,下及苏汉臣辈,皆得其妙,不在施朱傅粉,镂金佩玉,以饰为工。"按:苏汉臣有《货郎图》、《秋庭婴戏图》、《杂技戏孩图》等传世。

〔四〕茶锹:宋人煮茶时用以分割茶团之具。或称为茶匙。因宋人切茶,故茶锹宜重,多用金属。今茶匙只用以匀茶,竹木即可。

炉峰月

炉峰绝顶〔一〕，复岫回峦，斗耸相乱〔二〕。千丈岩陬互横牾①，〔三〕两石不相接者丈许，俯身下视，足震慑不得前。王文成少年曾趵而过，人服其胆〔四〕。余叔尔蕴以毡裹体〔五〕，缒而下。余挟二樵子，从壑底搲而上〔六〕，可谓痴绝。

【校】

①"陬互横牾"，诸本俱误作"陬牙横梧"。按：语出宋玉《高唐赋》："陬互横牾，背穴偃跖。"五臣注本《文选》误"互"为"牙"，本篇或因此本而误。

【注】

〔一〕炉峰：见卷二《表胜庵》注。

〔二〕斗耸相乱：《水经注·谷水》："二壁争高，斗耸相乱，西瞻双阜，右望如砥。"斗耸，陡然耸立。

〔三〕陬互横牾：《文选》宋玉《高唐赋》言巫峡岩崖之险："磐石险峻，倾崎崖隤，岩岖参差，纵横相追，陬互横牾，背穴偃跖。"陬，石之枝角；互，乱石交叉；横，倒也；牾，逆也。

〔四〕王守仁有《登香炉峰》二首，一云："会从炉顶蹑天风，下数天南百二峰。胜事纵为多病阻，幽居还与故人同。旌旗影动星辰北，鼓角声回沧海东。世故茫茫浑未定，且乘溪月放归篷。"又："道人不奈登山癖，日暮犹思绝栈云。岩底独行穿虎穴，峰头孤啸乱猿群。清溪月出时寻寺，归棹城隅夜款门。可笑中郎无好兴，独留松院坐黄昏。"

〔五〕尔蕴：张烨芳，字尔蕴，号七磐（或作七盘）。为张岱祖父张汝霖第四子，张岱以大排行称七叔。为张岱弟张平子（峄）之嗣父。其人生而跛扈，少任侠，不喜文墨。年二十，折节读书，三年业成。后筑室炉峰，日游城市，夜必往山宿。万历四十三年服劫药，毒发而死。详见《嫏嬛文集》卷四《家传》之《附传》。

〔六〕搲：攀援。

丁卯四月〔一〕，余读书天瓦庵。午后，同二三友人登绝顶看落照。一友曰："少需之，俟月出，去。胜期难再得，纵遇虎，亦命也。且虎亦有道，夜则下山觅豚犬食耳，渠上山亦看月耶？"语亦有理。四人踞坐金简石上〔二〕。是日，月政望，日没月出，山中草木都发光怪，悄然生恐。月白路明，相与策杖而下。行未数武，半山嗥呼，乃余苍头同山僧七八人，持火燎、鞘刀〔三〕、木棍，疑余辈遇虎失路，缘山叫喊耳。余接声应，奔而上，扶掖下之。

【注】

〔一〕丁卯：天启七年（一六二七），张岱三十一岁。

〔二〕金简石：张元忭《万历绍兴府志》卷四："宛委山，在府城东南十五里。上有石篑，壁立干云，升者累梯而上。《十道志》：'石篑山，一名宛委，一名玉笥，有悬崖之险，亦名天柱山。昔禹治水，歌功未成，乃斋于此，得金简玉字，因知山河体势。'"金简石即以此传说得名。

〔三〕鞘刀：吴人谓长靴为鞘。鞘刀或是可藏于靴中之短刀。

次日，山背有人言："昨晚更定，有火燎数十把，大盗百余人，过张公岭，不知出何地？"吾辈匿笑不之语。谢灵运开山临海，从者数百人，太守王琇惊骇，谓是山贼，及知为灵运，乃安〔一〕。吾辈是夜不以山贼缚献太守，亦幸矣。

纯生氏曰：胆量不减文成，"缒而下"，"搲而上"，"策杖而下"，"奔而上"，俱从"趵而过"一气出。

【注】

〔一〕《宋书·谢灵运传》："尝自始宁南山伐木开径，直至临海，从者数百人。临海太守王琇惊骇，谓为山贼，徐知是灵运，乃安。"

湘　湖

西湖，田也而湖之，成湖焉〔一〕；湘湖，亦田也而湖之，不成湖焉〔二〕。湖西湖者，坡公也，有意于湖而湖之者也；湖湘湖者，任长者也，不愿湖而湖之者也。任长者有湘湖田数百顷，称巨富。有术者相其一夜而贫，不信。县官请湖湘湖，灌萧山田，诏湖之，而长者之田一夜失，遂赤贫如术者言〔三〕。

【注】

〔一〕西湖：明田汝成《西湖游览志》卷一略云："西湖，故明圣湖也，周绕三十里，三面环山，谿谷缕注，下有渊泉百道，潴而为湖。汉时金牛见湖中，人言明圣之瑞，遂称明圣湖。以其介于钱唐也，又称钱唐湖。以其输委于下湖也，又称上湖。以其负郭而西也，故称西湖云。唐长庆初，白乐天重修六井，甃函笕以蓄泄湖水，溉沿河之田。湖中有无税田数十顷,湖浅则田出,有田者率盗决以利其私田。宋初,湖渐淤壅。元祐五年,苏轼守郡,上言:'杭州之有西湖,如人之有眉目也。自唐以来,代有浚治,国初废置,遂成膏腴。熙宁中臣通判杭州,葑合才十二三,到今十六七年,又塞其半,更二十年,则无西湖矣。'遂言西湖有不可废者五,建议浚湖。朝议从之,乃取葑泥积湖中,南北径十余里,为长堤以通行者,募人种菱取息,以备修湖之费。自是西湖大展。"按:西湖本名明圣湖,见于《水经注》,是西湖自古即有。张岱所言西湖乃"田而湖之",仅以苏轼浚湖一节而言。

〔二〕湘湖:宋施宿《会稽志》卷十:"湘湖在萧山县西二里,周八十里,溉田数千顷。湖生蓴丝最美。水利所及者九乡,以畋渔为生业,不可数计。"

民国周易藻《萧山湘湖志》卷五有张懋《萧山湘湖志略》一文,略云:"湘湖在萧山县西二里许,原为芜田,两岸皆山,遇有连雨,水无所潴,漫散下流,低洼尽淹。居民吴氏具状奏乞筑为湖。神宗可其奏,旨下,县无贤令,不克缮营。政和二年,杨龟山先生任县令,躬历其所,视山之可依,度地之可圩,以山为止,筑土为塘,始成湘湖。实赖潴水以救旱荒,及民之利,与天地齐休。其湖周围八十余里,通计三万七千零二亩,灌溉田地一千余顷。杨先生名时,字中立,号龟山。"

〔三〕民国周易藻《萧山湘湖续志》有《石匮藏书之悠谬》一文,略言:"明张岱著《石匮藏书》载湘湖系任长者田,计数百顷,由县官请湖湘湖,以灌萧山之田,诏从之,遂成湖等语。此不根之著述,未敢以为信。据查,改田为湖之人,若吴氏,若殷庆,县志昭然,无有及任氏者,即任氏家乘亦并无记载。改田为湖之事,其载诏褒长者系萧山第三世,其第二世始由山阴桑盆迁萧,实在宋理宗朝,距政和二年九乡筑湖时相差百十余年,非但任族中尚未生有长者,即萧山亦当无任族居住,更安有数百顷田筑尖逐字说?"按:张岱《石匮书》无任长者事,当是本篇之误记。

今虽湖，尚田也，不下插板[①]，不筑堰，则水立涸，是以湖中水道，非熟于湖者不能行咫尺。游湖者坚欲去，必寻湖中小船与湖中识水道之人，溯十阏三，鲠咽不之畅焉。

【校】

①“插板”，诸本同，疑是“牐(zhá)板”之误，牐板即闸板。

湖里外锁以桥，里湖愈佳。盖西湖止一湖心亭为眼中黑子，湘湖皆小阜、小墩、小山，乱插水面。四围山趾，棱棱砺砺，濡足入水，尤为奇峭。余谓西湖如名妓，人人得而媟亵之；鉴湖如闺秀，可钦而不可狎；湘湖如处子，眠娗[①]羞涩，犹及见其未嫁时也。此是定评，确不可易〔一〕。

纯生氏曰：写湘湖以西湖起，以鉴湖结，自是独创之才。昔有比西湖美人、湘湖处士、鉴湖神仙者，语同一致，此特以韵语出之耳。

【校】

①“眠娗”，诸本俱作“眡娗”，眠、眡形近而误也。“眠娗”即“腼腆”，张岱《西湖梦寻·明圣二湖》作“腼腆羞涩”，可证。

【注】

〔一〕张岱《西湖梦寻·明圣二湖》：“余弟毅儒，常比西湖为美人，湘湖为隐士，鉴湖为神仙。余不谓然。余以湘湖为处子，腼腆羞涩，犹及见其未嫁之时；而鉴湖为名门闺淑，可钦而不可狎；若西湖，则为曲中名妓，声色俱丽，然倚门献笑，人人得而媟亵，故人人得而艳羡，人人得而艳羡，故人人得而轻慢。在春夏则热闹之,至秋冬则冷落矣;在花朝则喧哄之,至月夕则星散矣;在清明则萍聚之,至雨雪则寂寥矣。”

柳敬亭说书(柳麻子说书)

南京柳麻子〔一〕,黧黑,满面疤瘤①,悠悠忽忽,土木形骸〔二〕。善说书。一日说书一回,定价一两。十日前先送书帕下定,常不得空。南京一时有两“行情人”,王月生、柳麻子是也。余听其说《景阳冈武松打虎》白文,与本传大异。其描写刻画②,微入毫发,然又找截干净〔三〕,并不唠叨。哱夬声如巨钟〔四〕,说至筋节处,叱咤叫喊,汹汹崩屋。武松到店沽酒,店内无人,謈地一吼〔五〕,店中空缸空甓皆瓮瓮有声。闲中着色,细微至此。

【校】

①“瘤”,砚云本、科图本俱作“瘰”。

②“刻画”,砚云本、科图本俱作“刻划”。

【注】

〔一〕柳麻子:明余怀《板桥杂记》:“柳敬亭,泰州人,本姓曹,避仇流落江湖,休于树下,乃姓柳,善说书,游于金陵,吴桥范司马、桐城何相国引为上客。常往来南曲,与张燕筑、沈公宪俱。张、沈以歌曲,敬亭以谭词,酒酣以往,击节悲吟,倾靡四座,盖优孟、东方曼倩之流也。后入左宁南幕府,出入兵间。宁南亡败,又游松江马提督军中,郁郁不得志。年已八十余矣,间过余,侨寓宜睡轩中,犹说《秦叔宝见姑娘》也。”

吴伟业有《柳敬亭传》,前半言其为人及说书之技,略云:“柳敬亭者,扬之泰州人，盖曹姓。年十五，犷猂无赖，名已在捕中，走之盱眙。困甚，挟稗官一册，非所习也，耳剽久，妄以其意抵掌盱眙市，则已倾其市人。久之，过江，休大柳下，生攀条泫然。已抚其树，顾同行数十人曰：'嘻！吾今氏柳矣！'后二十年，金陵有善谈论柳生，衣冠怀之，辐辏门，车常接毂，所到坐中皆惊。有识之者，曰：'此固向年过江时休树下者也！'柳生之技，其先后江湖间者，广陵张樵、陈思，姑苏吴逸，与柳生四人者，各名其家，柳生独以能著。或问生何师，生曰：'吾无师也。吾之师乃儒者云间莫君后光。'莫君言之曰：'夫演义虽小技，其以辨性情，考方俗，形容万类，不与儒者异道。故取之欲其肆，中之欲其微，促而赴之欲其迅，舒而绎之欲其安，进而止之欲其留，整而归之欲其洁。非天下至精者，其孰与于斯矣？'柳生乃退就舍，养气定词，审音辨物，以为揣摩，期月而后请莫君。莫君曰：'子之说未也。闻子说者，欢咍嗢噱，是得子之易也。'又期月，曰：'子之说几矣。闻子说者，危坐变色，毛发尽悚，舌桥然不能下。'又期月，莫君望见惊起曰：'子得之矣！目之所视，手之所倚，足之所跂，言未发而哀乐具乎其前，此说之全矣！'于是听者傥然若有见焉；其竟也，恤然若有亡焉。莫君曰：'虽以行天下，莫能难也！'已而柳生辞去，之扬州，之杭，之吴，吴最久。之金陵。所至与其豪长者相结，人人昵就生。其处己也，虽甚卑贱，必折节下之；即通显，敖弄无所诎。与人谈，初不甚谐谑，徐举一往事相酬答，淡辞雅对，一座倾靡。诸公以此重之，亦不尽以其技强也。"

〔二〕䶕瘤：鼻病曰䶕，即酒糟鼻也；瘤，《广韵》言为皮外小起。但此处未必指此二者。按：书中无䶕、瘤二字连用者，俗语有"疤瘌"，南北音有不同，或作 Bala，或作 Bali，一般作瘢痕解。此处"䶕瘤"实即"疤瘌"，指柳敬亭之麻子。

土木形骸：《世说新语·容止》："刘伶身长六尺，貌甚丑悴，而悠悠忽忽，土木形骸。"悠悠，忘怀悠远。忽忽，不省人事。

〔三〕找截：说评话术语。找为回叙前节，截为截断收场。

〔四〕哅夬：言声音的爆发。

〔五〕謈：大声呼叫。

主人必屏息静坐，倾耳听之，彼方掉舌。稍见下人呫嗫[①]耳语，听者欠伸有倦色，不辄言，故不得强[②]。每至丙夜，拭桌剪灯，素瓷静递〔一〕，款款言之，其疾徐轻重，吞吐抑扬，入情入理，入筋入骨，摘世上说书之耳而使之谛听，不怕其不齰舌死也〔二〕。

【校】

①"呫嗫"，原本作"呫哔"，据砚云本改。

②"强"，砚云本、科图本俱作"候"。

【注】

〔一〕颜真卿、陆士修《五言月夜啜茶联句》："素瓷传静夜，芳气满闲轩。"

〔二〕齰舌：《史记·魏其武安侯列传》："魏其必内愧，杜门齰舌自杀。"司马贞《索隐》引《说文》："齰，啮也。"

柳麻子貌奇丑，然其口角波俏，眼目流利，衣服恬净[①]，直与王月生同其婉娈，故其行情正等。

纯生氏曰：说书记口角眼目，常耳，衣服恬静，独传波俏流利之神，土木形骸，情乎此矣。月生口角眼目，宗老言之，此以麻子分其婉娈，更是入神之言。

【校】

①"恬净"，原本作"恬静"，据砚云本改。

樊江陈氏橘

樊江陈氏辟地为果园〔一〕，枸菊围之〔二〕。自麦为蒟[①]〔三〕，自秫酿酒，酒香洌，色如淡金蜜珀〔四〕，酒人称之。自果自蓏，以螫乳醴之为冥果〔五〕。树谢橘百株，青不擷，酸不擷，不树上红不擷，不霜不擷，不连蒂剪不擷。故其所擷橘皮宽而绽，色黄而深，瓤坚而脆，筋解而脱，味甜而鲜。第四门、陶堰、道墟以至塘栖〔六〕，皆无其比。

【校】

①“蒟”下原本有“酱”字，据道光本删。

【注】

〔一〕樊江：在会稽县东二十五里。

〔二〕枸菊：即枸杞，灌木丛生，有刺，可栽以为藩篱。其子可入药，称枸杞子。

〔三〕自麦为蒟：蒟即蒟酱，与麦无关，疑其间谓以自产之麦制为“麦黄”，而麦黄为制酒的上等曲料，故此之“蒟”实即酒曲，而下文“自秫酿酒”与之相承，总言制曲酿酒一事，非另有制“蒟酱”之事。且蒟酱为一种蔓生植物，味辛香，实似桑椹，而皮黑肉白，加工后可调食，故谓之酱，与麦实毫不相干。然“蒟”字无“曲”意，或是字误。

〔四〕蜜珀：蜜色琥珀，即蜜蜡。

〔五〕螫乳：蜂蜜。醴：此作动词，使之变甜，即蜜渍也。冥果：蜜饯。

〔六〕第四门：娄如松以为“第四门”即五云门，为绍兴之东门。道墟：在会稽县东六十里。

余岁必亲至其园买橘，宁迟，宁贵，宁少。购得之，用黄砂缸，藉以金城稻草或燥松毛收之〔一〕。阅十日，草有润气，又更换之，可藏至三月尽，甘脆如新撷者。枸菊城主人橘百树，岁获绢百疋，不愧木奴〔二〕。

纯生氏曰：樊江百树橘，其人与百户等。

【注】

〔一〕金城稻：一说即占城稻，占、金音变也。一说出闽中或潮州，潮州又称金城。

宋罗愿《尔雅翼》卷一于占城稻亦有二说，云："今江浙间有稻，粒稍细，耐水旱，而成实早，作饭差硬，土人谓之占城稻，云始自占城国有此种，真宗闻其耐旱，遣以珍宝求其种，始植于后苑。后在处播之。按《国朝会要》：'大中祥符五年，遣使福建，取占城禾，分给江淮两浙漕，并出种法令，择民田之高者分给种之。'则在前矣。"

明徐光启《农政全书》卷二十五引王祯《旱稻论》曰："今闽中有占城稻种，高仰处皆宜种之，谓之旱占。其米粒大而且甘，为旱稻种甚佳。北方水源颇少，陆地沾湿处宜种此稻。"

〔二〕《册府元龟》卷八百十二："吴李衡，尝于武陵龙阳州上作宅，种甘橘千株。临死敕儿曰：'母恶吾治家，故穷如是，然吾州里有千头木奴，不责汝衣食，岁一疋绢，亦可足用耳。'衡亡后二十余日，儿以白母。母曰：'此当是种甘橘也。'"

治沅堂

古有拆①字法。宣和间，成都谢石拆字，言祸福如响。徽宗②闻之，书一"朝"字，令中贵人持试之。石见字，端视中贵人曰："此非观察书也。"中贵人愕然。石曰："'朝'字离之为'十月十日'，乃此月此日所生之天人，得非上位耶？"一国骇异〔一〕。

【校】

①"拆"，原本作"折"，据咸丰本改。下"拆"字同。

②"徽宗"，原本作"钦宗"，据道光本改。

【注】

〔一〕宋何薳《春渚纪闻》卷二"谢石拆字"："谢石润夫，成都人。宣和间至京师，以相字言人祸福，求相者但随意书一字，即就其字离拆而言，无不奇中者。名闻九重。上皇因书一'朝'字，令中贵人持往试之。石见字，即端视中贵人曰：'此非观察所书也。然谢石贱术，据字而言，今日遭遇，即因此字黥配远行，亦此字也，但未敢遽言之耳。'中贵人愕然，且谓之曰：'但有所据，尽言无惧也。'石以手加额曰：'朝字离之为十月十日字，非此月此日所生之天人，当谁书也！'一座尽惊。中贵驰奏。翌日，召至后苑，令左右及宫嫔书字示之，皆据字论说祸福，俱有精理。锡赍甚厚，并与补承信郎。"

吾越谢文正厅事名"保锡堂"〔一〕，后易之他姓，主人至，亟去其扁。人问之，曰："分明写'呆人易金堂'。"

【注】

〔一〕谢文正：谢迁，余姚人。成化十年（一四七四）乡试第一。明年举进士，复第一。弘治时与刘健、李东阳同辅政，天下称贤相。卒谥文正。

朱石门〔一〕为文选署中额"典剧"二字〔二〕。继之者顾

诸吏曰:“尔知朱公[①]意乎? 此二字离合言之,曰:‘曲处曲处,八刀八刀’耳。”〔三〕

【校】

①“朱公”,原本作“诸公”,据道光本改。

【注】

〔一〕朱石门:朱敬循,字叔理,号石门。万历二十年(一五九二)进士,官礼部郎中,改吏部稽勋,终右通政。其父朱赓,官东阁大学士。而朱赓即张岱祖父张汝霖的岳父,而朱石门则是张岱父叔之舅父,张岱称为舅祖者。

〔二〕文选:明吏部下设文选、验封、稽勋、考功四清吏司。

署中额:为正堂署写匾额。“典剧”之意为处理繁剧之政事。

〔三〕八刀:平步青《霞外攟屑》卷十“八刀”条:“越谚以分为八刀。按《说文》:分,别也,从八刀,刀以分别物也。”

歙许相国孙志吉为大理评事,受魏珰指案卖黄山,势张甚〔一〕。当道媚之,送一扁曰“大卜于门”〔二〕。里人夜至,增减其笔画凡三:一曰“天下未闻”,一倒读之曰“阉手下犬”,一曰“太平拿问”。后直指提问,械至太平〔三〕,果如其言。凡此数者,皆有义味。

【注】

〔一〕许志吉:《明史纪事本末》卷七十一《魏忠贤乱政》:“天启六年六月,命逮吴养春等。养春歙县人,家世饶富,祖守礼常输边二十一万。养春官中书,有黄山收息不赀,又准浙中盐,与从兄弟讦讼,置仆吴荣于狱。荣脱,入京诉于东厂,诬其私占黄山,历年获租税六十余万金。忠贤遂矫旨逮养春至京,坐养春赃六十余万,程梦庚赃十三万六千,其山场木植估价三十余万,命官变易之以助大工。忠贤以能发奸剔弊,荫锦衣卫指挥,时养春等俱拷死。工部遣主事吕下问至歙追产,吴氏家已破,其妻女俱自缢。吕下问专召富家派买,坐累至破家者甚多,激民变,下问遁回。忠贤复命太仆寺丞许志吉至歙续追。志吉即徽人,其酷不减下问。"

明谈迁《枣林杂俎·智集·逸典》"许志吉"条:"歙县许志吉,故相文穆(许国)之孙,荫历大理寺寺副。时籍富人吴养春家,奉旨召买黄山,遣工部主事吕下问,烦苛激变。志吉自请往,驻郡台,有司伏谒,通判姜三极名叱之。罗织巨家,不避戚党,徽人切齿。已事败即讯,歙令叶高标绳之前为伏谒者。志吉囚服跽。高标故下堂揖志吉,曰:'老先生何至此?'每讯一事辄受朴,人以为快,竟论死。初,志吉被黄山之命,其夕,文穆墓坊自倒。"据《启祯朝野记》,许志吉、许显纯等二十人列逆案三等,依律斩,秋后决。

〔二〕大卜:卜相,选择宰相。

〔三〕太平:安徽地名,在黄山之北。

而吾乡缙绅有名"治沅堂"者,人不解其义,问之,笑不答,力究之,缙绅曰:"无他意,亦止取'三台三元'之义云尔。"闻者喷饭。

纯生氏曰:得且住为佳耳。

虎丘中秋夜

虎丘八月半〔一〕,土著流寓、士夫眷属、女乐声伎、曲中名妓戏婆、民间少妇好女、崽子娈童,及游冶恶少、清客帮闲、傒僮走空之辈,无不鳞集。自生公台、千人石、鹤涧、剑池、申文定祠〔二〕,下至试剑石、一二山门,皆铺毡席地坐,登高望之,如雁落平沙,霞铺江上。

【注】

〔一〕虎丘:唐陆广微《吴地记》:"虎丘山,避唐太祖讳改为武丘,又名海涌山。在吴县西北九里二百步。阖闾葬此山中,发五郡之人作冢,铜椁三重,水银灌体,金银为坑。《史记》云阖闾冢在吴县阊门外,以十万人治冢,取土临湖,葬经三日,白虎踞其上,故名虎丘山。《吴越春秋》云:阖闾葬虎丘,十万人治葬。经三日,金精化为白虎蹲其上,因号虎丘。"

宋范成大《吴郡志》卷十六略云:"虎丘山,又名海涌山,在郡西北五里,遥望平田中一小丘。《吴地记》云:'去吴县西九里二百步,高一百三十尺,周二百十丈。'入山则泉石奇诡,应接不暇。其最者剑池、千人坐也。剑池,吴王阖庐葬其下,葬之三日,有白虎踞其上,故山名虎丘。剑池,浙中绝景,两岸划开,中涵石泉,深不可测。千人坐,生公(竺道生)讲经处也。大石盘陀数亩,高下如刻削,亦它山所无。又有秦皇试剑石、点头石、憨憨泉,皆山中之景。"

八月半:民国周振鹤《苏州风俗》:苏州人"中秋俗呼为八月半"。

〔二〕生公台:沙门竺道生于此讲法,有唐李阳冰书篆"生公讲台"四大字,分刻四石,明时已失其一。台侧即"石点头"。

千人石:又名千人坐。唐陆广微《吴地记》:"(剑)池旁有石,可坐千人,号千人石。"范成大《吴郡志》卷十六:"千人坐,生公讲经处也。大石盘陀数亩,高下如刻削,亦它山所无。"

鹤涧:即"养鹤涧",又称"放鹤涧"。清顾湄《虎丘山志》卷二:生公讲台下为白莲池,养鹤涧即在白莲池。"相传为清远道士养鹤于此。"按许顗《许彦周诗话》:"唐时有清远道士,同沈恭子游虎丘,诗曰:'余本长殷周,遭罗历秦汉。'计之,至唐则二千余岁矣。颜鲁公爱其诗,为刻崖上。"按:养鹤涧又名放鹤涧。苏州又有一事与养鹤放鹤相关。明王鏊

《姑苏志》卷五十八:“支遁,字道林,居吴支硎山报恩寺南峰院,性好鹤,铩其翮,不复飞,视有懊丧意,后养令翮成,致使飞去。”

剑池:唐陆广微《吴地记》:“秦始皇东巡至虎丘,求吴王宝剑,其虎当坟而踞。始皇以剑击之,不及,误中于石,其虎西走二十五里,忽失。无复获,乃陷成池,古号剑池。”范成大《吴郡志》卷十六:“剑池,吴王阖庐葬其下,以扁诸、鱼肠等剑各三千殉焉,故以剑名池。浙中绝景。两岸划开,中涵石泉,深不可测。”清顾湄《虎丘山志》卷二:“《图经》云:‘秦皇经此山,欲发坟求剑,忽白虎蹲其上,失剑不能得,地裂为池,故名秦皇试剑池。’王元之以秦皇事诡,作铭辨之。”

申文定祠:清顾湄《虎丘山志》卷五:“祀明少师申公时行。公专祠在郡城,别建祠在虎丘第三泉之右。”《同治苏州府志》卷八十有小传,略云:“申时行,字汝默。嘉靖四十一年进士第一,授修撰。万历五年,由礼部右侍郎改吏部。时行以文字受知张居正,蕴藉不立崖岸,居正安之。六年,以左侍郎兼东阁大学士入预机务。万历四十二年卒,年八十。赠太师,谥文定。”

天暝月上,鼓吹百十处,大吹大擂“十番铙钹”、《渔阳掺挝》〔一〕,动地翻天,雷轰鼎沸,呼叫不闻。更定,鼓铙渐歇,丝管繁兴,杂以歌唱,皆“锦帆开”、“澄湖万顷”同场大曲〔二〕,蹲踏和锣〔三〕,丝、竹、肉声,不辨拍煞。

【注】

〔一〕十番铙钹:是一种乐器组合,或名“十样锦”、“十番”、“十不闲”、“十番锣鼓”。十番,当指十种乐器,方以智《通雅》卷三十:“十番之奏,一声版,二声鱼,皆以木为之,取其音清裂不为众乐所掩。”具体演奏所用乐器容有变化增减,未必定为十种。

明沈德符《万历野获编》卷二十五“俗乐有所本”条:“有所谓十样锦

者，鼓、笛、螺、板、大小钹钲之属，齐声振响，亦起近年，吴人尤尚之。然不知亦沿正德之旧，武宗南巡，自造《靖边乐》，有笙，有笛，有鼓，有歇落、吹打诸杂乐，传授南教坊。今吴儿遂引而伸之，真所谓今之乐犹古之乐。”

清叶梦珠《阅世编》卷十：“吴中新乐，弦索之外又有十不闲，俗讹称十番，又曰十样锦。其器仅九：鼓、笛、木鱼、板、拨钹、小铙、大铙、大锣、铛锣。人各执一色，唯木鱼、板以一人兼司二色。其音始繁而终促，嘈杂难辨，且有金、革、玉而无丝竹，类军中乐，盖边声也。万历末与弦索同盛于江南。至崇祯末，吴阊诸少年又创为新十番，其器为笙、管、弦。”

余怀《板桥杂记》“李大娘”条：“置酒高会，则合弹琶琶、筝，或狎客沈云、张卯、张奎数辈，吹洞箫、笙管，唱时曲。酒半，打十番鼓。”

清李斗《扬州画舫录》卷十一：“‘十番鼓’者，吹双笛，用紧膜，其声最高，谓之闷笛。佐以箫管，管声如人度曲。三弦紧缓与云锣相应，佐以提琴。鼍鼓紧缓与檀板相应，佐以汤锣。众乐齐，乃用单皮鼓，响如裂竹，佐以木鱼檀板，以成节奏。此‘十番鼓’也。是乐不用小锣、金锣、铙钹、号筒，只用笛、管、箫、弦、提琴、云锣、汤锣、木鱼、檀板、大鼓十种，故名‘十番鼓’。”

清钱泳《履园丛话》十二：“十番用紧膜双笛，其声最高，吹入云际，而佐以箫管、三弦，缓急与云锣相应；又佐以提琴、鼍鼓，其缓急又与檀板相应；再佐之以汤锣，众乐既齐，乃用羯鼓，声如裂竹，所谓‘头似青山峰，手如白雨点’，方称能事。其中又间以木鱼、檀板，以成节奏。有《花信风》、《双鸳鸯》、《风摆荷叶》、《雨打梧桐》诸名色。”

《渔阳掺挝》：打击乐曲名，本于祢衡击鼓事。《后汉书·弥衡传》：“（孔）融既爱衡才，数称述于曹操。操欲见之，而衡素相轻疾，自称狂病，不肯往，而数有恣言。操怀忿，而以其才名不欲杀之。闻衡善击鼓，乃召为鼓史，因大会宾客，阅试音节。诸史过者皆令脱其故衣，更着岑牟单绞之服。次至衡，衡方为《渔阳参挝》，蹀躞而前，容态有异，声节悲壮，听者莫不慷慨。衡进至操前而止，吏诃之曰：‘鼓史何不改装而轻敢进乎？’衡曰：‘诺。’于是先解衵衣，次释余服，裸身而立，徐取岑牟单绞而着之，毕，复参挝而去，颜色不怍。操笑曰：‘本欲辱衡，衡反辱孤。’”李贤注引《文士传》曰：“衡击鼓作《渔阳参搥》，容态不常，鼓声甚悲，易衣毕，复击鼓参搥而去。至今有《渔阳参搥》，自衡始也。”又李贤案：“搥及挝并击鼓杖也，参挝是击鼓之法。”

〔二〕锦帆开：梁辰鱼《浣纱记·打围》一折《普天乐》，旦（西施）唱“锦帆开，牙樯动，百花洲，清波涌。兰舟渡，兰舟渡，万紫千红，闹花枝浪蝶狂蜂”，然后合唱：“呀，看前遮后拥，欢情似酒浓。拾翠寻芳来往，来往游遍春风。”

澄湖万顷：《浣纱记·采莲》一折《念奴娇序》，由净（夫差）先唱“澄湖万顷，见花攒锦绣，平铺十里红妆。夹岸风来宛转处，微度衣袂生凉。摇飏，百队兰舟，千群画桨，中流争放采莲舫”，然后是同场合唱：“唯愿取双双缱绻，长学鸳鸯。”

〔三〕蹲踏：单足顿地，以和节拍。

和锣：或作“和啰”，众人齐唱。

更深，人渐散去，士夫眷属皆下船水嬉，席席征歌，人人献技，南北杂之，管弦迭奏，听者方辨句字，藻鉴随之。二鼓人静，悉屏管弦，洞箫一缕，哀涩清绵，与肉相引，尚存三四，迭更为之。三鼓，月孤气肃，人皆寂阒，不杂蚊虻。一夫登场，高坐石上，不箫不拍，声出如丝，裂石穿云，串度抑扬，一字一刻。听者寻入针芥，心血为枯，不敢击节，唯有点头。然此时雁比而坐者，犹存百十人焉。使非苏州，焉讨识者〔一〕！

纯生氏曰：曲高和寡，千古不易，较之客歌郢中，光彩焕发十倍。

【注】

〔一〕袁宏道游记有《虎丘》一篇，其前半云："虎丘去城可七八里。其山无高岩邃壑，独以近城故，箫鼓楼船，无日无之。凡月之夜，花之晨，雪之夕，游人往来，纷错如织，而中秋为尤胜。每至是日，倾城阖户连臂而至，衣冠士女，下迨蔀屋，莫不靓妆丽服，重茵累席，置酒交衢间。从千人石上至山门，栉比如鳞，檀板丘积，樽罍云泻，远而望之，如雁落平沙，霞铺江上，雷辊电霍，无得而状。布席之初，唱者千百，声若聚蚊，不可辨识。分曹部署，竞以歌喉相斗。雅俗既陈，妍媸自别，未几而摇头顿足者数十人而已。已而明月浮空，石光如练，一切瓦釜，寂然停声，属而和者才三四辈。一箫，一寸管，一人缓板而歌，竹肉相发，清声亮彻，听者魂销。比至夜深，月影横斜，荇藻凌乱，则箫板亦不复用。一夫登场，四座屏息，音若细发，响彻云际，每度一字，几尽一刻，飞鸟为之徘徊，壮士听而下泪矣。"

麋　公

万历甲辰〔一〕，有老医驯一大角鹿，以铁钳其趾，设鲛鞴①其上，用笼头衔勒，骑而走，角上挂葫芦药瓮，随所病出药，服之辄愈。家大人见之喜，欲售其鹿，老人欣然肯，解以赠，大人以三十金售之。

【校】

①"鲛鞴"，诸本误作"鞍鞴"。按《史记·礼书》："寝兕持虎，鲛鞴弥龙，所以养威也。"司马贞《索隐》："鞴，马腹带也。"此处泛指鞍具。据改。

【注】

〔一〕甲辰:万历三十二年(一六〇四),张岱八岁。

五月朔日,为大父寿。大父伟硕,跨之走数百步,辄立而喘。常命小傒笼之,从游山泽。次年至云间〔一〕,解赠陈眉公〔二〕。眉公羸瘦,行可连二三里,大喜。后携至西湖六桥三竺间〔三〕,竹冠羽衣,往来于长堤深柳之下,见者啧啧,称为"谪仙"。后眉公复号"麋公"者,以此。

纯生氏曰:麋公不及雪精多矣。

【注】

〔一〕云间:华亭古称,今属上海。

〔二〕陈眉公:清徐沁《明画录》卷四:"陈继儒,字仲醇,号眉公,华亭人。谢诸生高隐,屡征不就。诗文有《晚香堂》、《白石山房稿》。画山水,涉笔草草,苍老秀逸,不落吴下野画师恬俗魔境。"

〔三〕六桥三竺:西湖苏堤自南而北共有六桥。三竺,上中下三天竺。六桥三竺,代指杭州湖山。

扬州清明※

扬州清明日①,城中男女毕出,家家展墓〔一〕。虽家有数墓,日必展之。故轻车骏马,箫鼓画船,转折再三,不辞往复。监门小户亦携殽核纸钱〔二〕,走至墓所②,祭毕③,席地饮胙〔三〕。自钞关、南门〔四〕、古渡桥〔五〕、天宁寺〔六〕、平山堂〔七〕一带,靓妆藻野,袨服缛川〔八〕。

【校】

①“日”字原本无，据砚云本补。

②“墓所”，砚云本、科图本作“墓前”。

③“祭毕”，砚云本、科图本作“祭则”。

【注】

〔一〕展墓：《礼记·檀弓下》：颜渊曰：“吾闻之也，去国则哭于墓而后行，反其国不哭，展墓而入。”郑玄注：“展，省视之。”

〔二〕“监门”，《史记·张耳陈余列传》：“张耳、陈余乃变名姓，俱之陈，为里监门以自食。”裴骃《集解》引张晏曰：“监门，里正卫也。”与此显然不合。据文意，“监”疑是“戋”字之误。“戋”音同“监”，训小训浅，与“小户”正合。

〔三〕胙：《左传》僖公四年：“太子祭于曲沃，归胙于公。”杜预注：“胙，祭之酒肉。”一说：祭余谓之胙。

〔四〕南门：扬州旧城本有南门，至嘉靖三十四年，扬州城向东拓展，起旧城东南角，循运河而东，折而北，复折而西，至旧城东北角止。新城为门七，南门则为挹江门。人们习惯称新城南门为挹江门或钞关，而称旧城南门为南门。

〔五〕古渡桥：在旧城南门外。

〔六〕天宁寺：在扬州城北拱宸门外，旧传本为晋谢安别墅，后舍宅为寺。至明时南临运河，为扬州八大名刹之一。

〔七〕平山堂：在扬州西北之蜀冈。北宋欧阳修为郡守，建此堂于大明寺侧。

以上诸地路线，是自挹江门外钞关始，西行经旧城南门、古渡桥，折而北行至城北天宁寺、平山堂。

〔八〕靓妆藻野，袨服缛川：刘宋颜延年《三月三日曲水诗序》：“华裔殷至，观听骛集。扬袂风山，举袖阴泽。靓装藻野，袨服缛川。”六臣注张铣曰:"靓装,美人脂粉之色;袨服,美丽之衣也。言美人装服映其川野,成其文藻杂色也。缛,杂色也。"

随有货郎,路旁摆设骨董古玩并小儿戏具①。博徒持小杌坐空地,左右铺袒衫半臂,纱裙汗帨,铜炉锡注,瓷瓯漆奁,及肩彘鲜鱼、秋梨福橘之属,呼朋引类,以钱掷地,谓之"跌成"〔一〕;或六,或八,或十,谓之"六成"、"八成"、"十成"焉。百十其处,人环观之。

【校】

①"戏具",原本作"器具",据砚云本改。

【注】

〔一〕跌成:清李斗《扬州画舫录·蜀冈录》:"跌成,古博戏也,时人谓之'拾博'。用三钱者为'三星',六钱者为'六成',八钱者为'八乂'。均字均幕为'成',四字四幕为'天分'。天分必幕与幕偶,字与字偶,长一尺,不杂不斜,以此为难。盖跌成之戏,古谓之纯。元李文蔚有《燕青博鱼曲》,其词云'凭着我六文家铜镘',又云'你若是博呵,要五纯六纯'。五纯,今谓之拗一,六纯即大成。又为《金盏儿曲》云:'比及五陵人,先顶礼二郎神。哥也,你便博一千博,我这胳膊也无些儿困。我将那竹根的蝇拂子绰了这地皮尘,不要你蹲着腰虚土里纵,叠着指漫砖上礅。则要你平着身往下撇,不要你探着手可便往前分。'又《油葫芦曲》云:'则这新染来的头钱不甚昏,可不算先道的准。手心里明明白白摆定一文文,呀呀呀,我则见五个镘儿乞丢磕塔稳,更和一个字儿急溜骨碌滚。唬的我咬定下唇,掐定指纹,又被这个不防头爱撇的砖儿隐,可是他便一博六浑纯。'二曲摹写极工。此技遍于湖上,是地更胜。所博之物以茉莉、玫瑰二花最多,四时不绝则水老鼠。"

是日，四方流寓及徽商、西贾、曲中名妓，一切好事之徒无不咸集。长塘丰草，走马放鹰；高阜平冈，斗鸡蹴踘；茂林清樾，擘①阮弹筝。而②浪子相扑〔一〕，童稚纸鸢，老僧因果，瞽者说书，立者林林，蹲者蛰蛰。

【校】

①“擘”，诸本皆误作“劈”。按：弹拨乐指法中，“擘”，每俗写为“劈”，如古琴“右手八法”之“擘”即是。今据改。

②“而”字原本无，据砚云本补。文意有转折，不可省。

【注】

〔一〕相扑：清李斗《扬州画航录·虹桥录下》：“两人裸体相扑，借以觅食，谓之摆架子。”

宋孟元老《东京梦华录》卷八诸戏中即有“相扑”及“乔相扑浪子”。按：相扑即角觝。在官称角觝，在民间称相扑。宋吴自牧《梦粱录》卷二十：“角觝者，相扑之异名也，又谓之争交。且朝廷大朝会、圣节、御宴第九盏，例用左右军相扑，非市井之徒，名曰内等子。”

日暮霞生，车马纷沓。宦门淑秀，车幕尽开。婢媵倦归，山花斜插。臻臻簇簇，夺门而入。余所见者，唯西湖春、秦淮夏、虎丘秋差足比拟〔一〕。然彼皆团簇一块，如画家横披〔二〕；此独鱼贯雁比，舒长且三十里焉，则画家之手卷矣。南宋张择端作《清明上河图》〔三〕，追摹汴京景物，有“西方美人”之思〔四〕，而余目盱盱，能无梦想！

纯生氏曰：锦铺绣列，雕缋满眼。

【注】

〔一〕明刘侗《帝京景物略》卷一《水关》:“月在雪,雪在冰,西湖春,秦淮夏,洞庭秋,东南人自谢未曾有也。”

《梦忆》中《西湖香市》一篇,正说西湖之春;秦淮夏见《秦淮河房》;虎丘秋见《虎丘七月半》。颇疑此四篇皆写于顺治三年同一时段。

〔二〕横披:字画横幅而短轴者。

〔三〕张择端:北宋末为翰林供奉。金人张著跋其《清明上河图》云:“翰林张择端,字正道,东武人也。幼读书,游学于京师,后习绘事。本工界画,尤嗜于舟车市桥郭径,别成家数也。按向氏评论图画记云《西湖争标图》、《清明上河图》选入神品,藏者宜宝之。”元人杨准跋云“卷前有徽庙标题,后有亡金诸老诗若干首”。是此画不但作于北宋徽宗时,且宋亡后即落于金人之手。

〔四〕张岱以为《清明上河图》为北宋亡后追忆之作,其说本之董其昌。《容台集》云:“张择端《清明上河图》,皆南宋时追摹汴京景物,有西方美人之思。笔法纤细,亦近李昭道,惜骨力乏耳。”张岱用此,与其说是对书画的鉴定,不如说是对自己亡国后的怀往心境及创作体验的认定,或是借前人之酒杯浇自己之块垒。张岱于《史阙》中云:“张择端《清明上河图》,因南渡后想见汴京旧事,故摹写不遗余力。若在汴京,未必作此。乃知繁华富贵,过去便堪入画,当年正不足观。嗟乎!南渡后人但知临安富丽,又谁念故都风物?择端此图,即谓忠简(宗泽之谥)《请回銮表》可也。”此文正是《梦忆》创作心境之摹写。《清明上河图》为北宋汴京之风俗长卷,而张岱在亡国之后,亦多思江南繁华境况,所注目者亦在民间节庆之人民城郭,是张岱自有笔写之《清明上河图》以寄亡国之痛。窃以为《梦忆》中描绘此类题材诸篇,多是顺治三年所作或据旧作而改者,其中有《葑门荷荡》、《越俗扫墓》、《秦淮河房》、《杨神庙台阁》、《严助庙》、《二十四桥风月》、《泰安州客店》、《湘湖》、《扬州清明》、《金山竞渡》、《扬州瘦马》、《目莲戏》、《绍兴灯景》、《烟雨楼》、《西湖香市》、《西湖七月半》、《闰中秋》、《龙山放灯》等。

“西方美人”之思:《诗·邶风·简兮》:“云谁之思?西方美人。彼美人兮,西方之人兮。”解《诗》者俱以为周东迁后之作,朱熹《诗集传》云:“西方美人,托言以指西周之盛。”

金山竞渡

看西湖竞渡十二三次〔一〕,己巳竞渡于秦淮〔二〕,辛未竞渡于无锡〔三〕,壬午竞渡于瓜洲〔四〕,于金山寺。西湖竞渡,以看竞渡之人胜,无锡亦如之。秦淮有灯船无龙船,龙船无瓜洲比,而看龙船亦无金山寺比。

【注】

〔一〕竞渡:梁宗懔《荆楚岁时记》:“五月五日,是日竞渡。按:五月五日竞渡,俗为屈原投汨罗日,伤其死所,故并命舟楫以拯之,舸舟取其轻利,谓之飞凫。一自以为水车,一自以为水马,州将及土人悉临水而观之。盖越人以舟为车,以楫为马也。邯郸淳《曹娥碑》云:‘五月五日时迎伍君,逆涛而上,为水所淹。’斯又东吴之俗,事在子胥,不关屈平也。《越地传》云起于越王勾践,不可详矣。”

西湖竞渡:《增补武林旧事》卷三:“西湖竞渡自二月八日为始,而端午尤盛。是日画舫齐开,游人如蚁。龙舟六只,俱装十太尉、七圣、二郎神杂剧,饰以彩旗、锦伞、花篮、闹竿、鼓吹之类。帅守往一清堂弹压,立标竿于湖中,挂锦彩、银碗、官楮以赏捷者。有一小节级披黄衫青帽,插孔雀尾,乘小舟,横节杖,声喏取指挥,次以舟回,朝龙舟,以彩旗招之,诸舟鸣锣鼓,分两翼,远近排列成行,再以彩旗引之,诸舟竞发,先至标所者取赏,声喏而退,其余犒钱而已。”

宋龙衮《江南野史》卷三："许诸郡民划竞渡船，每至端午，官给彩帛，俾两两较其殿最，胜者加以银碗，谓之打标，皆籍其名。"

〔二〕己巳：崇祯二年（一六二九）。

〔三〕辛未：崇祯四年（一六三一）。

〔四〕壬午：崇祯十五年（一六四二）。

瓜洲龙船一二十只，刻画龙头尾，取其怒；旁坐二十人持大楫，取其悍；中用彩篷，前后旌幢绣伞，取其绚；撞钲挝鼓，取其节；艄后列军器一架，取其锷；龙头上一人足倒竖，战敠其上〔一〕，取其危；龙尾挂一小儿，取其险〔二〕。自五月初一至十五，日日画地而出。

【注】

〔一〕战敠：宋赵叔向《肯綮录·俚俗字义》："称量曰战敠。"本意为用手掂量物品轻重，此处作龙舟上人之颠倒翻腾解，因所掂物品也在手中翻动也。

〔二〕清人编《白雪遗音》卷三有民间小调《闹龙舟》，可见船尾小儿一斑："五月端阳炎热天，佳人游玩到河边，忽听的锣鼓叮当音乐喧，小小的龙舟两头尖，十二把桦楸列在两边。三岁的娃娃在龙船上站，七岁的顽童后面打鞦千。打了一个鲤鱼把龙门跳，打一回珍珠倒卷珠帘，又打个童子把观音拜，再打个魁星戏斗去点状元。"

五日出金山，镇江亦出。惊湍跳沫，群龙格斗。偶堕洄涡，则百蜐[①]捷捽〔一〕，蟠委出之〔二〕。金山上人团簇，隔江望之，蚁附蜂屯，蠢蠢欲动。晚则万艓齐开，两岸沓沓然而沸。〔三〕

纯生氏曰:写得生生活活,吾恐天龙闻而下之。

【校】

①蛐,原本作“蛄”,为“蛐”之俗写。今正之。

【注】

〔一〕百蛐:《淮南子·兵略》:“同舟而济于江,卒遇风波,百族之子,捷捽招杼船,若左右手。”本文即用其意。《淮南》言“百族之子”,此言“百蛐”,梁江淹《石蛐赋》小序云:“海人有食石蛐,一名紫蘁,蚌蛤类也。”明屠本畯《闽中海错疏·介部·龟脚》:“龟脚,一名蛐,生石上,如人指甲,连枝带肉。”是蛐为一种蚶贝,附生于石上,亦可附于龙身。百蛐即把龙船上的水手比喻成吸附在龙身上的蚶贝。捷捽:疾取也。

〔二〕蟠委:此状龙身之蜿转伸舒。

〔三〕清李斗《扬州画舫录·虹桥录下》:“龙船自五月朔至十八日为一市。先于四月晦日演试,谓之‘下水’。至十八日牵船上岸,谓之‘送圣’。船长十余丈,前为龙首,中为龙腹,后为龙尾,各占一色。四角枋柱,扬旌拽旗,篙师执长钩,谓之‘跕头’。舵为刀式,执之者谓之‘拏尾’。尾长丈许,牵彩绳令小儿水嬉,谓之‘掉梢’。有‘独占鳌头’、‘红孩儿拜观音’、‘指日高升’、‘杨妃春睡’诸戏。两旁桨折十六。前为头折,顺流而折,谓之‘打招’。一招水如溅珠,中置戽斗戽水。金鼓振之,与水声相激。上供太子,不知何神,或曰屈大夫,楚之同姓,故曰太子。小船载乳鸭,往来画舫间,游人鬻之,掷水中,龙船执戈竞斗,谓之‘抢标’。又有以土瓶实钱菓为标者,以猪胞实钱菓使浮水面为标者,舟中人飞身泅水抢之。此技北门王哑吧为最。迨端午后,外河徐宁、缺口诸门,龙船由响水闸牵入内河,称为客船。送圣后奉太子于画舫中礼拜,祈祷收灾降福,举国若狂。”

刘晖吉女戏

女戏以妖冶恕，以啴缓①恕，以态度恕，故女戏者全乎其为恕也。若刘晖吉则异是〔一〕。刘晖吉奇情幻想，欲补从来梨园之缺陷。如《唐明皇游月宫》〔二〕，叶法善作场上〔三〕，一时黑魆地暗，手起剑落，霹雳一声，黑幔忽收，露出一月，其圆如规，四下以羊角染五色云气，中坐常仪〔四〕，桂树吴刚〔五〕，白兔捣药。轻纱幔之，内燃"赛月明"数株〔六〕，光焰青藜②，色如初曙。撒布成梁，遂蹑月窟。境界神奇，忘其为戏也。其他如舞灯，十数人手携一灯，忽隐忽现，怪幻百出，匪夷所思，令唐明皇见之，亦必目睁口开，谓氍毹场中那得如许光怪耶！

【校】

①"啴缓"，诸本俱误作"蝉缓"。王褒《四子讲德论》："有二人焉，乘辂而歌……啴缓舒绎，曲折不失节。"吕延济注："啴缓舒绎，柔和之声也。"据改。

②"青藜"，诸本俱作"青黎"，无解。按王嘉《拾遗记》：刘向校书天禄阁，夜有老人扶青藜杖，登阁而进。见向在暗中独坐诵书，乃吹杖端，烂然出火。此篇上言"内燃赛月明数株"，正是"青藜杖"之类。据改。

【注】

〔一〕刘晖吉：刘光斗，字晖吉，江苏武进人。《乾隆武进县志》卷九《人物·宦绩》有小传："刘光斗，字晖吉。明乙丑（天启五年，一六二五）进士。司李绍兴，多雪冤狱。时海寇刘香横海上，浙抚知其能，属监军讨平之。摄会稽、诸暨两邑篆。海潮坏岸,筑石塘圩岸卫之,里人立祠祀焉。擢御史,弹劾不避权贵。大兵(清军)南下,豫王(多铎)择人安抚,以光斗人望所归,命安抚常州,民皆安辑。时抚姑苏者不得人,几致变,赖光斗调护得全。经略洪承畴疏荐可大用,格于秉铨,左迁行人,颁诏闽中。直指某性刚暴,荐绅士民每以疑似陷大戮,光斗反覆开谕,多所求免。壬辰,典试广西,得疾,道卒。(武进)邑人请建仁贤祠祀之。"此传多溢美之辞,大抵易代之际,常民赖光斗苟且瓦全,以侥幸而感激,情或有之,唯隐恶太过,遂使无耻败类化为乡贤。

下选摘野史数条,以作参考。

计六奇《明季南略》卷九附《无锡日记》:"(弘光元年、顺治二年)五月二十七日,刘光斗至无锡讨册,舟泊西门桥。光斗,武进人。天启乙丑进士。崇祯朝为河南道御史,因贪黜罚。大清入南京,遂降附为官,安抚常、镇士民,讨州县户口、粮役册。旗盖炫耀,邑中乡绅拜之者如市。望亭巡检来见,光斗曰'汝好,该升一级',即升主簿,掌县印,将粮船俱提常州去。先有示云:'安抚刘批:该县速备船只,士民不必惊慌。'"又"六月初二日,无锡选贡士王玉汝等具肉一百担、面一百担、羊三头,以迎大清兵。传闻大清兵恶门神,城中各家洗去,粘'大清万岁'于门上。时刘光斗与玉汝善,移札曰:'师至而抗者,屠!弃城而乏所供应者,火!当为桑梓图万全。'玉汝乃与邑民具牛酒公迎"。

林时对《荷牐丛谈》卷二:"攻东林者,如杨维垣……刘光斗、陈于鼎等,或始祸,或合谋,或迎降,或倡叛,蒙面丧心,一败涂地,传之天下后世,彰羞贻臭,罪无所逃矣。"

鼎革后,刘光斗仍家拥巨赀。佚名《崇祯记闻录》卷七:"是岁丙戌(顺治三年)四月初八日,阳城湖诸大家被劫。人皆谓避乱宜居乡。有乡绅蒋韬仲、客官刘光斗及富翁王养和之子,俱寓阳城湖之滨,家拥重赀,寇盗垂涎,先令人传话,若阖家肯凑万金助饷,更不相犯。各家犹豫莫肯应。至是遂肆掠劫,满载而去,所失岂止万金,但不伤人耳。"

按:崇祯初,刘光斗为绍兴司理,张岱与之有交往,时撰成《古今义烈传》,光斗为之作序。见崇祯刻本《古今义烈传》卷首。

〔二〕《太平广记》卷二六“叶法善”条引《集异记》、《仙传拾遗》:“尝因八月望夜,师与玄宗游月宫,聆月中天乐,问其曲名,曰《紫云曲》。玄宗素晓音律,默记其声,归传其音,名之曰《霓裳羽衣》。”而《太平广记》卷二六“罗公远”条亦记挟明皇游月宫事,云:“开元中,中秋望夜,时玄宗于宫中玩月。公远奏曰:‘陛下莫要至月中看否?’乃取拄杖向空掷之,化为大桥,其色如银,请玄宗同登。约行数十里,精光夺目,寒色侵人,遂至大城阙。公远曰:‘此月宫也。’见仙女数百,皆素练霓衣,舞于广庭。玄宗问曰:‘此何曲也?’曰:‘《霓裳羽衣》也。’玄宗密记其声调,遂回,却顾其桥,随步而灭。旦召伶官,依其声调作《霓裳羽衣曲》。”

按:与明皇游月宫,本罗公远事。叶法善有与明皇至凉州看灯事,编小说者遂把游月宫亦掺入。据钟嗣成《录鬼簿》,元人白仁甫有《唐明皇游月宫》杂剧,今佚,亦不知剧中道士是叶是罗。

〔三〕作场:表演。《宦门子弟错立身》虔婆白:“老身幼习伶伦,生居散乐。曲按宫商知格调,词通大道入禅机。老身赵茜梅,如今年纪老大,只靠一女王金榜,作场为活。”“作场上”,言一面做着表演动作一面上台。

〔四〕常仪:此处即为嫦娥。常仪有二说:一说为黄帝之臣。《史记·历书索隐》引《系本》及《律历志》:“黄帝使羲和占日,常仪占月。”一说为帝喾之妃。《世本·帝系》:“帝喾卜其四妃之子,皆有天下。下妃娵訾氏之女曰常仪,生挚。”元白珽《湛渊静语》卷一:“《周官》注:仪、羲二字古皆音俄。是常仪即常娥也。”明周梦旸《常谈考误》卷一亦持此说,且云:“因常仪能占月,故以奔月附会之。”

〔五〕吴刚:唐段成式《酉阳杂俎·前集》卷一:“旧言月中有桂,有蟾蜍,故异书言:月桂高一百丈,下有一人常斫之,树创随合。人姓吴名刚,西河人,学仙有过,谪令伐树。”唐李贺《李凭箜篌引》:“吴质不眠倚桂树。”是吴刚又名吴质。

〔六〕赛月明:明代的一种花炮烟火。《金瓶梅词话》第二十四回言陈经济正月十六上街赏灯,“经济与来兴儿,左右一边一个,随路放慢吐莲、金丝菊、一丈兰、赛月明”。

彭天锡向余道〔一〕:“女戏至刘晖吉,何必男子!何必彭大!”天锡,曲中南、董〔二〕,绝少许可,而独心折晖吉家姬,其所[①]赏鉴,定不草草。

纯生氏曰:诸书记李三郎入月,本无此光怪。

【校】

①“其所”,原本作“其其”,诸本不误,据改。

【注】

〔一〕彭天锡:见卷六《彭天锡串戏》。

〔二〕南、董:南史氏、董狐,古之良史,不隐恶也。《左传》襄公二十五年,齐崔杼杀庄公,“大史书曰:‘崔杼弑其君。’崔子杀之。其弟嗣书而死者二人。其弟又书,乃舍之。南史氏闻大史尽死,执简以往。闻既书矣,乃还”。《史记·晋世家》:“赵盾昆弟将军赵穿,袭杀灵公于桃园,而迎赵盾。盾复位。晋太史董狐书曰‘赵盾弑其君’,以视于朝。盾曰:‘弑者赵穿,我无罪。’太史曰:‘子为正卿,而亡不出境,反不诛国乱,非子而谁?’孔子闻之,曰:‘董狐,古之良史也,书法不隐。’”

朱楚生※

朱楚生,女戏耳,调腔戏耳〔一〕。其科白[①]之妙〔二〕,有本腔不能得十分一[②]者〔三〕。盖四明姚益城先生精音律〔四〕,与楚生辈讲究关节,妙入情理,如《江天暮雪》、《宵光剑》③、《画中人》等戏〔五〕,虽昆山老教师细细摹拟,断不能加其毫末也。班中脚色,足以鼓吹楚生者方留之,故班次愈妙。

【校】

①“科白”,科图本、砚云本作“科套”。“科白”指做派与道白,而“科套”则指做派与唱腔,俱通。

②“十分一”,原本作“十分之一”,据砚云本删“之”字。

③“宵”,原本作“霄”。此剧即《古本戏曲丛刊初集》所收明徐复祚编《宵光记》,原剧第九出“付剑”言其剑“悬挂室中,夜间迸出百道毫光,因此叫作宵光宝剑”,显然“霄”字为“宵”字之讹,据改。

【注】

〔一〕调腔:也叫掉腔、绍兴高调、新昌高腔,自明末始,流行于绍兴、杭州等浙东地区。

〔二〕科:徐渭《南词序录》:“科:相见、作揖、进拜、坐跪之类,身之所行,皆谓之科。”

白:《南词叙录》:“宾白:唱为主,白为宾,故曰宾白,言其明白易晓也。”

〔三〕本腔:指昆山腔。

〔四〕姚益城:姚宗文,字裘之,号益城,慈溪人(属明州府)。万历三十五年(一六〇七)进士,历任户科给事中、副都御史。《荷牐丛谈》卷二:“万历末年,叶向高为相。政府不能持权而台省持之,于是齐、楚、浙三党并峙。齐则亓诗教、赵与邦;楚则官应震、吴亮嗣;浙则刘廷元、姚宗文,称为当关虎豹,放弃天下贤人殆尽。”天启间,姚宗文交结魏党,崇祯初以“祠颂”入逆案六等,坐徒二年,纳赎为民。

〔五〕《江天暮雪》:即徐渭《南词叙录》所列"宋元旧篇"中之《崔君瑞江天暮雪》。写崔君瑞忘恩负义遗弃发妻郑月娘,月娘赴苏州寻夫,遇雪被阻临江驿故事。原剧本虽仅存残曲若干,但此剧为其他剧种搬演,别著名目,至今尚多。

《宵光剑》:即明徐复祚所撰《宵光记》。演汉卫青有宵光剑,上刻己名。郑质以此杀人,嫁祸于青,被判死刑。卫青后为铁勒奴救出,立功异域。

《画中人》:《曲海总目提要》卷十一:"明万历己未进士宜兴吴炳作也,杂采赵颜、张擽、葛棠等事。(按:诸故事俱见《情史》。)剧云:庾长明与郑琼枝有缘,华阳真人赠以美人图,令之拜唤,琼枝生魂竟与长明交接。其真身得病而亡,停柩寺中,长明启而活之,遂成夫妇。"按:此剧收入《古本戏曲丛刊三集》,题《画中人传奇》。

楚生色不甚美,虽绝世佳人,无其风韵。楚楚谡谡〔一〕,其孤意在眉〔二〕,其深情在睫,其解意在烟视媚行〔三〕。性命于戏,下全力为之。曲白有误,稍为订证之,虽后数月,其误处必改削如所语。楚生多坐驰〔四〕,一往深情,摇飏无主。一日,同余在定香桥,日晡烟生,林木窅冥,楚生低头不语,泣如雨下。余问之,作饰语以对。劳心忡忡〔五〕,终以情死〔六〕。

纯生氏曰:费长房缩不尽相思地,女娲氏补不完离恨天。别泪铜壶共滴,愁肠兰焰同煎。可为楚生一唱三叹。

【注】

〔一〕楚楚:《诗·曹风·蜉蝣》:"衣裳楚楚。"此言朱楚生服饰整饬修洁。

谡谡：即“肃肃”。《世说新语·赏誉》：“世目李元礼‘谡谡如劲松下风’。”《容止》则云：“嵇康身长七尺八寸，风姿特秀。见者叹曰：‘萧萧肃肃，爽朗清举。’或云：‘肃肃如松下风，高而徐引。’”肃肃，言其气质严整，有清举之风。

〔二〕孤意：本卷《姚简叔画》：“为人落落难合，孤意一往，使人不可亲疏。”

〔三〕烟视媚行：《吕氏春秋·审应览·不屈》：“人有新取妇者，妇至，宜安矜，烟视媚行。”烟视，梁玉绳云“谓若人在烟中，目不能张，其视其微”，凌曙云“燕有烟音，弱视曰睇，睇，小视也”，立说虽然不同，以烟视为微视则一也。媚行，徐徐而行。

〔四〕坐驰：《庄子·人间世》：“瞻彼阕者，虚室生白，吉祥止止。夫且不止，是之谓坐驰。”成玄英疏：“虽容仪端拱，而精神驰骛，可谓形坐而心驰者也。”

〔五〕𢥞𢥞：即“忡忡”，异体字。《诗·召南·草虫》：“未见君子，忧心忡忡。”

〔六〕据明冒辟疆《朴巢文选》卷三《南岳省亲日记》，崇祯辛巳（十四年，一六四一）二月十八日，在杭州“饮于湖中，看朱楚生演《窦娥冤》”，可知张岱此文写作时间在崇祯十四年之后。

扬州瘦马（娶瘦马）

扬州人日饮食于瘦马之身者数十百人〔一〕。娶妾者切勿露意，稍透消息，牙婆驵侩咸集其门，如蝇附膻①，撩扑不去。黎明，即促之出门，媒人先到者先挟之去，其余尾其后，接踵伺之。至瘦马家，坐定，进茶，牙婆扶瘦马出，曰："姑娘拜客。"下拜。曰："姑娘往上走。"走。曰："姑娘转身。"转身向明立，面出。曰："姑娘借手睄睄。"尽褫其袂，手出，臂出，肤亦出。曰："姑娘睄相公。"转眼偷觑，眼出。曰："姑娘几岁了？"曰几岁，声出。曰："姑娘再走走。"以手拉其裙，趾出。然看趾有法，凡出门裙幅先响者，必大；高系其裙，人未出而趾先出者，必小。曰："姑娘请回。"一人进，一人复[②]出。看一家必五六人，咸如之。看中者，用金簪或钗一股插其鬓，曰"插带"。看不中，出钱数百文，赏牙婆或赏其家侍婢，又去看。牙婆倦，又有数牙婆踵伺之。一日、二日至四五日，不倦亦不尽，然看至五六十人，白面红衫，千篇一律，如学字者，一字写至百至千，连[③]此字亦不认得矣。心与目谋，毫无把柄，不得不聊且迁就，定其一人。

【校】

①"膻"，原本作"毡"，诸本皆不误，据改。

②"复"，原本作"又"，据砚云本改。

③"连"字，砚云本、科图本俱无。

【注】

〔一〕明王士性《广志绎》卷二："广陵蓄姬妾家，俗称养瘦马，多谓取他人子女而鞠育之，然不啻己生也。天下不少美妇人，而必于广陵者，其保姆教训，严闺门，习礼法，上者善琴棋歌咏，最上者书画，次者亦刺绣女工。至于趋侍嫡长，退让侪辈，极其进退浅深，不失常度，不致憨戆起争，费男子心神，故纳侍者类于广陵觅之。"

明沈德符《万历野获编》卷二十三"广陵姬"："今人买妾大抵广陵居

多,或有嫌其为瘦马,余深非之。妇人以色为命,此李文饶至言。世间粉黛,那有阀阅?扬州殊色本少,但彼中以为恒业,即仕宦豪门,必蓄数人,以博厚糈,多者或至数十人。自幼演习进退坐立之节,即应对步趋亦有次第,且教以自安卑贱,曲事主母,以故大家妒妇,亦有严于他方,宽于扬产者,士人益安之。予久游其地,见鼓吹花舆而出邗关者,日夜不绝。更有贵显过客,寻觅母家眷属,悲喜诸状,时时有之。又见购妾者多以技艺见收,则大谬不然,如能琴者不过《颜回》或《梅花》一段,能画者不过兰竹数枝,能奕者不过起局数着,能歌者不过《玉抱肚》、《集贤宾》一二调,面试之后,至再至三,即立窘矣。又能书者更可哂,若仕客则写吏部尚书大学士,孝廉则书第一甲第一名,儒者则书解元、会元等字,便相诧异,以为奇绝,亟纳聘,不复他疑。到家使之操笔,则此数字之外,不辨波画。盖貌不甚扬,始令习他艺以速售,耳食之徒,骤见未免欢羡,具法眼者必自能辨。又,其俗最重童女,若还一方白绢者,征其原值必立返。以故下山者即甚姝艳,价仅十之三。"

清赵翼《陔余丛考》卷三十八"养瘦马":"扬州人养处女,卖人作妾,俗谓之'养瘦马',其义不详。白香山诗云:'莫养瘦马驹,莫教小妓女。后事在目前,不信君看取。马肥快行走,妓长能歌舞。三年五年间,已闻换一主。'宋漫堂引之,以为'养瘦马'之说本此。"

"插带"后,本家出一红单,上写彩缎[1]若干,金花若干,财礼若干,布疋若干,用笔蘸墨,送客点阅。客批财礼及缎疋如其意,则肃客归。归未抵寓,而鼓乐、盘担、红绿、羊酒在其门久矣。不一刻,而礼币、糕果俱齐,鼓乐导之去。去未半里,而花轿、花灯、擎燎、火把、山人、傧相、纸烛、供果、牲醴之属,门前环侍。厨子挑一担至,则蔬果、肴馔、汤点、花棚、糖饼、桌围[2]、坐褥、酒壶、杯箸、龙虎寿星、撒帐牵红、小唱弦索之类，又毕备矣。不待覆命，亦不待主人命，而花轿及亲送小轿一齐往迎，而[3]鼓乐灯燎，新人轿与亲迎轿一时俱到矣。新人拜堂，亲送上席，小唱鼓吹，喧阗热闹。日未午而讨赏遽去，急往他家，又复如是。

纯生氏曰：粲然陈前，亦好事者之一适也。

【校】

①"彩缎"，砚云本、科图本俱作"彩段"，字通。

②"桌围"，砚云本、科图本俱作"桌帏"，字通。

③"而"字原本无，据砚云本补，如此，方与上一"而"字句对应排比。

卷　六

彭天锡串戏（彭天锡戏）

彭天锡串戏妙天下，然出出皆有传头，未尝一字杜撰。曾以一出戏延其人至家，费数十金者，家业十万，缘手而尽。三春多在西湖，曾五至绍兴，到余家串戏五六十场，而穷其技不尽。天锡多扮丑净，千古之奸雄佞幸，经天锡之心肝而愈狠，借天锡之面目而愈刁，出天锡之口角而愈险。设身处地，恐纣之恶不如是之甚也〔一〕。皱眉眡眼①，实实腹中有剑〔二〕，笑里有刀〔三〕，鬼气杀机，阴森可畏。盖天锡一肚皮书史，一肚皮山川，一肚皮机械，一肚皮磥砢不平之气〔四〕，无地发泄，特于是发泄之耳。

【校】

①"眡眼"，诸本皆同。"眡"音视，作察看解。皱眉而眡，难通，疑为"眠"字之误。"眠"者，眼皮微合或半开半闭，即今言瞇缝其眼。皱眉瞇眼，如此方合舞台奸诈之相。可参看卷七《阿育王寺舍利》注。

【注】

〔一〕《论语·子张》:子贡曰:"纣之不善,不如是之甚也。是以君子恶居下流,天下之恶皆归焉。"

〔二〕腹中有剑:《资治通鉴》卷二百一十五:"李林甫为相,凡才望功业出己右及为上所厚、势位将逼己者,必百计去之;尤忌文学之士,或阳与之善,啖以甘言而阴陷之。世谓李林甫'口有蜜,腹有剑'。"

〔三〕笑里有刀:《旧唐书·李义府传》:"义府貌状温恭,与人语,必嬉怡微笑,而褊忌阴贼。既处权要,欲人附己,微忤意者,辄加倾陷。故时人言义府笑中有刀,又以其柔而害物,亦谓之'李猫'。"

〔四〕宋费衮《梁谿漫志》卷四"侍儿对东坡语":"东坡一日退朝,食罢,扪腹徐行,顾谓侍儿曰:'汝辈且道是中有何物?'一婢遽曰:'都是文章。'坡不以为然。又一人曰:'满腹都是识见。'坡亦未以为当。至朝云,乃曰:'学士一肚皮不入时宜。'坡捧腹大笑。"

余尝见其[①]一出好戏,恨不得法锦包裹,传之不朽。常[②]比之天上一夜好月,与得火候一盃好茶,只可供一刻受用,其实珍惜之不尽也。桓子野[③]见山水佳处,辄呼"奈何!奈何"〔一〕,真有无可奈何者,口说不出。

纯生氏曰:书史山川,机械磥砢,本是戏场。天锡一肚皮书史山川、机械磥砢发于戏,而天锡不自知。宗老一肚皮书史山川、机械磥砢发于天锡之戏,而亦不自知。总之,串戏者与看戏者俱是戏中之戏,唯自认为真面目耳。

【校】

①"其"字原本无,据砚云本补。

②“常”,原本作“尝”,据砚云本改。

③“桓子野”,原本作“恒子野”,据诸本改。

【注】

〔一〕此处张岱所记有误,《世说新语·任诞第二十三》:“桓子野每闻清歌,辄唤‘奈何’。谢公闻之,曰:‘子野可谓一往有深情。’”桓子野即桓伊,精通音乐。

苏轼《与周开祖》:“别后每到佳山水处,未尝不怀想谈笑。”

目莲戏

尔蕴叔[①]演武场搭一大台〔一〕,选徽州旌阳戏子剽轻精悍、能相扑跌打者三四十人〔二〕,搬演目莲〔三〕,凡三日三夜。四围女台百什座〔四〕,戏子献技台上,如度索舞絙、翻桌翻梯、觔斗蜻蜓、蹬坛蹬臼、跳索跳圈、窜火窜剑之类,大非情理。凡天神地祇、牛头马面、鬼母丧门、夜叉罗刹、锯磨鼎镬、刀山寒冰、剑树森罗、铁城血澥〔五〕,一似吴道子《地狱[②]变相》〔六〕,为之费纸札者万钱。人心惴惴,灯下面皆鬼色。

【校】

①“尔蕴叔”,诸本俱作“余蕴叔”。平步青云:“‘余’应作‘尔’,以作‘尒’涉‘余’字,形近而讹。”按:张岱称诸叔,或称“仲叔”,或称“葆生叔”,或称“三峨叔”、“五雪叔”,或称“余叔尔蕴”,未见仅称单字者,此“余蕴”实为“尔蕴”之误。

②“狱”,原本作“岳”,据咸丰本改。

【注】

〔一〕演武场:即教场,在绍兴府城西南角内,龙山之南麓。

〔二〕徽州旌阳戏子:旌阳,镇名,属安徽旌德县。旌德在明属宁国府,此言徽州者,非误指旌德属徽州府,盖此处主词为"戏子",非言地名。戏班的性质为徽州戏,而戏班之人为旌阳镇,故称"徽州旌阳戏子"。据陈长文等《徽戏在徽州》一文介绍:"至明万历年间,徽州祁门清溪人郑之珍作《目连救母劝善戏文》,形成一个艺术上较为完整的剧种。自此,徽州各地,目连班社纷起,搬演目连戏已成为徽州民间祭神、祀祖的主要戏曲活动。"张岱此处特言"徽州旌阳戏子",盖当时搬演目连,以徽戏为最擅场。

〔三〕目莲:即目连,此指目连戏。目连戏的主要情节是从佛经中大目犍连故事移植改编的,说傅罗卜之母刘青提因杀生,死后堕入地狱,受诸种苦。傅罗卜为救母,往西天求佛祖,皈依沙门,改名目连(即释迦十大弟子之大目犍连)。目连入冥府,下地狱,历尽艰险,最终寻得母亲,救出地狱。但在目连救母途中,串演很多民间戏曲杂耍,几乎是无所不包,所以可连续搬演很多天。其故事盛行于唐代,最早有据《盂兰盆经》演绎的《大目乾连冥间救母变文》等,至明万历时,郑之珍又撰《目连救母劝善戏文》三卷一百出(收入《古本戏曲丛刊初集》)。

〔四〕女台:小型戏台,或者就是一小块演出场地。对上文"大台"而言,如城上小墙谓"女墙"。下言"度索舞絙、翻桌翻梯"诸戏,皆是女台上所演。

〔五〕铁城:《地藏菩萨本愿经》中地狱为大铁围山,在中国幽冥故事中演化为冥府之铁铸之城。

血澥:《楞严经》中有血河,《正法念处经》大叫唤大地狱之十六处小地狱,名"血河漂"。后世小说戏曲中又有"血湖池",又称"血污池"。

〔六〕变相:据佛经而敷演的宗教题材称"经变",讲唱者称"变",绘画的则为"变相"。变相如《维摩诘变相图》、《弥勒变相》、《宝积菩萨变相》、《法华变相》等。《地狱变相》亦其一种。

唐朱景玄《唐朝名画录》："吴道玄，字道子。尝闻景云寺老僧传云：吴生画此寺地狱变相时，京都屠沽渔罟之辈见之而惧罪改业者，往往有之。"

戏中套数，如"招五方恶鬼"、"刘氏逃棚"等剧，万余人齐声呐喊〔一〕。熊太守谓是海寇卒至〔二〕，惊起，差衙官侦问，余叔自往复之，乃安。

【注】

〔一〕此二戏俱为目连戏中与观众互动的最热闹的折子戏。"招五方恶鬼"即《目连救母》戏中《阎罗接旨》一折，是演玉帝闻知刘青提作恶，命阎王召令五方恶鬼捉拿刘氏，演出时五鬼都藏在台下某处，被召而后突然出现。"刘氏逃棚"为《目连救母》戏中《花园捉魂》一折，是刘青提为逃避恶鬼捉拿，从台上跑下戏棚，藏匿观众之中。鬼卒下棚追赶，一直追到村里各个房舍院落，最后拿住刘氏，押上戏棚，继续表演。

〔二〕据《乾隆绍兴府志》卷二十六，熊鸣岐，万历四十一年至天启二年任绍兴知府。

台成，叔走笔书二对。一曰："果证幽明，看善善恶恶随形答响，到底来那个能逃；道通昼夜，任生生死死换姓移名，下场去此人还在。"一曰："装神扮鬼，愚蠢的心下惊慌，怕当真也是如此；成佛作祖，聪明人眼底忽略，临了时还待怎生？"真是以戏说法。

纯生氏曰：腕下有鬼，可抵一篇《鬼方记》。

甘文台炉

香炉贵适用，尤贵耐火。三代青绿〔一〕，见火即败坏，哥、汝窑亦如之〔二〕。便用便火，莫如宣炉。然近日宣铜一炉价百四五十金〔三〕，焉能办之？北铸如施银匠亦佳〔四〕，但粗夯可厌。苏州甘回子文台，其拨蜡范沙，深心有法，而烧铜色等、分两，与宣铜款致分毫无二，俱可乱真。然其与人不同者，尤在铜料〔五〕。甘文台以回回教门，不崇佛法，乌斯藏渗金佛〔六〕，见即锤碎之，不介意，故其铜质不特与宣铜等，而有时实胜之。甘文台自言佛像遭劫已七百尊有奇矣。余曰："使回回国别有地狱，则可。"

纯生氏曰：物情不齐，贵于适用。礼以多少大小高下文素为贵，不过适用二字。若不适用而以为贵，是悬衡、陈绳墨、设规矩而见欺于轻重曲直方圆矣。一炉即可充类至意之尽。

【注】

〔一〕张岱《夜航船》卷十二《宝玩部》："三代铜：山、陕出土者为商彝、周鼎，河南出土者为汉器。"

〔二〕哥窑：《宋稗类钞》卷三十二："哥窑，与龙泉窑皆出处州龙泉县。南宋时有章生一、生二弟兄，各主一窑。生一所陶者为哥窑，以兄故也；生二所陶者为龙泉，以地名也。其色皆青，浓淡不一。其足皆铁色，亦浓淡不一。旧闻紫足,今少见焉。唯土脉细薄、油水纯粹者最贵。哥窑则多断文,号曰‘百圾破’。龙泉窑,至今温处人称为章窑。”又有一说,明方以智《通雅》卷三十三:“生二所陶青器,纯粹如美玉,为世所贵,即官窑之类。生一所陶者色淡,故名哥窑。”

汝窑:窑在汝州境内(今河南临汝),故名。为宋代五大名窑之首。

〔三〕宣铜:《帝京景物略·城隍庙市》:“宣铜,炉其首。炉之制有辨焉,色有辨焉,款有辨焉。制所取,宜书室,登几案,入赏鉴,则莫若彝、乳炉之口径三寸者。(其制百折、彝炉、乳炉、戟耳、鱼耳、蜓蚰耳、熏冠、象鼻、兽面、石榴足、橘囊、香奁、花素、方圆鼎等,上也。角端象头鬲、判官耳、鸡腿脚扁炉、翻环、六棱、四方、直脚炉、漏空桶炉、竹节、分裆、索耳等,下也。)铸耳者,(宣炉多仿宋窑,中有身耳逼近,施错无余地者,乃别铸耳,磨治钉入,分寸始合也。钉耳多伪,宣炉铸耳不称者,拣去更铸,十不一存,故伪者但能钉耳也。)色种种:仿宋烧斑者,初年色也;(尚沿永乐炉制。)蜡茶本色,中年色也;(中年愈工,谓烧斑色掩其铜质之精,乃尚本色,用番硇浸擦熏洗为之。)本色愈淡者,末年色也。(末年愈显铜质,着色愈淡。后人评宣炉色五等:栗色、茄皮色、棠梨色、褐色,而藏经纸色为最。)鎏金色者次本色,为掩铜质也。(鎏腹以下,曰涌祥云。鎏口以下,曰覆祥云。)鸡皮色者,覆手色,火气久而成也。(迹如鸡皮,拂之实无迹。)本色之厄二:嘉、隆前有烧斑厄,(时尚烧斑,有取本色真炉重加烧斑者。)近有磨新厄。过求铜质之露,取本色炉磨治一新,至有岁一再磨者。款亦制辨、色辨之。(阴印阳文,真书大明宣德年制,字完整,地明润,与炉色等旧,非经雕凿熏造者。)”

〔四〕北铸:明刘侗《帝京景物略·城隍庙市》:宣德炉“后有伪造者,有旧炉伪款者,有真炉真款而钉嵌者。伪造者,有北铸,(嘉靖初之学道,近之施家。施不如学道远甚,间用宣铜别器改铸。然宣别器铜原次于炉,且小冶单铸,气寒俭无精华。)有苏铸,有南铸。(苏蔡家,南甘家。甘不如蔡远甚。蔡唯鱼耳一种可方学道。)”其中言北铸之施家,即本文之

"施银匠",而"南甘家"似即甘文台,然本文言甘文台为苏人,而"南"者南京也。

据王士禛《池北偶谈》卷十五,冒辟疆尝为《宣炉歌》,自为之注,亦云:"嘉靖后之学道,近之施家,皆北铸。北铸间用宣铜器改铸。铜非清液,又小冶,寒俭无精采,且施不如学道多矣。南铸以蔡家胜甘家。蔡之鱼耳,可方学道。"

邓之诚《骨董琐记》卷一言"道光时,吴门甘、王两姓能仿三代彝器,可乱真",是甘氏世传其技,至清中叶犹未绝。

〔五〕明冒辟疆《宣炉歌》注:"宣庙时,内佛殿火,金银铜像浑而液。又云:宝藏焚,金银珠宝与铜俱结。命铸炉。"而刘侗则云:"传宣庙时,内佛殿灾,金银铜像浑而液,因用铸器,非也。"

〔六〕乌斯藏:或作"乌思藏",明代称今之前后藏。

渗金:一种把黄金渗入到铜质中的工艺,一般用到宣德炉及仿制品上,即便表面的金色磨掉,其铜质仍然有一种特殊的色泽。西藏佛像似不用此工艺,此处之渗金佛疑是鎏金。

绍兴灯景

绍兴灯景为海内所夸者,无他,竹贱、灯贱、烛贱。贱,故家家可为之;贱,故家家以不能灯为耻。故自庄逵以至穷檐曲巷,无不灯、无不棚者。

棚以二竿竹搭过桥,中横一竹,挂雪灯一,灯毬六。大街以百计,小巷[①]以什计。从巷口回视巷内,复叠堆垛,鲜妍飘洒,亦足动人。十字街搭木棚,挂大灯一,俗曰"呆灯",画《四书》、《千家诗》故事,或写灯谜,环立猜射之。

【校】

①“小巷”，道光本作“小街”。

庵堂寺观以木架作柱灯及门额，写“庆赏元宵”、“与民同乐”等字。佛前红纸、荷花、琉璃百盏，以佛图灯带间之，熊熊煜煜〔一〕。庙门前高台，鼓吹五夜。

【注】

〔一〕煜煜：火光明亮貌。

市廛①如横街、轩亭、会稽县西桥〔一〕，闾里相约，故盛其灯。更于其地斗狮子灯，鼓吹弹唱，施放烟火，挤挤杂杂。小街曲巷有空地，则跳“大头和尚”〔二〕。锣鼓声错，处处有人团簇看之。城中妇女多相率步行，往闹处看灯；否则大家小户杂坐门前，吃瓜子、糖豆，看往来士女，午夜方散。乡村夫妇多在白日进城，乔乔画画，东穿西走，曰“钻灯棚”，曰“走灯桥”，天晴，无日无之。

【校】

①“市廛”，道光本作“市前”。

【注】

〔一〕横街：据《万历绍兴府志》，龙山东麓即绍兴府署，其东有镇东阁，再东过府桥，即是横街，为东西走向街市。今绍兴市犹有“府山横街”，应是沿用旧街之名而加以延伸了。

轩亭：由横街转而向北即是轩亭。今府山横街中段有“轩亭口”（秋瑾就义处),即由横街北转之路口,轩亭原址当在此之北。

会稽县西桥:由轩亭向东即会稽县署。署西有南北向河流,其上有桥。

以上所言三地相连接,为府城之中心地带。

〔二〕跳大头和尚,为明代元宵节的一种群众娱乐,不唯江南,各地皆有。明人白话小说《鼓掌绝尘》第三回康汝平道:“只是明日灯夜,这府中来往人多,我和你虽得见那女子,那女子那里便认得我们,可不枉费了一番心机。小弟有个计较,我这巴陵城中,年年灯夜大作兴的是跳舞那大头和尚,不免将计就计,明日午后进城去,做五分银子不着,弄下一副大头和尚。待到上灯时候,央他几个人敲锣的敲鼓的,我和你换了些旧衣服儿,混在那人丛里,一齐簇拥到那韩相国府中去。”刘侗《帝京景物略·春场》亦记正月八日至十八日灯市期间,“击太平鼓无昏晓,跳百索无稚壮,戴面具耍大头和尚,聚观无男女”。

万历间,父叔辈于龙山放灯〔一〕,称盛事,而年来有效之者。次年朱相国家放灯塔山〔二〕,再次年放灯蕺山〔三〕。蕺山以小户效颦,用竹棚多挂纸魁星灯〔四〕,有轻薄子作口号嘲之曰:“蕺山灯景实堪夸,葫筱竿头挂夜叉〔五〕。若问搭彩是何物,手巾脚布神袍纱。”繇今思之,亦是不恶。

纯生氏曰:记绍兴灯事精详,亦复生动。

【注】

〔一〕见卷八《龙山放灯》。

〔二〕朱相国:朱赓,见卷三《朱文懿家桂》。

塔山:即龟山,亦名怪山,在绍兴府城内。《吴越春秋》卷五:范蠡筑城,“城既成,而怪山自生者,琅琊东武海中山也,一夕自来,故名怪山”。

《万历绍兴府志》卷四："龟山，在卧龙南三里，远望似龟形。山麓有宝林寺，上有应天塔，俗今呼为塔山。"

〔三〕蕺山：即戒珠山，在府城北端，属山阴。详见卷七《闰中秋》注。

〔四〕魁星：明顾炎武《日知录》卷三十二："今人所奉魁星，不知始自何年。以奎为文章之府，故立庙祀之。乃不能象奎，而改奎为魁，又不能象魁，而取之字形，为鬼举足而起其斗。"按：以魁星主科举，拟其像为鬼踢斗，最晚始于南宋。

〔五〕篛：以细竹所编之箭壶。筱：细竹，可编物。篛筱：应是编竹器所用之细竹篾。揣测文意，似嘲笑本应用竹竿挑挂魁星像，而此仅用编制竹器之细竹篾充之，而魁星像亦不成样子，画得如夜叉一般。

韵　山

大父至老手不释卷，斋头亦喜书画、瓶几布设。不数日，翻阅搜讨，尘堆研表，卷帙正倒参差。常从尘砚中磨墨一方，头眼入于纸笔，潦草作书生家蝇头细字。日晡向晦，则携卷出帘外就天光。爇[①]烛，檠高，光不到纸，辄倚几携书就灯，与光俱頫，每至夜分，不以为疲。

【校】

①"爇"，原本作"热"，据诸本改。

常恨《韵府群玉》、《五车韵瑞》寒俭可笑[一]，意欲广之，乃博采群书，用淮南"大小山"义[二]，摘其事曰《大山》，摘其语曰《小山》，事语已详本韵而偶寄他韵下曰《他山》，脍炙人口者曰《残山》，总名之曰《韵山》。小字襞绩〔三〕,烟煤残楮,厚如砖块①者三百余本。一韵积至十余本,《韵府》、《五车》不啻千倍之矣。

【校】

①"块",各本俱作"魂",为"块(塊)"字俗写,今正之。

【注】

〔一〕《韵府群玉》:南宋阴时夫所撰以韵相次的类书。

《五车韵瑞》:明凌稚隆撰,因《韵府群玉》而稍变其体例。

〔二〕淮南大小山:宋朱熹《楚辞集注》卷八《招隐士》解题:"《招隐士》者,淮南小山之所作也。淮南王安好古爱士,招致宾容。客有八公之徒,分造词赋,以类相从,或称'大山',或称'小山',如《诗》之有大小雅焉。"

〔三〕襞绩:衣褶也。此言小字细密,一行行如衣褶也。

政欲成帙,胡仪部青莲携其尊人所出中秘书名《永乐大典》者,与《韵山》政相类,大帙①三十余本,一韵中之一字犹不尽焉。大父见而太息曰:"书囊无尽,精卫衔石填海〔一〕,所得几何!"遂辍笔而止。以三十年之精神,使为别书,其博洽应不在王弇州、杨升庵下〔二〕。今此书再加三十年,亦不能成,纵成,亦力不能刻。笔冢如山,只堪覆甓②〔三〕,余深惜之。丙戌兵乱,余载往九里山,藏之藏经阁〔四〕,以待后人。

纯生氏曰:山,产也,产万物者也;又宣也,宣气散生万物。有石而高也,以韵而推极于万事万物,收百世之阙文,采千载之遗韵,谓之《韵山》,不亦宜乎!

【校】

①"帙",原本作"秩",据咸丰本改。

②"覆甓",咸丰本改为"覆瓿",世界书局本改为"覆瓿"。"覆甓"本通,不改。

【注】

〔一〕精卫:《山海经·北山经》:"发鸠之山,有鸟焉,其状如乌,文首白喙赤足,名曰精卫,其鸣自詨。是炎帝之少女,名曰女娃。女娃游于东海,溺而不返,故为精卫,常衔西山之木石,以堙于东海。"陶渊明《读山海经》之十:"精卫衔微木,将以填沧海。刑天舞干戚,猛志故常在。"

〔二〕王弇州:即王世贞,《明史》入《文苑传》,略曰:王世贞,字元美,太仓人。生有异禀,书过目,终身不忘。年十九,举嘉靖二十六年进士。世贞始与李攀龙狎主文盟,攀龙殁,独操柄二十年。才最高,地望最显,声华意气笼盖海内。一时士大夫及山人、词客、衲子、羽流,莫不奔走门下。片言褒赏,声价骤起。

杨升庵:即杨慎,号升庵。《明史》有传,略曰:杨慎,字用修,新都人。年二十四,举正德六年殿试第一,授翰林修撰。嘉靖初,以大礼议谪戍云南永昌卫。及年七十,还蜀,巡抚遣四指挥逮之还。慎幼警敏,十一岁能诗。十二拟作《古战场文》、《过秦论》,长老惊异。人京,赋《黄叶诗》,李东阳见而嗟赏,令受业门下。在翰林时,武宗问钦天监及翰林:"星有注张,又作汪张,是何星也?"众不能对。慎曰:"柳星也。"历举《周礼》、《史记》、《汉书》以复。明世记诵之博,著作之富,推慎为第一。诗文外,杂著至一百余种,并行于世。

〔三〕覆甓:甓,瓦器。《汉书·扬雄传》:"其《太玄》、《法言》,刘歆亦尝观之,谓雄曰:'空自苦。今学者有禄利,然尚不能明《易》,又如玄何?吾恐后人用覆酱瓿也。'雄笑而不应。"师古注:"瓿,小罂也。"

〔四〕九里山:顺治三年(一六四六),张岱避兵乱逃往九里山。藏经阁,疑即在表胜庵中。

天童寺僧

戊寅〔一〕,同秦一生诣天童访金粟和尚〔二〕。至山门,见万工池绿净可鉴须眉〔三〕,旁有大锅覆地。问僧,僧曰:"天童山有龙藏〔四〕,龙常下饮池水,故此水刍秽不入。正德间,二龙斗,寺僧五六百人撞钟鼓撼之,龙怒,扫寺成白地,锅其遗也。"

【注】

〔一〕戊寅:崇祯十一年(一六三八)。

〔二〕天童:《浙江通志》卷十三引《天童寺志》:"在(鄞)县东六十五里。晋永康中,僧义兴结庐,感太白星为童子给侍,故名。有佛迹石、玲珑岩、龙隐潭诸胜。"宋周密《增补武林旧事》卷七:"嘉定间,品第江南诸寺,以余杭径山寺,钱塘灵隐寺、净慈寺,宁波天童寺、育王寺为禅院五山。"

金粟和尚:据《新修天童寺志》,崇祯四年至十四年,住持为密云圆悟禅师。俗姓蒋,江苏宜兴人。因曾主海盐金粟寺,故称"金粟和尚"。

〔三〕万工池:即放生池,初掘于南宋建炎间。《延祐四明志》卷十六:"时僧正觉主天童,僧旧不满二百人,觉纳众千二百人,主事者忧之。觉笑曰:'非汝所忧。'翌日,嘉禾钱氏致粟千斛。岁大饥,为食食贫民,凿万工池。"

〔四〕龙藏:此指藏龙之穴。

入大殿,宏丽庄严。折入方丈〔一〕,通名刺。老和尚见人便打,曰"棒喝"①〔二〕。余坐方丈,老和尚迟迟出,二侍者执杖、执如意先导之,南向立,曰:"老和尚出。"又曰:"怎么[②]行礼?"盖官长见者皆下拜,无抗礼。余屹立不动,老和尚下,行宾主礼。侍者又曰:"老和尚怎么坐?"余又屹立不动,老和尚肃余坐。坐定,余曰:"二生门外汉,不知佛理,亦不知佛法,望老和尚慈悲,明白开示。勿劳棒喝,勿落机锋〔三〕,只求如家常白话,老实商量,求个下落。"老和尚首肯余言,导余随喜。蚤晚斋方丈,敬礼特甚。

【校】

①"棒喝",原本作"捧喝",据道光本改。下二"棒喝"同。

②"怎么",道光本作"争么"。下一"怎么"同。

【注】

〔一〕方丈:《文选》王简栖《头陀寺碑文》:"宋大明五年,始立方丈茅茨,以庇经象。"李善注引高诱曰:"堵长一丈,高一丈,回环一堵为方丈。故曰环堵,言其小也。"

僧道诚《释氏要览》:"方丈,盖寺院之正寝也。始因唐显庆年中,敕差卫尉寺丞李义表、前融州黄水令王玄策往西域充使。至毗耶黎城东北四里许,维摩居士宅示疾之室遗址,叠石为之。玄策躬以手板纵横量之,得十笏,故号方丈。"

〔二〕棒喝:指棒击及吆喝。周裕锴《禅宗语言》:"所谓'棒喝',是指禅师在接待初学者之时,不用语言,或当头一棒,或大喝一声,借以表达各种禅机,考验初学者的悟性。"

〔三〕机锋:禅宗用语。周裕锴《禅宗语言》:"'德山棒,临济喝'只是宗门的一种避免回答的消极手段,它在解构佛教话语系统的同时,也可能解构禅宗自己的话语系统。禅宗需要有'活'有'立',需要一种应付回答的积极手段,于是,一种在解构佛教义学旧文字的基础上建构的禅宗自己的新文字便应运而生，这就是所谓‘机锋’。‘机锋’形成于晚唐五代，是禅宗在否定佛经语言的同时自己创立的语言艺术，是‘不立文字’的另一种表现，是禅宗最有特色的传道、授业、解惑的言说方式。机锋的说法源于一种比喻，机是指射箭的弩机，锋是指箭锋。弩机一触即发，所以无从触摸。箭锋犀利无比，触之即伤，所以不可粘着。这种艺术主要用于应接学人或勘辨禅者。”

余遍观寺中僧匠千五百人，俱舂者、碓者、磨者、甑者、汲者、爨者、锯者、劈者、菜者、饭者，狰狞急遽，大似吴道子一幅《地狱变相》。老和尚规矩严肃，常自起撞人，不止“棒喝”。

纯生氏曰：老和尚岩岩如孤松之独立，宗老谡谡如劲松下风。

水浒牌※

古貌，古服，古兜鍪，古铠胄，古器械，章侯自写其所学所问已耳，而辄呼之曰“宋江”，曰“吴用”，而“宋江”、“吴用”亦无不应者，以英雄忠义之气郁郁芊芊，积于笔墨间也。周孔嘉丐余促章侯〔一〕。孔嘉丐之，余促之，凡四阅月而成。余为作《缘起》曰：

【注】

〔一〕周孔嘉：张岱《嫏嬛文集》卷二《越山五佚记》：“天启五年，姑苏周孔嘉僦居于轩亭之北，余每至其家，剧谈竟日。”

余友章侯,才足掞天〔一〕,笔能泣鬼〔二〕。昌谷道上,婢囊呕血之诗〔三〕;兰渚寺中,僧秘开花之字〔四〕。兼之力开画苑,遂能目无古人,有索必酬,无求不与。既蠲郭恕先之癖〔五〕,喜周贾耘老之贫〔六〕。画《水浒》四十人〔七〕,为孔嘉八口计,遂使宋江兄弟,复睹汉官威仪〔八〕。伯益考著《山海》遗经〔九〕,兽毨鸟氄,皆拾为千古奇文;吴道子画《地狱变相》,青面獠牙,尽化作一团清气。收掌付双荷叶〔一〇〕,能月继三石米,致二斛[①]酒,不妨持[②]赠;珍重如柳河东,必日灌蔷薇露,薰玉蕤香〔一一〕,方许解观[③]。非敢阿私,愿公同好。

纯生氏曰:鬼斧神工,独出意匠,宛然老迟画稿。

【校】

①“斛”,诸本俱作“蚪”。“蚪”即“斗”字,而此处实为“斛”字形近之误。

②“持”,原本作“特”,据砚云本、科图本改。

③“解观”,张岱《嫏嬛文集》卷一《水浒牌序》作“改观”,“改”字疑为“启”字之讹。

【注】

〔一〕掞天:光耀天庭。天庭,朝廷。左思《三都赋》:“蔚若相如,皭若君平,王褒韡晔而秀发,杨雄含章而挺生。幽思绚《道德》,摛藻掞天庭。”李善注:“汉武帝读相如《子虚赋》而善之:‘吾独不得与此人同时哉?’元帝善王褒所作《甘泉》、《洞箫颂》,令后宫贵人左右皆诵之。杨雄奏《羽猎赋》,天子异焉。……故曰‘摛藻掞天庭’也。”

〔二〕杜甫《寄李白》:“笔落惊风雨,诗成泣鬼神。”

〔三〕《新唐书·李贺传》:"李贺,字长吉。旦日出,骑弱马,从小奚奴,背古锦囊,遇所得书,投囊中。未始先立题然后为诗,如它人牵合程课者,及暮归足成之。母使婢探囊中,见所书多,即怒曰:'是儿要呕出心乃已耳!'"昌谷,在今河南宜阳,李贺所居。

〔四〕宋施宿《会稽志》卷九:"兰渚山,在(山阴)县西南二十七里,王右军修禊序云:'此地有崇山峻岭,茂林修竹。'"《会稽续志》卷四:"兰渚山,勾践种兰之地,王、谢诸人修禊兰渚亭。"

唐何延之《兰亭记》载萧翼赚《兰亭》事:王羲之《兰亭序》原本子孙传掌,至七代孙智永。智永初落发时住会稽嘉祥寺,寺即右军之旧宅,后以每年拜墓便近,因移永欣寺。寺在兰渚,羲之以下坟墓在焉。智永临终,把《兰亭》传弟子辩才。辩才于所寝方丈梁上凿其暗槛,以贮《兰亭》,保惜贵重,甚于禅师在日。至唐贞观时,太宗知《兰亭》在辩才处,数求不得,乃遣御史萧翼以计赚取得之。传说萧翼既得《兰亭》,行至中途,不能忍,遽开看之,顿时遍野生花。

〔五〕宋郭若虚《图画见闻志》卷三:"郭忠恕,字恕先,洛阳人。少能属文,七岁举童子。初,周祖召为博士,后因争忿于朝堂,贬崖州司户。秩满去官,不复仕,纵放岐、雍、陕、洛之间。善画屋木林石,格非师授。有设纨素求为图画者,必怒而去,乘兴即自为之。郭从义镇岐下,每延止山亭,张素设粉墨于旁。经数月,忽乘醉就图之,一角作远山数峰而已。郭氏亦珍惜之。岐有富人主官酒酤,其子喜画,日给醇酎,设几案绢素及好纸数轴,屡以情言。忠恕俄取纸一轴,凡数十番。首图一丱角小童持线车,纸穷处作风鸢,中引一线长数丈。富家子不以为奇,遂谢绝焉。太宗素知其名,召赴阙下,授以国子监主簿。忠恕益纵酒,肆言时政得失,颇有怨讟,上恶之,配流登州,死于齐之临邑道中,尸解焉。"此言恕先之癖,言其不乐为富人作画。

〔六〕贾耘老:湖州一穷秀才,苏轼任杭州太守时已知其名。《吴兴备志》卷十一引《庚溪诗话》:"贾收,号耘老。仁宗朝,梅挚公仪出守杭州,上赐之诗，有曰‘地有吴山美，东南第一州’。梅以上诗语名堂，士大夫留题甚众。东坡倅杭，因命笔吏尽录之，而未著其姓名，默定诗之高下，遂以耘老诗为冠。”

苏集有致贾耘老书：“念贾处士贫甚，无以慰其意，乃为作怪石古木一纸，每遇饥时，辄以开看，还能饱人否？若吴兴有好事者，能为君月致米三石、酒三斛，终君之世者，便以赠之。”

〔七〕陈老莲所绘《水浒》四十人，翻刻为酒牌，署《水浒叶子》，传世于今。张岱《嫏嬛文集》卷五有《水浒牌四十八人赞》，或是为老莲之画预拟，但未为老莲所用。

〔八〕《后汉书·光武纪》：“时三辅吏士东迎更始，见诸将过，皆冠帻而服妇人衣，诸于绣𫋲，莫不笑之，或有畏而走者。及见司隶（刘秀为更始帝司隶校尉）僚属，皆欢喜不自胜，老吏或垂涕曰：‘不图今日复见汉官威仪。’”

〔九〕伯益：伯益为舜之虞官。《史记·秦本纪》：“女华生大费，与禹平水土。已成，帝锡玄圭。……鸟兽多驯服，是为柏翳。”其与禹并治洪水事，东汉赵晔《吴越春秋》卷四：“禹巡行四渎，与益、夔共谋，行到名山大泽，召其神而问之，山川脉理，金玉所有，鸟兽昆虫之类，及八方之民俗，殊国异域土地里数，使益疏而记之，名曰《山海经》。”按：伯益或作“伯翳”、“柏翳”、“大费”，或简称曰“益”，从无称“伯益考”者。此“考”或作“父”解，为男子尊称，但终不妥当。

〔一〇〕双荷叶：此指贾耘老小妾。或因其两鬓并前如双荷叶，因而号之。

〔一一〕唐冯贽《云仙杂记》卷六：“柳宗元得韩愈所寄诗，先以蔷薇露盥手，薰玉蕤香，然后发读，曰：‘大雅之文，正当如是。’”

宋蔡绦《铁围山丛谈》卷六：“旧说蔷薇水乃外国采蔷薇花上露，殆不然，实用白金为甑为甑，采蔷薇花，蒸气成水，则屡采屡蒸，积而为香，此所以不败。但异域蔷薇花气馨烈非常，故大食国蔷薇水虽贮琉璃缶中，蜡蜜封其外，然香犹透彻，闻数十步，洒着人衣袂，经十数日不歇也。”

明周嘉胄《香乘》卷五：“番商云：蔷薇露，一名大食水。本土人每晓起，以爪甲于花上取露一滴，置耳轮中，则口眼耳鼻皆有香气，终日不散。”

烟雨楼

嘉兴人开口烟雨楼〔一〕，天下笑之，然烟雨楼故自佳。楼襟对莺泽湖，涳涳蒙蒙〔二〕，时带雨意，长芦高柳，能与湖为浅深。

【注】

〔一〕烟雨楼：《崇祯嘉兴县志》卷一：“滮湖，在县南二里，一名马场湖，俗称南湖。西则灯涵濠刹，东则虹饮放生。远市千家，背城百雉。蒹葭杨柳，菱叶荷花，绿漫波光，碧邀天影，雕舷笙瑟，靡间凉燠，此一方最胜处也。”又云：“檇李，泽国也，东南皆陂湖，而南湖尤大，计百有二十顷。其禽多鸳鸯，故名鸳湖。又云两湖相丽，若鸳鸯然。”

《崇祯嘉兴县志》卷五：“烟雨楼，在县东南湖滨。五代时，中吴节度使、景陵王钱元璙累土成洲，建楼，名曰烟雨，以为登眺之所。宋建炎中废。嘉定间，吏部尚书王希吕致政还家，因旧址建楼。元季杨苗之乱，乃始毁之。明嘉靖戊申，知府赵瀛修浚内隍，令民运土积垛滮湖之中，若君山之点洞庭也。己酉，建楼于上，仍旧名。”

〔二〕涳涳蒙蒙：烟雨迷蒙状。唐温庭筠《春初对暮雨》诗：“淅沥生丛筱，涳蒙泫网轩。”

湖多精舫，美人航之，载书画茶酒，与客期于烟雨楼。客至,则载之去,舣舟于烟波缥渺。态度幽闲,茗炉相对,意之所安,经旬不返。舟中有所需,则逸出宣公桥、角里街〔一〕,果蓏蔬鲜,法膳①琼苏〔二〕,咄嗟立办,旋即归航。柳湾桃坞,痴迷伫想,若遇仙缘;洒然言别,不落姓氏。间有倩女离魂〔三〕,文君新寡〔四〕,亦效颦为之。淫靡之事,出以风韵,习俗之恶,愈出愈奇。

纯生氏曰:大为烟雨楼生色!一片热心,多被布帆卷去,能不作有情痴?鱼乐国中,果有此无边风月否耶?

【校】

①"膳",原本作"善",据咸丰本改。

【注】

〔一〕宣公桥:在旧嘉兴县城东,跨月河,据云为唐陆宣公贽所建,故名。

角里街:在南湖北端。角里先生为秦汉间隐士,后遂有地方附会,如太湖洞庭山之角里村,嘉兴角里街当系此类。

〔二〕琼苏:《初学记》卷二六引《南岳夫人传》:"夫人设王子乔琼苏绿酒。"此泛指美酒。

〔三〕倩女离魂:元人郑光祖据唐陈玄祐《离魂记》编有《倩女离魂》杂剧:倩娘自幼许配表兄王宙,后其父欲悔约别许他人,倩娘遂抑郁成病,其魂随王宙乘船离去,居五年,生二子。后同归宁,镒大惊,因其女一直病卧闺中。病女得讯出迎,与宙妻合为一体。此处泛指思春少女。

〔四〕文君新寡:《史记·司马相如传》:临邛富人卓王孙有女文君新寡,好音。司马相如饮于卓氏,弄琴以挑,文君心悦而好之,乃夜亡奔相如，相如与驰归成都。

朱氏收藏

朱氏家藏〔一〕，如"龙尾觥"、"合卺杯"〔二〕，雕镂锲刻，真属鬼工，世不再见。余如秦铜汉玉、周鼎商彝、哥窑倭漆〔三〕、厂盒宣炉〔四〕、法书名画、晋帖唐琴，所畜之多，与分宜埒富〔五〕，时人讥之。

【注】

〔一〕朱氏：指相国朱赓子孙。张岱祖父汝霖为朱赓婿，此称"朱氏"，鄙之也。《嫏嬛文集》卷四《家传》："甲辰，文懿公（朱赓）当国，子孙多骄恣不法。文懿公封夏楚，贻书大父，开纪纲某某，属大父'惩之犹我'。大父令臧获捧夏楚，立至朱氏，摘其豪且横者，痛决而逐之，不稍纵。其子孙至今犹以为恨。"又，张岱母陶氏家风清廉，嫁时衣装甚俭，张岱祖母（朱赓之女）待之苛厉，也是张岱对朱家缺少亲情的一个原因。

〔二〕觥、杯皆酒具，古以角或铜制，此似以玉仿古而雕者。龙尾觥：酒具而形似龙尾者，古有其物而无其称。

合卺杯：《礼记·昏义》："妇至，婿揖妇以入，共牢而食，合卺而酳。"孔颖达疏："卺，谓半瓢，以一瓠分为两瓢，谓之卺。婿之与妇，各执一片以酳，故云'合卺而酳'。"此言合卺杯，当指一种酒杯款式，合则一具，分则二具。

〔三〕倭漆：明刘侗《帝京景物略·城隍庙市》："漆器，古犀毗、剔红、戗金、攒犀、螺钿，市时时有，而国朝可传，则剔红、填漆、倭漆三者。倭漆，国初至者，工与宋倭器等。胎轻漆滑，铅钤口，金银片，漆中金屑，砂砂粒粒，无少浑暗。（有圆三五七九子合，有方四六九子匣，其小合匣，重止三分，有三撞合，有粉扇笔等匣，有木铫，有角盥，以方长可贮印者贵，香合次之，大可容梳具为最，然不恒有。）中国尽其技者，称蒋制倭漆与潘铸倭铜。然倭用碎金入漆，磨漆金现，其颗屑圜棱，故分明也。蒋用飞金片点，褊薄模糊耳。正统中，杨埙之描漆，汪家之彩漆。（设色如画，用粉入漆，久乃如雪，或曰真珠粉也。）隆庆中，方信川之堆漆螺钿，黄平沙之剔红，人物精采，刀法圆滑。云南雕法虽细，用漆不坚，刀不藏锋，棱不磨熟矣。”

〔四〕厂盒：厂，果园厂。清高士奇《金鳌退食笔记》云："果园厂，在棂星门之西。明永乐年制漆器，以金、银、锡、木为胎，有剔红、填漆二种。所制盘合文具不一。"

明刘侗《帝京景物略·城隍庙市》："剔红，宋多金、银为素，国朝锡、木为胎，永乐中果园厂制。（合盘匣不一，合有蔗段、蒸饼、河西、三撞、两撞等式。蔗段人物为上，蒸饼花草为次，盘有圆、方、长、八角、絛环、四角、牡丹瓣等式，匣有长方、四方、二撞、三撞四式。）其法朱漆三十六次，镂以细锦，底漆黑光，（针刻"大明永乐年制"字。）以比元作者张成、杨茂。剑镮香草之式，似为过之。宣庙青宫时，剔红等制，原经裁定，立后，厂器终不逮前。工屡被罪，因私购内藏盘合，款而进之，（磨去永乐针书细款，刀刻是"宣德"大字，浓金填掩之。）故宣款皆永器也。间存永乐原款，则稀有矣。填漆款亦如之。填漆刻成花鸟，彩填稠漆，磨平如画，久愈新也。其合制贵小，（深者五色灵芝边，浅者回文戗金边。）其古色苍然莹然，其器传绝少，故数倍贵于剔红，故伪者亦多剔红。"

〔五〕分宜：明权相严嵩，《明史》有传，略云：严嵩，字唯中，分宜人。举弘治十八年进士，改庶起士，授编修。移疾归，读书钤山十年，为诗古文辞，颇著清誉。嘉靖二十一年拜武英殿大学士，入直文渊阁，仍掌礼部事。时嵩年六十余矣，精爽溢发，不异少壮。窃政二十年，溺信恶子，流毒天下，人咸指目为奸臣。

明王世贞《觚不觚录》："分宜当国，而子世蕃挟以行黩，天下之金玉宝货无所不致，最后始及法书名画，盖以免俗，且斗侈耳。而至其所欲得，往往假总督抚按之势以胁之，至有破家殒命者，价亦骤长。分宜败，什九入天府。后复佚出，大半入朱忠僖(希孝)家。朱好之甚，豪夺巧取，所蓄之富，几与分宜埒。后没，而其最精者十二归江陵。江陵受他馈遗亦如之，然不能当分宜之半计，今籍矣。若使用事大臣无所嗜好，此价当自平也。"

余谓博洽好古，犹是文人韵事。风雅之列，不黜曹瞒〔一〕；赏鉴之家，尚存秋壑〔二〕。诗文书画未尝不抬举古人〔三〕，恒恐子孙效尤，以袖攫石〔四〕、攫金银以赚田宅①，豪夺巧取，未免有累盛德。闻昔年朱氏子孙有欲买尽②"坐朝问道"四号田者，余外祖兰风先生谑之曰："你只管'坐朝问道'，怎不管'垂拱平章'？"〔五〕一时传为佳话。

纯生氏曰：龙尾觥真赝不一，购辩若狂，宁止费辞说耶？所不同于择端《金明池》者幸矣。

【校】

①"以袖攫石、攫金银以赚田宅"十一字，道光本无，当是有意删去。

②"买尽"，诸本俱误作"卖尽"。朱氏"赚田宅，豪夺巧取"，正是"买"而非"卖"也。

【注】

〔一〕曹瞒：曹操小字阿瞒。《三国志·魏书·武帝纪》引《魏书》：太祖"文武并施。御军三十余年，手不舍书，昼则讲武策，夜则思经传，登高必赋。及造新诗，被之管弦，皆成乐章"。

〔二〕秋壑：南宋权相贾似道。清卞永誉《式古堂书画汇考》卷三十八："似道收蓄书画，妙绝古今，不特搜访详备，尤是目力过人。盖其相业虽属误国，而鉴赏则称独步矣。”同书卷四“贾似道《悦生堂别录》”条载其收藏名法书，注云：“似道留心书画，家藏名迹多至千卷。其宣和、绍兴秘府故物，往往乞请得之。”

〔三〕张岱《西湖梦寻》“三茅观”：“余尝谓曹操、贾似道千古奸雄，乃诗文中之有曹孟德，书画中之有贾秋壑，觉其罪业滔天，减却一半。方晓诗文书画，乃能忏悔恶人如此。”

邓之诚《骨董琐记》卷二“权奸赏鉴”：“韩侂胄阅古堂图书，皆出于向若水鉴定。贾似道阅生堂收藏书画，狎客谭玉为之辨验，廖莹中复为斠刻书籍字帖。秦熺当父桧在相位十九年，无一日不锻酒器，无一日不背书画、碑刻之类。严嵩父子弄权时，天下珍秘尽归听雨楼，后皆籍入内府，凤洲（王世贞）为作《冰山录》。”

〔四〕《宋稗类钞》卷十五：“米元章守涟水，地接灵璧，畜石甚富，一一品目，加以美名，入书室则终日不出。时杨次公为察使，知米好石废事，因往廉焉。至郡，正色言曰：‘朝廷以千里郡邑付公，汲汲公务，犹惧有阙，那得终日弄石？’米径前，以手于左袖中取一石，其状嵌空玲珑，峰峦洞穴皆具，米举石宛转翻覆，以示杨曰：‘如此石安得不爱？’杨殊不顾，乃纳之左袖……最后出一石，尽天划神镂之巧，又顾杨曰：‘如此石安得不爱？’杨忽曰：‘非独公爱，我亦爱也。’即就米手攫得之，径登车去。”

〔五〕张岱《快园道古》卷十四《戏谑部》：“朱文懿当国，其子纳言石门广置田宅。居近南门，凡南门外‘坐朝问道’四号田，欲买尽无遗，巧取豪夺，略无虚日。外祖陶兰风先生谑之曰：‘石门你只管“坐朝问道”，却忘了“垂拱平章”。’”

按：《康熙会稽县志》卷二十三“陶大顺”条：大顺“治身严洁，宦囊萧然，尝谓诸子曰：‘吾以清白贻尔，胜籝金矣’”。大顺，陶兰风之父，可见陶氏家风。

仲叔古董

葆生叔少从渭阳游，遂精赏鉴〔一〕。得白定炉、哥窑瓶、官窑酒匜〔二〕，项墨林以五百金售之〔三〕，辞曰“留以殉葬”。癸卯〔四〕，道淮上，有铁梨木天然几，长丈六，阔三尺，滑泽坚润，非常理。淮抚李三才百五十金不能得〔五〕，仲叔以二百金得之，解维遽去。淮抚大恚怒，差兵蹑之，不及而返〔六〕。

【注】

〔一〕渭阳：《诗·秦风·渭阳》：“我送舅氏，曰至渭阳。”后即以“渭阳”代表舅父。张尔葆之舅父即朱敬循（石门）。

张岱《琅嬛文集》卷四《附传》云：“仲叔喜习古文辞，旁攻画艺。少为渭阳石门先生所喜，多阅古画。年十六七，便能写生，称能品。后遂驰骋诸大家，与沈石田、文衡山、陆包山、董玄宰、李长蘅、关虚白相伯仲。仲叔复精赏鉴，与石门先生竞收藏，交游遂遍天下。”

《琅嬛文集》卷四《家传》云：“我张氏自文恭（张岱曾祖张元忭）以俭朴世其家，而后来宫室器具之美，实开自舅祖朱石门先生，吾父叔辈效而尤之，遂不可底止。”张尔葆工画艺，收藏甚富，与王承勋、朱石门、项墨林、周铭仲为江南五大藏家。张岱评其虽有才具，但“惜乎其宫室器具之奉，实埒王侯”，“亵越之太甚”（见《琅嬛文集》卷四《附传》）。

〔二〕白定炉：定窑，位于今河北定州，宋代五大名窑之一。纯白无色，有白定、花定之分，白定素白无花，花定则在白釉下刻花。

官窑：宋叶寘《坦斋笔衡》：“本朝以定州白磁器有芒，不堪用，遂命汝州造青窑器，故河北唐、邓、耀州悉有之，汝窑为魁。江南则处州龙泉县窑，质颇麤厚。政和间，京师自置窑烧造，名曰官窑。”

〔三〕项墨林：《四库全书提要》：“《蕉窗九录》，明项元汴撰。元汴字子京，秀水人。家藏书画之富甲于天下，今赏鉴家所称项墨林者是也。是书首纸录，次墨录，次笔录，次砚录，次帖录，次书录，次琴录，次香录。”

〔四〕癸卯：万历三十一年（一六〇三），时张岱七岁。

〔五〕李三才：《明史》有传，略云：李三才，字道甫，顺天通州人。万历二年进士。二十七年，以右佥都御史总督漕运，巡抚凤阳诸府。三十五年，顾宪成里居，讲学东林，好臧否人物。三才与深相结，宪成亦深信之。三才才大而好用机权，善笼络朝士。抚淮十三年，结交遍天下。性不能持廉，以故为众所毁。其后击三才者，若邵辅忠、徐兆魁辈，咸以附魏忠贤名丽逆案。而推毂三才，若顾宪成、邹元标、赵南星、刘宗周，皆表表为时名臣。故世以三才为贤。

按：李三才本人极有争议性。攻三才者未必皆为阉党，东林支持三才亦有自身利益所在，不宜以东林之是非为定评。张岱祖父辈多为浙党，张岱虽自言无官职，置身于党争之外，但实不可能，故对三才始终有敌意。《石匮书·门户列传》云：“时总督漕运淮抚李三才，连谱武清侯，以椒房通内谋，入政府，倚东林之士为声援，折节事宪成。诸逐臣迁客计三才力能得主，可为异日赐环地，誉之如一口。”事出有因，但入三才于《逆党列传》则大悖。

〔六〕《嫏嬛文集》卷四《附传》：“（仲叔）癸卯落第，至淮安，有贾客以铁藜天然几货者，淮抚李修吾以百金相值，仲叔以二百金得之，放舟亟行。李修吾飞骑追蹑，见朱文懿勘合，不敢问而返。”与此稍有不同。

庚戌〔一〕，得石璞三十斤，取日下水①涤之，石罅中光射如鹦哥、祖母，知是水碧〔二〕，仲叔大喜。募玉工仿朱氏“龙尾觥”一，“合卺盃”一，享价三千，其余片屑寸皮，皆成异宝。仲叔赢资巨万，收藏日富。

【校】

①"取日下水"难通，据文意，是取水淋石，在日光下可透过石皮看到内部，或是"取水日下"之误。

【注】

〔一〕庚戌：万历三十八年（一六一〇）。

〔二〕鹦哥、祖母：即鹦哥绿、祖母绿，皆为绿宝石。

水碧：明方以智《通雅》卷四十八："水碧，水玉也。或以为冷石赭，或以为水脂碧，程大昌疑为水苍玉，而又以为缥青水晶。"

戊辰后，倅姑熟，倅姑苏，寻令盟津〔一〕。河南为铜薮，所得铜器盈数车，"美人觚"一种〔二〕，大小十五六枚①，青绿彻骨，如翡翠，如鬼眼青，有不可正视之者。归之燕客，一日失之。或是龙藏收去。

纯生氏曰：葆生非特赏鉴，画山水秀润有致。余从赵绿森见之，采入《韵山堂亥既珠音》一书。陈章侯，其婿也。

【校】

①"枚"，原本作"枝"，据咸丰本改。

【注】

〔一〕戊辰：崇祯元年（一六二八），张尔葆倅太平（即姑孰），次年调苏州府，四年署陈州，五年陞孟津令。

〔二〕张岱《夜航船》卷十二《宝玩部》"三代铜"条："花觚入土千年，青绿彻骨，以细腰美人觚为第一，有全花、半花，花纹全者身段瘦小，价至数百。山陕出土者，为商彝、周鼎；河南出土者，为汉器。"

噱 社

仲叔善诙谐,在京师与漏仲容、沈虎臣、韩求仲辈结"噱社"〔一〕,唼喋数言,必绝缨喷饭〔二〕。漏仲容为帖括名士,常曰:"吾辈老年读书做文字,与少年不同。少年读书,如快刀切物,眼光逼注,皆在行墨空处,一过辄了。老年如以指头掐字,掐得一个,只是一个,掐得不着时,只是白地。少年做文字,白眼看天,一篇现成文字挂在天上,顷刻下来,刷入纸上,一刷便完。老年如恶心呕吐,以手扼入齿,哕出之,出亦无多,总是渣秽。"此是格言,非止谐语。

【注】

〔一〕漏仲容:《嘉庆山阴县志》卷十四《乡贤》引《绍兴府志·文苑》:"漏坦之,字仲容。嗜学,善属文。王思任出其门下。然试辄不售,以布衣终。"

沈虎臣:沈德符,字景倩,又字虎臣,浙江秀水人。万历戊午(一六一八)举人。官京师,崇祯十五年(一六四二)去世。所著《万历野获编》最为知名。与祁彪佳为乡试同年。

韩求仲:韩敬,字求仲,号止修,浙江归安人。万历三十八年(一六一〇)进士第一,官修撰,后为人劾举科场作弊而落职。

〔二〕唼喋:《史记·司马相如传》:《上林赋》:"唼喋菁藻,咀嚼菱藕。"《正义》:"唼喋,鸟食之声也。"

绝缨:《史记·滑稽列传》:"楚大发兵加齐,齐王使淳于髡之赵请救兵,赍金百斤,车马十驷。淳于髡仰天大笑,冠缨索绝。"

喷饭:苏轼《文与可画筼筜谷偃竹记》:"筼筜谷在洋州。与可尝令予作洋州三十咏,筼筜谷其一也。予诗云:'汉川修竹贱如蓬,斤斧何曾赦箨龙。料得清贫馋太守,渭滨千亩在胸中。'与可是日与其妻游谷中,烧笋晚食,发函得诗,失笑,喷饭满案。"

一日,韩求仲与仲叔同宴一客,欲连名速之,仲叔曰:"我长求仲,则我名应在求仲前,但缀蝇头于如拳之上,则是细注在前,白文在后,那有此理!"人皆失笑。

沈虎臣出语尤尖巧。仲叔候座师,收一帽套,此日严寒,沈虎臣嘲之曰:"座主已收帽套去,此地空余帽套头。帽套一去不复返,此头千载冷悠悠。"其滑稽多类此〔一〕。

纯生氏曰:蔡中郎得《论衡》,每秘之,而谭更远。有从帐中捉得者,邕丁宁云:"唯我与子共之,勿广也。"结噱社者未知所本何书。

【注】

〔一〕沈德符《万历野获编》卷二十六《咏头二谑诗》所记一事与此相类:顷丙午顺天乡试,第四名郑汝矿者,浙江之绍兴人也,与同里人顺天书办俞姓者作奸,割人佳卷,以致高掇。事发,同俞姓枷示礼部前三月。其里中善谑者,作诗咏之云:"科场今岁巧多般,头向松皮木里钻。画渡那愁江没底,夜行何怕井无阑?霏微细雨衣难湿,料峭轻风颈不寒。只怕蛰虫咸俯日,出头容易缩头难。"一时传颂,固已解颐。近偶举以示范学使长白,渠云:"正有一诗,堪以作对。吾乙未同年中有失貂皮暖耳者,时严冬忍冻,恚甚,同榜一友,改崔颢黄鹤楼诗嘲之云:"贼人已偷帽套去,此地空余帽套头。帽套一去不复返,此头千载光油油。寒眸历历悲燕市，短鬓凄凄类楚囚。九十春光何日至？胸包权戴使人愁。”真与前诗并堪喷饭。

按：范允临与张岱祖父同为万历乙未（二十三年）进士，与沈德符、张尔葆为前辈。

清王士祯《古夫于亭杂录》康熙本卷三“帽套”条所载此事与沈所记又稍异：“明时，京师士大夫冬日制貂为套，着冠帽上以御寒，名曰帽套。一词林乘马谒客，有骑而过者，掠而去之。明日入署，诉于其僚，同年某公好谑，改崔颢《黄鹤楼》诗赠之云：‘昔人已偷帽套去，此地空余帽套头。帽套一去不复返，此头千载空悠悠。’众皆大笑。”

鲁府松棚

报国寺松，蔓引亸委，已入藤理。入其下者，蹒跚局蹐，气不得舒〔一〕。

【注】

〔一〕此报国寺，应指在北京广安门内大街路北之报国寺。寺全名大报恩慈仁寺，建于元代。张岱一生未至京师，此报国寺虽目履所未及，但刘侗《帝京景物略》卷三《报国寺》一文极有名，为张岱所熟悉，文中所言二偃松，正是张岱所言之“报国寺松”。仅摘相关字句如下，供读者比较：“送客出广宁门者，率置酒报国寺二偃松下。初入天王殿，殿墀数株已偃盖，既瞻二松，所目偃盖松，犹病其翘楚。翘楚者，奇情未逮，年齿未促逼也。左之偃，不过檐甃。右之偃，不俯栏石。影无远移，遥枝相及，鳞鳞蹲石，针针乱棘。骇叹久。松理出，盖藤胫而蔓枝，旁引数丈，势不得更前，急却而折，纡者亦轮转，然无意臻上也，被于地则已耳。人朱柱支其肘，乃得局蹐行影中。”

明蒋德璟《记报国寺》亦记此二松：“双松偃盖，皆数百年物。东者可三四丈，有三层，西则仅高二丈，枝柯盘屈横斜，荫数亩。其最修而压地者，以数十红架承之。移榻其下，梳风幕翠，一庭寒色。”按：二松至清初已无存。

而谢肇淛《五杂俎》卷十则云报国寺之偃松最初不止二株：“凡松，髡其顶则不复长，旁干四出，久即偃地矣。京师报国寺有松七八株，高不过丈许，其顶甚平，而枝干旁出至十余丈者。数百茎矢，矫如游龙，然寺僧恐其折，每一干以一木支之，加丹垩焉。好事者携酒上其顶，盘踞群坐。此亦生平所未尝见也。”肇淛为万历进士，所述亦当有据。

鲁府旧邸二松，高丈五，上及檐甃，劲干①如蛇脊，屈曲撑距，意色酣怒，鳞爪拏攫，义不受制，鬣起针针，怒张如戟。旧府呼“松棚”，故松之意态情理无不棚之。便殿三楹，盘郁殆遍，暗不通天，密不通雨。鲁宪王晚年好道，尝取松肘一节，抱与同卧，久则滑泽酣酡，似有血气。

纯生氏曰：千秋万岁知者谁？曰张长公。

【校】

①“干”，原本作“竿”，据道光本改。

一尺雪

“一尺雪”为芍药异种〔一〕，余于兖州见之。花瓣纯白，无须萼，无檀心，无星星红紫〔二〕，洁如羊脂，细如鹤翮，结楼吐舌，粉艳雪腴。上下四旁方三尺，干小而弱，力不能支，蕊大如芙蓉〔三〕，辄缚一小架扶之。大江以南，有其名，无其种，有其种，无其土，盖非兖勿易见之也。

【注】

〔一〕芍药：《广群芳谱》卷四十五引李时珍曰："芍药，犹婥约也，美好貌。此草花容婥约，故以为名。"又云："处处有之，扬州为上，谓得风土之正，犹牡丹以洛阳为最也。初夏开花，有红、白、紫数色，世传以黄者为佳。"山东大面积种植，是为了取其根作药材。其最著者为菏泽。菏泽即曹州，明时为兖州府下属之州。

〔二〕"无须萼，无檀心"之"无"，是"无论"之意。"无星星红紫"之"无"，方是"有无"之"无"。

〔三〕花朵亦称蕊。

兖州种芍药者如种麦，以邻以亩。花时宴客，棚于路、彩于门、衣于壁、障于屏、缀于帘、簪于席、茵于阶者，毕用之，日费数千勿惜。余昔在兖，友人日剪数百朵送寓所，堆垛狼籍，真无法处之。

纯生氏曰：此似玉盘盂者。

菊　海

兖州张氏期余看菊，去城五里。余至其园，尽其所为园者而折旋之，又尽其所不尽为园者而周旋之，绝不见一菊，异之。移时，主人导至一苍莽空地，有苇厂三间，肃余入，遍观之，不敢以菊言，真菊海也。厂三面砌坛三层，以菊之高下高下之①。花大如瓷瓯，无不毬，无不甲[一]，无不金银荷花瓣，色鲜艳异凡本，而翠叶层层，无一叶蚤脱者。此是天道，是土力，是人工，缺一不可焉。

【校】

①自"肃余人"至此共三十字，道光本作"真菊海也。坛三层，以菊高下之"。

【注】

〔一〕甲：此指菊瓣密如铠甲也。

兖州缙绅家风气袭王府，赏菊之日，其桌，其杌，其灯，其炉，其盘，其盒，其盆盎，其肴器，其盃盘大觥，其壶，其帏，其褥，其酒，其面食，其衣服花样，无不菊者。夜烧烛照之，蒸蒸烘染，较日色更浮出数层。席散，撤苇帘以受繁露。

纯生氏曰：菊海可泛，吾将一系故园心。

曹山

万历甲辰[一]，大父游曹山[二]，大张乐于狮子岩下。石梁先生戏作《山君檄》讨大父[三]，祖昭明太子语，谓"若以管弦，污我岩壑"[四]。大父作檄骂之，有曰："谁云鬼刻神镂，竟是残山剩水！"石篑先生嗤石梁曰[五]："文人也，那得犯其锋！不若自认，以'残山剩水'四字摩崖勒之。”先辈之引重如此。

【注】

〔一〕甲辰:万历三十二年(一六〇四)。

〔二〕《乾隆绍兴府志》卷三:“《万历志》:犬亭山北岸有小山,曰曹家山,旧为工人伐石,玲珑若户牖。岁久萝木蔓之,积水成潭,移舟其中,一洞天境也。”又引《会稽县旧志》:“曹山在犬亭山之西,有护生庵,庵后为放生池,总名水宕。陶氏有书室三,中有楼,松竹回绕,名曰石篑山房,陶望龄读书处。”

张岱《嫏嬛文集》卷二《越山五佚记》:“曹山,石宕也。凿石者数什百指,绝不作山水想。凿其坚者,瑕则置之;凿其整者,碎则置之;凿其厚者,薄则置之。日积月累,瑕者堕,则块然阜也;碎者裂,则峭然峰也;薄者穿,则砑然门也。由是坚者日削,而峭壁生焉;整者日琢,而广厦出焉;厚者日磔,而危峦突焉。石则苔藓,土则薜荔,而蓊蔚兴焉;深则重渊,浅则滩濑,而舟楫通焉;低则楼台,高则亭榭,而画图萃焉。则是先之曹山为人所废,而人不能终废之;后之曹山为人所造,而人不能终造之。此其间有天焉,人所不能主,而天所不及料也。”

〔三〕陶奭龄,字君奭,又字公望,号石梁。陶望龄(石篑)之弟。王阳明之三传弟子。

〔四〕《南史·昭明太子萧统传》:“性爱山水,于玄圃穿筑,更立亭馆,与朝士名素者游其中。尝泛舟后池,番禺侯轨盛称此中宜奏女乐。太子不答,咏左思《招隐诗》云:‘何必丝与竹,山水有清音。’轨惭而止。”

萧统《与何胤书》:“方今朱明受谢,清风戒寒,想摄养得宜,与时休适。耽精义,味玄理,息嚣尘,玩泉石,激扬硕学,诱接后进,志与秋天竞高,理与春泉争溢,乐可言乎?乐可言乎?岂与口厌刍豢、耳聆丝竹者之娱同年而语哉?”

〔五〕石篑:陶望龄号,见卷二《花石纲遗石》注。

曹石宕为外祖放生池，积三十余年，放生几百千万。有见池中放光如万炬烛天，鱼虾荇藻附之而起，直达天河者。余少时从先宜人至曹山庵作佛事，以大竹篰贮西瓜四，浸宕内。须臾，大声起岩下，水喷起十余丈，三小舟缆断，颠播[①]波中，冲击几碎。舟人急起视，见大鱼如舟，口欱四瓜，掉尾而下。

纯生氏曰：袁宗道云“月照李花，清瘦冷淡”，似对石篑面孔。今读嗤石粱语，兼有陶先生神气。

【校】

①“颠播”，原本作“颠翻”，皆可通，而“颠播”较好，据道光本改。

齐景公墓花罇

霞头沈佥事宦游时[一]，有发掘齐景公墓者，迹之，得铜豆三，大花罇二。豆朴素无奇。花罇高三尺，束腰拱起，口方而敞[①]，四面戟楞，花纹兽面，粗细得款，自是三代法物，归乾阳刘太公[②][二]。余见，赏识之，太公取与严，一介不敢请。及宦粤西，外母归余斋头，余拂拭之，为发异光。取浸梅花，贮水，汗下如雨，逾刻始收，花谢结子，大如雀卵。余藏之两年，太公归自粤西，稽核[③]之，余恐伤外母意，亟归之。后为驵侩所啖，竟以百金售去，可惜！今闻在歙县某氏家庙。

纯生氏曰:胆瓶实猪汁亦能花实。

【校】

①“敞”,原本作“厂”,据咸丰本改。

②“乾阳刘太公”,道光本、咸丰本俱误作“乾刘阳太公”。按:张岱妻之祖父刘毅,字健甫,号乾阳。

③“稽核”,诸本俱作“稽覆”,误。“覆”为“核(覈)”形近之误。

【注】

〔一〕霞头:《嘉庆山阴县志》卷五:县西北十三里为霞头桥。

沈佥事:不详其人。或云名良臣,字合园,万历十一年进士。不知是否。

〔二〕乾阳刘太公:刘毅,字健甫,号乾阳,山阴人。负才自喜,多用古文辞。万历己丑会试第六人,官至广西按察使、右布政使,所至政绩灿然。因台使者失礼,移病归,数年而卒。居家敦朴,人不识其为贵人。为张岱妻子之祖父。

卷七

西湖香市

西湖香市,起于花朝〔一〕,尽于端午。山东进香普陀者日至,嘉、湖进香天竺者日至〔二〕,至则与湖之人市焉,故曰香市。

【注】

〔一〕花朝:宋吴自牧《梦粱录》卷一"二月望":仲春十五日为花朝节。浙间风俗,以为春序正中,百花争放之时,最堪游赏,都人皆往钱塘门外玉壶、古柳林等地玩赏奇花。"

〔二〕清梁诗正《西湖志纂》卷一"天竺香市":"飞来峰之阴为灵隐,飞来峰之阳为天竺,而两山各擅其胜。由飞来峰转至下竺,诸岩洞皆嵌空玲珑,莹粹清润,林木悉自岩骨拔起,不土而生。更进为中竺,又进为上竺。夹道溪流纵琤,松篁茂密,所在多村市野店。春时乡民扶老携幼,焚香顶礼大士,以祝丰年。更有自远方负担而至者,名曰香客,骈肩接踵,岁以为常。三寺皆极宏丽,而上竺尤盛。"

然进香之人市于三天竺,市于岳王坟,市于湖心亭,市于陆宣公祠①〔一〕，无不市，而独凑集于昭庆寺〔二〕，昭庆两廊故无日不市者。三代八朝之骨董，蛮夷闽貊之珍异，皆集焉〔三〕。至香市，则殿中边，甬道上下，池左右，山门内外，有屋则摊，无屋则厂，厂外又栅，栅外又摊②，节节寸寸，凡胭脂簪珥、牙尺剪刀，以至经典木鱼〔四〕、孖儿嬉具之类，无不集。

【校】

①"市于陆宣公祠"一句，《西湖梦寻·昭庆寺》所附《西湖香市记》作"市于飞来峰"。

②"厂外又栅，栅外又摊"，乾隆本、咸丰本作"厂外又棚，棚外又摊"，据道光本改。按：棚即是厂，而栅则无篷，仅以短栅区分地界，聊胜于无地界之摊。"棚"字盖因形近而误。

【注】

〔一〕陆宣公祠：在孤山，祀唐名臣陆贽。明田汝成《西湖游览志》卷二："陆宣公祠，乃中书舍人洪澄别墅，疏泉攀石，乔木数十章，左右映蔚，号称佳丽。舍人亡不数年，鞠为荒墟，后属陆少保炳。少保自谓系出宣公，创祠祀之，规制弘敞，吞吐湖山，台榭之盛，为一时冠。炳既物故，仍坐法，祠没入官，以名贤得不废。"张岱《西湖梦寻·陆宣公祠》云："孤山何以祠陆宣公也？盖自陆炳为(明)世宗乳母之子，揽权怙宠，自谓系出宣公，创祠祀之。"

〔二〕昭庆寺：《西湖游览志》卷八："昭庆律寺，晋天福间吴越王建。宋乾德二年重修，太平兴国三年建戒坛于寺中，每岁三月三日，海内缁流云集于此，推其长老能通五宗诸典者登坛说法。"

张岱《西湖梦寻》卷一"昭庆寺"："石晋元年始创，毁于钱氏乾德五年。宋太平兴国元年重建，立戒坛，改名昭庆。是岁又火。迨明洪武至成化，凡修而火者再。嘉靖三十四年以倭乱，恐贼据为巢，遽火之。事平再造，遂用堪舆家说，辟除民舍，使寺门见水，以厌火灾。隆庆三年复毁。司礼监太监孙隆以织造助建，悬幢列鼎，绝盛一时。崇祯十三年又火，湖水为赤。"

〔三〕刘侗《帝京景物略》卷二《灯市》篇："夷蛮闽貊之珍异，三代八朝之骨董，五等四民之服用物，皆集。"

〔四〕经典：佛书。明胡应麟《少室山房笔丛》正集卷四："凡武林书肆，多在镇海楼之外及涌金门之内，及弼教坊、清河坊，皆四达衢也。省试则间徙于贡院前。花朝后数日，则徙于天竺，大士诞辰也。上巳后月余，则徙于岳坟，游人渐众也。梵书多鬻于昭庆寺，书贾皆僧也。"

此时春暖，桃柳明媚，鼓吹清和，岸无留船，寓无留客，肆无留酿。袁石公所谓"山色如娥，花光如颊，波纹如绫，温风如酒"〔一〕，已画出西湖三月。而此以香客杂来，光景又别。士女闲都，不胜其村妆野妇之乔画；芳兰芗泽，不胜其合香芫荽之薰蒸〔二〕；丝竹管弦，不胜其摇鼓吹①笙之聒帐；鼎彝光怪，不胜其泥人竹马之行情；宋元名画，不胜其湖景佛图之纸贵。如逃如逐，如奔如追，撩扑不开，牵挽不住，数百十万男男女女、老老少少，日簇拥于寺之前后左右者，凡四阅月方罢。恐大江以东，断无此二地矣。

【校】

①"吹"，诸本俱作"欱"。欱是吸，笙不可吸，当是"吹"字之误。

【注】

〔一〕袁宏道游记《西湖一》："从武林门而西，望保叔塔突兀层崖中，则已心飞湖上也。午刻入昭庆，茶毕，即棹小舟入湖。山色如蛾，花光如颊，温风如酒，波纹如绫，才一举头，已不觉目酣神醉，此时欲下一语描写不得，大约如东阿王梦中初遇洛神时也。余游西湖始此，时万历丁酉十月十四日也。”

〔二〕合香：疑指茴香菜，与芫荽（即“香菜”）都是气味浓烈的蔬菜，与兰芗相比，自是薰人。

崇祯庚辰三月〔一〕，昭庆寺火。是岁及辛巳、壬午洊饥，民强半饿死。壬午，虏鲠山东〔二〕，香客断绝，无有至者，市遂废。辛巳夏，余在西湖，但见城中饿殍舁出，扛挽相属。时杭州刘太守梦谦，汴梁人〔三〕，乡里抽丰者多寓西湖〔四〕，日以民词馈送。有轻薄子改古诗诮之曰：“山不青山楼不楼，西湖歌舞一时休。暖风吹得死人臭，还把杭州送汴州。”〔五〕可作西湖实录。

纯生氏曰：此记见《西湖梦寻》。

【注】

〔一〕庚辰：崇祯十三年（一六四〇）。

〔二〕壬午，崇祯十五年。年底，清军破山东兖州等地，进至海州。

〔三〕张岱《西湖梦寻》卷二《苏公堤》：“迨至崇祯初年，堤上树皆合抱。太守刘梦谦与士夫陈生甫辈时至。二月，作胜会于苏堤。城中括羊角灯、纱灯几万盏，遍挂桃柳树上，下以红毡铺地，冶童名妓，纵饮高歌。夜来万蜡齐烧，光明如昼。湖中遥望堤上万蜡，湖影倍之。箫管笙歌，沉沉昧旦。传之京师，太守镌级。”按：刘梦谦，河南罗山人。

〔四〕抽丰：或作“抽风”。以乡里朋友关系向有钱人索取财物。

〔五〕明田汝成《西湖游览志余》卷二：“绍兴、淳熙之间，颇称康裕，君相纵逸耽乐湖山,无复新亭之泪。士人林升者题一绝于旅邸,云:山外青山楼外楼,西湖歌舞几时休。暖风薰得游人醉,便把杭州作汴州。”

鹿苑寺方柿

萧山方柿〔一〕,皮绿者不佳,皮红而肉糜烂[①]者不佳,必树头红而坚脆如藕者方称绝品。然间遇之,不多得。余向言西瓜生于六月,享尽天福;秋白梨生于秋,方柿、绿柿生于冬,未免失候。丙戌,余避兵西白山〔二〕,鹿苑寺前后有夏方柿十数株。六月歊暑,柿大如瓜,生脆如咀冰嚼雪,目为之明,但无法制之,则涩勒不可入口。土人以桑叶煎汤,候冷,加盐少许,入瓮内,浸柿,没其颈,隔二宿取食,鲜磊异常。余食萧山柿多涩,请赠以此法。

纯生氏曰:柿有七绝:一寿,二多阴,三无鸟窠,四无虫蠹,五霜叶可玩,六佳实可啖,七落叶肥大可以临书。余为添一绝曰:六月歊暑,可以代瓜。

【校】

①“糜烂”,原本作“麋烂”,据咸丰本改。

【注】

〔一〕《康熙萧山县志》卷七《物产志》:“柿有三品:绿柿、方顶柿、漆柿。”方柿即方顶柿。

〔二〕西白山:宋施宿《会稽志》卷九“嵊县”:“大白山,在县西六十里。旧经云:此山峻极崔嵬,吐云含景,与小白山接,乃赵广信炼九华丹登仙之处。瀑泉飞下，号瀑布岭。土人亦称西白山。”《浙江通志》卷十五：“太白山，一作大白山，《名胜志》：在县西七十里，绝高者为太白，次为小白，面东者为西白，面西者为东白，在东阳者为北白。”

丙戌为顺治三年。去年秋末，张岱即为人排挤，谤毁缠身，遂上鲁王一表，告辞而去，流亡于剡县，至顺治三年初，张岱又赴方国安之请，出山至江上，周旋百余日，见事不济，又入山。至五月，江上兵败。六月，鲁王逃入海，清兵到处搜捕抗清义士，故此云“避兵”。

西湖七月半※

西湖七月半，一无可看，止可看看七月半之人。

看七月半之人，以五类看之。其一，楼船箫鼓，峨冠盛筵，灯火优傒，声光相乱，名为看月而实不见月者，看之。其一，亦船亦楼，名娃闺秀，携及童娈，笑啼杂之，环坐露台，左右盼望，身在月下而实不看月者，看之。其一，亦船亦声歌，名妓闲僧，浅斟低唱，弱管轻丝，竹肉相发，亦在月下，亦看月，而欲人看其看月者，看之。其一，不舟不车，不衫不帻，酒醉饭饱，呼群三五，挤[①]人人丛，昭庆、断桥，嘄呼嘈杂，装假醉，唱无腔曲，月亦看，看月者亦看，不看月者亦看，而实无一看者，看之。其一，小船轻幌，净几暖炉，茶铛旋煮，素瓷静递，好友佳人，邀月同坐，或匿影树下，或逃嚣里湖[一]，看月而人不见其看月之态，亦不作意看月者，看之。

【校】

①"挤",原本作"跻",据砚云本改。

【注】

〔一〕里湖:西湖中孤山、白堤之北的部分称里西湖或里湖,又为了与西里湖相区别,称为北里湖。

杭人游湖,巳出酉归,避月如避[①]仇〔一〕。是夕好名,逐队争出,多犒门军酒钱,轿夫擎燎列俟岸上。一入舟,速舟子急放断桥,赶入胜会。以故二鼓以前,人声鼓吹,如沸如撼,如魇如呓,如聋如哑,大船小船一齐凑岸,一无所见,止见篙击篙、舟触舟、肩摩肩、面看面而已。

【校】

①"避"字原本无,据砚云本补。

【注】

〔一〕袁宏道游记《西湖二》:"杭人游湖,止午、申、未三时。其实湖光染翠之工,山岚设色之妙,皆在朝日始出,夕舂未下,始极其浓媚。月景尤不可言,花态柳情,山容水意,别是一种趣味。此乐留与山僧游客受用,安可为俗士道哉!"

少刻兴尽,官府席散,皂隶喝道去,轿夫叫船上人,怖以关门,灯笼火把如列星,一一簇拥而去。岸上人亦逐队赶门,渐稀渐薄,顷刻散尽矣。吾辈始舣舟近岸,断桥石磴始凉,席其上,呼客纵饮。此时月如镜新磨,山复整妆,湖复颒面。向之浅斟低唱者出,匿影树下者亦出,吾辈往通声气，拉与同坐。韵友来，名妓至，杯箸安，竹肉发。

月色苍凉，东方将白，客方散去。吾辈纵舟，酣睡于十里荷花之中，香气扑[①]人，清梦甚惬。

纯生氏曰：如游七十二峰，神奇诡异，一峰一叫绝。

【校】

①“扑”，原本作“拍”，据砚云本、科图本改。

及时雨

壬申七月〔一〕，村村祷雨，日日扮潮神海鬼，争唾之〔二〕。余里中扮《水浒》，且曰：画《水浒》者，龙眠、松雪〔三〕、近章侯，总不如施耐庵。但如其面勿黛，如其髭勿鬣，如其兜鍪勿纸，如其刀杖勿树，如其传勿杜撰，勿弋阳腔〔四〕，则十得八九矣。于是分头四出，寻黑矮汉，寻梢长大汉，寻头陀，寻胖大和尚，寻茁壮妇人，寻姣长妇人，寻青面，寻歪头，寻赤须，寻美髯，寻黑大汉，寻赤脸长须，大索城中。无则之郭、之村、之山僻、之邻府州县，用重价聘之，得三十六人。梁山泊好汉个个呵活〔五〕，臻臻至至〔六〕，人马称娖而行〔七〕，观者兜截遮拦，直欲看杀卫玠〔八〕。

【注】

〔一〕壬申：崇祯五年（一六三二）。

〔二〕唾水神，责其不降雨也。

〔三〕龙眠：宋李廌《德隅斋画品》："龙眠居士，名公麟，登进士第，以文学有名于时。学佛悟道，深得微旨，立朝籍籍有声。博求钟鼎古器，圭璧宝玩，森然满家。雅好画，心通意彻，直造玄妙。盖其天才轶群，举皆过人。士大夫以谓鞍马愈于韩干，佛像可近吴道玄，山似李思训，人物似韩滉，非过论也。"《宣和画谱》卷七"人物"："李公麟，字伯时，舒城人也。熙宁中登进士第。尤工人物，能分别状貌，使人望而知其廊庙、馆阁、山林、草野、闾阎、臧获、台舆、皂隶。至于动作态度，颦呻俯仰，小大美恶，与夫东西南北之人，随分点画，尊卑贵贱，咸有区别。"

松雪：即赵孟頫，《元史》有传，略云：赵孟頫，字子昂，宋太祖子秦王德芳之后。诗文清邃奇逸，读之使人有飘飘出尘之想。篆、籀、分、隶、真、行、草书无不冠绝古今，遂以书名天下。其画山水、木石、花竹、人马，尤精致。前史官杨载称孟頫之才颇为书画所掩，知其书画者，不知其文章，知其文章者，不知其经济之学。人以为知言云。明何良俊《四友斋画论》："夫画家各有传派，不相混淆。如人物，其白描有二种：赵松雪出于李龙眠，李龙眠出于顾恺之，此所谓铁线描。"

〔四〕弋阳腔：弋阳，江西弋阳县。弋阳腔产生于元末明初，徐渭《南词叙录》论四大声腔云："今唱家称弋阳腔，则出于江西，两京、湖南、闽、广用之。称余姚腔者，出于会稽，常、润、池、太、扬、徐用之。称海盐腔者，嘉、湖、温、台用之。唯昆山腔止行于吴中，流丽悠远，听之最足荡人。"是弋阳腔与昆山腔相比，更近于通俗朴质，对服装扮相不甚讲究。

〔五〕呵活：呵口气即可活也。中国民间传说中神仙术士撮土琢木，豆兵草马，吹气则成真人真马。

〔六〕臻臻至至：言诸人扮相皆臻至极妙。

〔七〕称娖：《后汉书·中山简王焉传》："今五国各官骑百人，称娖前行。”李贤注:“称娖,犹齐整也。”

〔八〕《世说新语·容止》:“骠骑王武子是卫玠之舅,俊爽有风姿。见玠,辄叹曰:‘珠玉在侧,觉我形秽。’”又言:“卫玠从豫章至下都,人闻其名,观者如堵墙。玠先有羸疾,体不堪劳,遂成病而死,时人谓‘看杀卫玠’。”

五雪叔归自广陵〔一〕,多购法锦宫缎,从以台阁者八:雷部六,大士一,龙宫一,华重美都,见者目夺气亦夺。盖自有台阁,有其华无其重,有其美无其都,有其华重美都无其思致,无其文理。轻薄子有言:“不替他谦了也,事事精办!”

【注】

〔一〕五雪叔,即祁彪佳《越中园亭记·天镜园》中所说之“五泄君”,南华老人之子,张岱之从叔。

季祖南华老人喃喃怪问余曰:“《水浒》与祷雨有何义味?近余山盗起〔一〕,迎盗何为耶?”余頫首思之,果诞而无谓,徐应之曰:“有之。天罡尽,以宿太尉殿焉。用大牌六,书‘奉旨招安’者二,书‘风调雨顺’者一,‘盗息民安’者一,更大书‘及时雨’者二,前导之。”〔二〕观者欢喜赞叹,老人亦匿笑而去。

纯生氏曰:雨虽及时,只是从盗泉乞得,老人曷不为转语耶?

【注】

〔一〕余山：周作人与日本友人松枝茂夫信："余山当是地名，待考。此或是'畲山'之省，与'涂山'通，谓越中之山乡乎？但此系臆测，想难凭信。"按《万历绍兴府志》卷四：山阴县西北四十五里有涂山。传说大禹巡省南土，合诸侯于涂山，执玉帛者万国。又涂山氏之女候禹于涂山之阳，大禹娶之。此涂山或作"畲山"。另，绍兴西北四十二里又有"西余山"，一作"西扆"，谓禹负扆朝诸侯处，与涂山如非一山，即为连麓。平步青以为"余山"当为"佘山"，误。佘山远在松江，与绍兴相距数百里，中隔嘉兴、杭州两都会，设有盗匪，绍兴人不知能梦到否。

〔二〕宿太尉奉旨招安事见《水浒传》第八十二回。

山艇子

龙山自巘花阁而西皆骨立〔一〕，得其一节，亦尽名家。山艇子石，意尤孤孑，壁立霞剥〔二〕，义不受土。大樟徙其上，石不容也，然不恨石，屈而下，与石相亲疏。石方广三丈，右坳而凹，非竹则尽矣，何以浅深乎石？

【注】

〔一〕祁彪佳《越中园亭记·巘花阁》："在张五泄君宅后，即龙山之南麓也。石壁棱峙，下汇为小池。飞栈曲桥，逶迤穿渡，为亭为台，如簇花叠锦，想金谷当年不过尔尔。"张五泄即张岱之五雪叔。参见卷八《巘花阁》篇。

〔二〕霞剥：斑驳如云霞。

然竹怪甚，能孤行，实不借石。竹节促，而虬叶毵毵如蝟毛，如松狗尾，离离矗矗〔一〕，捎掠攒挤〔二〕，若有所惊者。竹不可一世，不敢以竹竹之①〔三〕。或曰古金②错刀也〔四〕，或曰竹生石上，土肤浅，蚀其根，故轮囷盘郁如黄山上松。

【校】

①“不敢以竹竹之”，诸本俱作“不敢以竹二之”，无解，“二”固是“竹”字之误。抄者以“竹”字相重，第二字作两点，后遂误为“二”字。此种将“两点”误为“二”或“三”字的情况古书中多有。如徐渭《南词叙录》中言《汉书》“元二之民”，本“元元”，后世不知，误作“元二之民”，即属此类。又如《世说新语・言语第二》“邓艾口吃”条，刘孝标注引《魏志》云：“后见司马宣王，三辟为掾。”“三”字显误，赵西陆《世说新语校释》疑“三”系二“两点”之讹，二“两点”者，重上“宣王”二字也，原文应是“后见司马宣王，宣王辟为掾”。张岱此句意谓不敢因其为竹而以凡常之竹待之。待之以何？即下文之金错刀、黄山松也。

②“金”，诸本俱作“今”。“今错刀”无解，自是“金错刀”之误。

【注】

〔一〕离离：茂盛貌。魏曹操《塘上行》：“蒲生我池中，其叶何离离。”

矗矗：重叠貌。宋司马光《夏夜》诗：“溽暑郁不开，矗矗云万叠。”

〔二〕捎掠：《佩文斋书画谱》卷八十六引徐渭评吴镇墨竹：“余观梅花道人画竹，如群凤为鹘所掠，翎羽腾闪、捎掠、变灭之诡，虽凤亦不得而知。”是捎掠本为鸟羽拂掠转折之姿态，徐渭以之喻竹叶之形态。

攒挤：竹竿竹叶丛聚状。

〔三〕以竹竹之：以凡竹之标准衡量此竹。以竹竹之，此竹实不成材；不以竹竹之，则为金错刀，为黄山松。山艇子旁之楼为张岱读书处（见《庞公池》），故以此竹自况，故有此言。下文言竹石间意以淡远取之，亦自况。

〔四〕金错刀:汉张衡《四愁诗》:“美人赠我金错刀,何以报之英琼瑶。”《书史会要》卷六:“李煜,工书画。其作大字,不事笔,卷帛而书之,皆能如意,世谓撮襟书。复喜作颤掣势,人又目其状为金错刀。”宋郭若虚《图画见闻志》卷四:“唐希雅,嘉兴人,妙于画竹,兼工翎毛。始学李后主金错刀书,遂缘兴入于画,故为竹木多颤掣之笔,萧疏气韵,无谢东海矣。”

山艇子樟,始之石,中之竹,终之楼。意长楼不得竟其长,故艇之。然伤于贪,特特向石,石意反不之属。使去丈而楼,壁出,樟出,竹亦尽出。竹石间意,在以淡远取之。

纯生氏曰:孤奇妙远,字字不经人道。

悬杪亭

余六岁随先君子读书于悬杪亭〔一〕。记在一峭壁之下,木石撑距,不借尺土,飞阁虚堂,延骈如栉。缘崖而上,皆灌木高柯,与檐甃相错。取杜审言“树杪玉堂悬”句〔二〕,名之“悬杪”。度索寻橦[①]〔三〕,大有奇致。后仲叔庐其崖下,信堪舆家言,谓碍其龙脉[②],百计购之,一夜徙去,鞠为茂草。儿时怡寄,常梦寐寻往。

纯生氏曰:高人妙致,梦寐以之,盖自其幼时而已然矣。

【校】

①“橦”，原本误作“樟”，据道光本改。

②“脉”，诸本俱作“衂”，“衂”同“胐”，音穴，《广韵》云“臆中脂”也，与文不合。按:本文系“堪舆家言”，“衂”应是“脉”字，形近而误。龙脉即所谓山之气脉。

【注】

〔一〕娄如松言:悬杪亭应在龙山西岗悬崖底部。按:张介子所建之瑞草豀亭当在此处。

〔二〕见唐杜审言《蓬莱三殿侍宴奉敕咏终南山应制》诗。

〔三〕明杨慎《丹铅总录》卷二“度索寻橦”条云:“《西域传》有‘度索寻橦之国’，《后汉书》‘跋涉悬度’注:‘溪谷不通，以绳索相引而度。’唐独孤及《招北客辞》:‘笮复引一索，其名为笮。人悬半空，度彼绝壑。’予按:今蜀松茂之地皆有此桥，其河水险恶，既不可舟楫，乃施植两柱于两岸，以绳絙其中，绳上有一木筒，所谓橦也。欲度者，则以绳缚人于橦上，人自以手缘索而进，行达彼岸，复有人解之，所谓‘寻橦’也。”

雷殿

雷殿在龙山磨盘冈下，钱武肃王于此建蓬莱阁〔一〕，有断碣在焉。殿前石台高爽，乔木潇疏。六月，月从南来，树不蔽月。余每浴后，拉秦一生、石田上人〔二〕、平子辈坐台上，乘凉风，携肴核，饮香雪酒，剥鸡豆，啜乌龙井水〔三〕，水凉洌激齿。下午着人投西瓜浸之，夜剖食，寒栗逼人，可雠三伏。林中多鹊，闻人声辄惊起，磔磔云霄间〔四〕，半日不得下。

纯生氏曰：布帆二丈，画冷云瘦鹤，顺风而翔于芦花杨柳之间，襟怀类此。

【注】

〔一〕蓬莱阁：宋张淏《会稽续志》卷一："蓬莱阁，吴越王钱镠所建，其名以蓬莱者，盖旧志云蓬莱山正偶会稽。元微之诗云：'谪居犹得住蓬莱。'"按：元稹时为浙东观察使，白居易为杭州太守，元稹寄诗《以州宅夸于乐天》。

宋王十朋《会稽风俗赋》："射堂丰凶之的，宛委日月之珪。应天上之玉衡，直海中之蓬莱。"又《蓬莱阁赋》："越中自古号嘉山水，而蓬莱阁实为之冠。"

〔二〕石田上人：为蕺山戒珠寺僧人，与张岱、祁彪佳有交。

〔三〕《嘉庆山阴县志》卷三：龙山"山巅城隍祠，其西南越王台下为威果营，有乌龙井"。

〔四〕苏轼《石钟山记》："山上栖鹘，闻人声亦惊起，磔磔云霄间。"

龙山雪

天启六年十二月，大雪深三尺许。晚霁，余登龙山，坐上城隍庙山门〔一〕，李岕生、高眉生、王畹生、马小卿、潘小妃侍〔二〕。万山载雪，明月薄之，月不能光，雪皆呆白。坐久清冽，苍头送酒至，余勉强举大觥敌寒，酒气冉冉，积雪欱之，竟不得醉。马小卿唱曲，李岕生吹洞箫和之，声为寒威所慑，咽涩不得出。三鼓归寝。马小卿、潘小妃相抱从百步街旋滚而下〔三〕，直至山趾，浴雪而立。余坐一小羊头车〔四〕,拖冰凌而归。

纯生氏曰:越有狂生,当天大雪,赤足上潜岳峰,四顾大呼曰:遍天地皆白玉合成,使人心胆澄澈,便欲仙去。

【注】

〔一〕上城隍庙:绍兴府城隍庙原在卧龙山西南之巅,至洪武时改祀于山麓,称下庙,原城隍庙则称上庙。

〔二〕以上数人皆张家戏班中演员,见卷四《张氏声伎》。

〔三〕百步街:从山麓“下城隍庙”上至山顶“上城隍庙”的山路。

〔四〕羊头车:农家所用独轮小车。宋张耒《输麦行》:“场头雨干场地白,老稚相呼打新麦。半归仓廪半输官,免教县吏相催迫。羊头车子毛布囊,浅泥易涉登前冈。”明姜南《瓠里子笔谈·羊头车》:“自镇江以北,有独轮小车,凡百乘,载皆用之。一人挽之于前,一人推之于后,虽千里亦可至矣。谓之羊头车。”

庞公池

庞公池岁不得船〔一〕,况夜船,况看月而船。自余读书山艇子,辄留小舟于池中,月夜,夜夜出,缘城至北海阪,往返可五里,盘旋其中。山后人家,闭门高卧,不见灯火,悄悄冥冥,意颇凄恻。余设凉簟,卧舟中看月,小傒船头唱曲,醉梦相杂,声声渐远,月亦渐淡,嗒然睡去。歌终忽寤,含糊赞之,寻复鼾齁。小傒亦呵欠歪斜,互相枕籍。舟子回船到岸,篙啄丁丁,促起就寝。此时胸中浩浩落落，并无芥蒂①，一枕黑甜，高舂始起〔二〕，不晓世间何物谓之忧愁。

纯生氏曰：妙夺漆园之梦。

【校】

①"蒂"，原本误作"带"，据道光本改。

【注】

〔一〕庞公池：在府城之西南角，东即龙山西岗悬崖，西近城墙。张家砎园即其一部分。

〔二〕高舂：日影西斜近黄昏时。《淮南子·天文训》："（日）至于渊虞，是谓高舂。至于连石，是谓下舂。"高诱注："渊虞，地名。高舂，时加戌，民碓舂时也。"

品山堂鱼宕

二十年前，强半住众香国〔一〕，日进城市，夜必出之。品山堂孤松箕踞岸帻入水。池广三亩，莲花起岸，莲房以百以千，鲜磊可喜。新雨过，收叶上荷珠煮茶，香扑烈。

【注】

〔一〕祁彪佳《越中园亭记·众香国》："张长公大涤君开园中堰，以品山名其堂。盖千岩万壑，至此俱披襟相对，恣我月旦耳。季真半曲，方干一岛，映带左右，鉴湖最胜处也。"大涤君，张岱之父张燿芳号大涤。中堰，在府城西南角偏门外五里，临鉴湖。

门外鱼宕横亘三百余亩，多种菱芡。小菱如姜芽，辄采食之，嫩如莲实，香似建兰，无味可匹。深秋，橘奴饱霜，非个个红绽，不轻下剪。

季冬观鱼，鱼艓千余艘，鳞次比栉。罱者夹之，罛者扣之，簎者罨之，罿者撒之〔一〕，罩者抑之，罜者举之。水皆泥泛，浊如土浆。鱼入网者圉圉〔二〕，漏网者噞噞。寸鲵纤鳞，无不毕出。集舟分鱼，鱼税三百余斤，赤鯇白肚〔三〕，满载而归。约吾昆弟，烹鲜剧饮，竟三①日方散。

纯生氏曰：朱公致富，水畜第一。

【校】

①“三”字原本无，据道光本补。

【注】

〔一〕罱：《重修玉篇》卷十五：“夹鱼具。”亦可用以夹捞水草。清钱载《罱泥》诗：“两竹手分握，力与河底争。曲腰箝且拔，泥草无声并。罱如蚬壳闭，张吐船随盈。”罱者，持罱之人，下句式同此。

罛：《淮南子·说山训》：“好鱼者先具罟与罛。”高诱注：“罛，大网。”

簎：《周礼·天官·鳖人》：“以时簎鱼鳖龟蜃，凡貍物。”郑司农曰：“簎谓以杈刺泥中搏取之者。”

罿：捕取鸟兽之网。

〔二〕圉圉：困而未舒之状。《孟子·万章上》：“昔者有馈生鱼于郑子产，子产使校人畜之池。校人烹之，反命曰：‘始舍之，圉圉焉；少则洋洋焉，攸然而逝。’”

〔三〕鯇：鱼目。

松化石

松化石，大父舁自清江①署中。石在江口神祠，土人割牲飨神，以毛血洒石上为恭敬，血渍毛毵，几不见石。大父舁入署，亲自祓濯，呼为“石丈”，有《松化石纪》。今弃阶下，戴花缸，不称使。余嫌其轮囷臃肿，失松理，不若董文②简家茁错二松橛节理槎丫〔一〕，皮断犹附，视此更胜。大父石上磨崖铭之曰：“尔昔鬣而鼓兮，松也。尔今脱而骨兮，石也。尔形可使代兮，贞勿易也。尔视余笑兮，莫余逆也。”其见宝如此。

纯生氏曰：米元章云：“世人皆以芾为颠，愿质之子瞻。”子瞻云：“吾从众。”此老颠颇似之。

【校】

①“清江”，诸本皆作“潇江”。万历二十三年（一五九五），张岱祖父张汝霖成进士，授清江令。汝霖历任诸职无与“潇江”相关者，而潇江亦不知是何地名，固是“清江”之误无疑。

②“文”，原本作“父”，据道光本改。

【注】

〔一〕董文简：即董玘，见卷二《花石纲遗石》注。其家二松橛，亦为松化石。徐渭《徐文长三集》卷十一有《松化石牡丹》诗，小序云：“松化石二，各高六七尺，大可两三抱，初是一块，则高丈余矣。童贯自台温海载至此，重而折。会汴京陷，遂委之。古今绝奇物也。”诗中末句云“董侍郎家园内看”，董侍郎即董玘。

闰中秋（蕺山闰中秋）

崇祯七年闰中秋，仿虎丘故事〔一〕，会各友于蕺山亭〔二〕。每友携斗酒、五簋、十蔬果、红毡一床，席地鳞次坐。缘山七十余床，衰童塌妓，无席无之。在席者①七百余人，能歌者百余人，同声唱“澄湖万顷”，声如潮涌，山为雷动。诸酒徒轰饮，酒行如泉。夜深客饥，借戒珠寺斋僧大锅煮饭饭客，长年以大桶担饭不继。命小傒岕竹、楚烟于山亭演剧十余出，妙入情理，拥观者千人，无蚊虻声，四鼓方散。

【校】

①“者”字原本无，据砚云本补。

【注】

〔一〕见卷五《虎丘中秋夜》。

〔二〕蕺山：即戒珠山，在府城北端，属山阴。《万历绍兴府志》卷四：“在卧龙山东北三里许。山少木，多产蕺，越王勾践尝采食之。晋王羲之宅在焉。今西有右军祠，后为戒珠寺，亦名戒珠山。”

月光泼地如水，人在月中，濯濯如新出浴。夜半，白云冉冉起脚下，前山俱失，香炉、鹅鼻、天柱诸峰〔一〕，仅露髻尖而已，米家山雪景仿佛见之〔二〕。

纯生氏曰：奇语一出，夜色难收矣。

【注】

〔一〕《万历绍兴府志》卷四："刻石山，在府城西南五十里，一名鹅鼻。自诸暨入会稽，此山为最高。以秦始皇刻石其上得名。"

又云："望秦山，在府城东南三十二里，与秦望山相接稍北，始皇登之以望秦中者也。一名天柱峰，一名卓笔峰。"

〔二〕米家山：米芾、米友仁父子所创的山水画法，以米点皴渲染，最宜表现云烟雨雾之景。

愚公谷

无锡去县北五里为锡山①〔一〕。进桥店在左岸，店精雅，卖泉酒，水坛、花缸、宜兴罐、风炉、盆盎、泥人等货。愚公谷在惠山右，屋半倾圮，唯存木石。惠水涓涓，繇井之涧，繇涧之谿，繇溪之池、之厨、之湢，以涤、以濯、以灌园、以沐浴、以净溺器，无不惠山泉者，故居园者福德与罪孽正等。

【校】

①"锡山"，诸本俱作"铭山"。无锡无铭山。旧城北五里有锡山，在惠山东，为连麓，去愚公谷须经此，"铭"字自是"锡"字之误。或云：锡山古时本产锡，相传有樵者于山下得一石铭，曰"有锡争，无锡宁"，于是锡山又名铭山。此说方志不载，别无凭据，且张岱不过外乡一游客，岂能舍正名而用僻称？

【注】

〔一〕据卷五《金山竞渡》，张岱于崇祯十五年（一六四二）曾至无锡。

愚公先生交游遍天下〔一〕，名公巨卿多就之，歌儿舞女、绮席华筵、诗文字画，无不虚往实归。名士清客至则留，留则款，款则饯，饯则贶。以故愚公之用钱如水，天下人至今称之不少衰。

【注】

〔一〕清朱彝尊《静志居诗话》卷十五："邹迪光，字彦吉，无锡人。万历甲戌进士，除工部主事，历员外、郎中。出知黄州府，陞福建提学副使，左迁浙江佥事，调湖州提学佥事。有《郁仪楼》、《调象庵》、《始青阁》诸集。"

清徐沁《明画录》卷四："邹迪光，字彦吉，号愚公，无锡人。以诗文自命。万历间由进士官楚督学。罢归，卜筑锡山下，极园亭之胜。画山水力追宋元人法，一树一石，刻意求佳，故能透逸出群，脱尽时格。"

清姜绍书《无声诗史》卷三："号愚谷。由甲科历官湖广学宪。中岁挂冠，怡情丘壑。且高才博学，以经济自期，终于历落不偶，借园林声伎以遣余年。歌童度曲，咸自按拍，音律之妙，甲于吴中。于著述之暇，出其余绪，以染缃素，咄咄大小米、倪、黄间。"

明李介《天香阁随笔》卷二："熊廷弼督三吴学，以威严御士，士皆凛凛。……先是，无锡郑愚谷校文三楚，曾责公数十。公至，首谒愚谷，谢曰：'不是老师三十板，焉有今日？'"

愚公文人，其园亭实有思致文理者为之，磥石为垣，编柴为户，堂不层不庑，树不配不行〔一〕。堂之南，高槐古朴，树皆合抱，茂叶繁柯，阴森满院。藕花一塘，隔岸数石乱[①]而卧。土墙生苔，如山脚到涧边，不记在人间。园东逼墙一台，外瞰寺，老柳卧墙角而不让台，台遂不尽瞰，与他园花树故故为容[②]、亭台意特特为园者不同〔二〕。

纯生氏曰：流泉满衣，流波满车，主人沐如，从者浴如。

【校】

①“乱”，诸本俱作“乿”。“乿”，古“治”字，置此不通，应为“乱（亂）”字形近之讹。刘侗《帝京景物略》卷一《定国公园》有言：“西转而北，垂柳高槐，树不数枚，以岁久繁柯，阴遂满院。藕花一塘，隔岸数石乱而卧。土墙生苔，如山脚到涧边，不记在人家圃。”两相比对，张岱此篇故意借用刘文，以示对“山水知己”之推重。而张岱前文言“树不配不行”，既已“树无行次”，自应“石无位置”，且“治石”又为何物耶？

②“容”字诸本皆无。按刘侗《帝京景物略》卷一《定国公园》有云：“老柳瞰湖而不让台，台遂不必尽望。盖他园花树故故为容，亭台意特特在湖者，不免佻达矣。”宗子正套用此语，“故故为”与“亭台”之间不能无字，“亭台”二字不能属上句，因拟补“容”字。

【注】

〔一〕配：成偶。行：成列。

〔二〕附刘侗《定国公园》：环北湖之园，定园始。故朴莫先定园者，实则有思致文理者为之。土垣不垩，土池不甃，堂不阁不亭，树不花不实，不配不行，是不亦文矣乎！园在德胜桥右。入门，古屋三楹，榜曰“太师圃”，自三字外，额无扁，柱无联，壁无诗片。西转而北，垂柳高槐，树不数枚，以岁久繁柯，阴遂满院。藕花一塘，隔岸数石乱而卧。土墙生苔，如山脚到涧边，不记在人家圃。野塘北又一堂，临湖，芦苇侵庭除，为之短墙以拒之。左右各一室，室各二楹，荒荒如山斋。西过一台，湖于前，不可以不台也。老柳瞰湖而不让台,台遂不必尽望。盖他园花树故故为容,亭台意特特在湖者,不免佻达矣。园左右多新亭馆,对湖乃寺。万历中,有筑于园侧者,掘得元寺额,曰“石湖寺”焉。

定海水操(定海夜操)

定海演武场在招宝山海岸〔一〕。水操用大战船、唬船、蒙冲①、斗舰数千余艘〔二〕,杂以鱼艓②轻艖,来往如织。舳舻相隔,呼吸难通,以表语目,以鼓语耳,截击要遮,尺寸不爽。健儿瞭望,猿蹲桅斗,哨见敌船,从斗上掷身腾空氽③水,破浪冲涛,顷刻到岸,走报中军,又趵跃入水,轻如鱼凫。

【校】

①“蒙冲”,砚云本作“艨艟”亦通。

②“艓”,道光本作“舰”。

③“氽”,原本作“休”,据砚云本改。

【注】

〔一〕招宝山:《嘉靖宁波府志》:“招宝山,在镇海县东北二里,旧名候涛山。”山在今宁波镇海区东北甬江出海口处。古代即为海防要地。元吴莱《甬东山水古迹记》:“东逼海有招宝山。或云他处见山有异气,疑下有宝;或云东夷以海货来互市,必泊此山。山故有炮台,曾就台蹠弩射夷人,矢洞船,犹入地尺。”

张岱《嫏嬛文集》卷二《海志》:崇祯十一年,“二月十六日,大风阴曀。登招宝山”。

〔二〕唬船:张岱《海志》云:“唬船有官舱,既可行立坐卧,而日间收敛箬篷，合数舱成一战场。两旁用十八桨，荡桨者水营精勇，其领袖捕盗，又惯习水战、出没波涛者也。遇风浪则弃帆而桨。百足之虫，死而不僵，以其扶之者众也，唬船似之矣。”

蒙冲：战船。唐杜佑《通典》卷一百六十：“蒙冲，以生牛皮蒙船覆背，两厢开掣棹孔，左右有弩窗矛穴，敌不得近，矢石不能败。此不用大船，务于速疾，乘人之所不及，非战之船也。”而后代或以称大舰，《明史·陈友谅传》：“是战也，太祖舟虽小，然轻驶，友谅军俱艨艟巨舰，不利进退，以是败。”

斗舰：《通典》卷一百六十：“斗舰，船上设女墙，可高三尺，墙下开掣棹孔，船内五尺，又建棚，与女墙齐，棚上又建女墙，重列战敌，上无覆背，前后左右树牙旗、幡帜、金鼓，此战船也。”

水操尤奇在夜战，旌旗干橹皆挂一小灯，青布幕之，画角一声，万蜡齐举，火光映射，影又倍之。招宝山凭槛俯视[①]，如烹斗煮星，釜汤正沸。火炮轰裂，如风雨晦冥中电光翕焱，使人不敢正视；又如雷斧断崖石，下坠不测之渊，观者褫魄。

纯生氏曰：奇气写照，纸上有声。

【校】

①“俯视”，道光本作“睨视”，亦通。

阿育王寺舍利

阿育王寺[一]，梵宇深静，阶前老松八九颗，森罗有古色。殿隔山门远，烟光树樾，摄入山门，望空视明，冰凉晶沁。右旋至方丈门外，有娑罗二株，高插霄汉。便殿供旃檀佛〔二〕，中储一铜塔，铜色甚古，万历间慈圣皇太后所赐藏舍利子塔也。舍利子常放光，琉璃五采，百道迸裂，出塔缝中，岁三四见。凡人瞻礼舍利，随人因缘现诸色相。如墨墨无所见者，是人必死。昔湛和尚至寺〔三〕，亦不见舍利，而是年死。屡有验。

【注】

〔一〕阿育王寺：《浙江通志》卷二百三十："阿育王禅寺，《明一统志》：在阿育王山中。《成化四明郡志》：（鄞）县东五十里。《名胜志》：昔阿育王现灵建寺，其下有舍利塔。《阿育王山志》：晋义熙元年，敕造塔亭禅室。宋元嘉中，广兴创建。梁普通三年，敕建堂殿房廊，赐额阿育王寺。明洪武十五年，定为育王禅寺。为天下禅宗五山之第五。"《乾隆宁波府志》卷三十三："育王禅寺，舍利殿内有释迦如来真身舍利塔，中有一角金钟，舍利在焉。"

〔二〕旃檀佛：以旃檀木（即檀香木）雕成的如来佛像。

〔三〕湛和尚：即名僧圆澄。《乾隆绍兴府志》卷六十九"仙释"："圆澄，字湛然，会稽东关人，俗姓夏。诣天荒师妙峰，薙发为僧，云栖莲池，以古佛期之。"

次蚤，日光初曙，僧导余礼佛，开铜塔，一紫檀佛龛供一小塔，如笔筒，六角，非木非楮，非皮非漆，上下鞔①定，四围镂刻花楞梵字。舍利子悬塔顶，下垂摇摇不定，人透眼光入楞内，复眠眼②，上视舍利，辨其形状。余初见三珠连络如牟尼串，煜煜有光。余复下顶礼，求见形相。再视之，见一白衣观音小像，眉目分明，鬋鬘〔一〕皆见。秦一生反覆视之，讫无所见。一生逡遽，面发赤，出涕而去。一生果以是年八月死，奇验若此。

纯生氏曰：舍利非一，有白色骨舍利，黑色发舍利，赤色肉舍利。菩萨、罗汉皆有佛舍利，钟击不碎，此是戒、定、慧所薰修者。

【校】

①“鞔”，诸本俱误作“鼕”。见卷四《世美堂灯》校记。

②“眠眼”，诸本俱作“眡眼”。“眡”即“视”字，“视眼”不成词。眠眼即眯眼。读书人眼多近视，视物不清，则瞇眼而视。

【注】

〔一〕鬅鬙：鬓毛、额发。

过剑门

南曲中妓〔一〕，以串戏为韵事，性命以之。杨元、杨能、顾眉生、李十、董白以戏名。属姚简叔期余观剧。傒僮下午唱《西楼》〔二〕，夜则自串。傒僮为兴化大班，余旧伶马小卿、陆子云在焉，加意唱七出戏，至更定，曲中大咤异。杨元走鬼房问小卿曰〔三〕：“今日戏，气色大异，何也？”小卿曰：“坐上坐者余主人。主人精赏鉴，延师课戏，童手指千，傒僮到其家谓‘过剑门’〔四〕，焉敢草草！”

【注】

〔一〕南曲：又称“曲中”，或称“旧院”，指秦淮河南岸妓院乐户聚集区。余怀《板桥杂记》:“洪武初年,建十六楼以处官妓,淡烟、轻粉,重译、来宾,称一时之韵事。自时厥后,或废或存。迨至三百年之久,而古迹寖湮,所存者为南市、珠市及旧院而已。南市者,卑屑妓所居;珠市间有殊色;若旧院,则南曲名姬、上厅行首皆在焉。”又云:“南曲衣裳妆束,四方取以为式,大约以淡雅朴素为主,不以鲜华绮丽为工也。”

〔二〕《西楼记》,张岱友人袁于令所撰传奇,写书生于鹃与妓女穆素徽悲欢离合故事。剧本今存。

〔三〕鬼房:旧时称后台演员化妆之屋为鬼房,因化妆出来的人物俱是古人。

〔四〕“剑门”易被人误以为四川之“剑门关”。彼“剑门”为“剑州”之门户,而剑门关仅易守难攻,所谓“细雨骑驴入剑门”(陆游),“过”则坦途无险也。此“过剑门”应是旧戏舞台上一种龙套程式,由“站门”龙套中二人各持剑举过头,两剑相交,剑下留空如门洞,使谒见者低头屈身而过,再衬以“堂威”之声,以示威风杀气,过此者则作觳觫惊战状。小卿等俱为伶童,自当用本行中语,何知数千里外有剑门关?

杨元始来物色余〔一〕。《西楼》不及完,串《教子》〔二〕。顾眉生:周羽;杨元:周娘子;杨能:周瑞隆。杨元胆怯肤栗,不能出声,眼眼相觑,渠欲讨好不能,余欲献媚不得,持久之,伺便喝采一二,杨元始放胆,戏亦遂发。嗣后曲中戏,必以余为导师,余不至,虽夜分不开台也。以余而长声价、以余长声价之人而后长余声价者多有之。

纯生氏曰:“水晶帘影映横波”,蚕尾为眉生咏矣。惜李十诸人不概见于篇什。时继之年已八旬,或未能尽述，若淡心所记，亦多有不及，何欤？

【注】

〔一〕物色：访求。汉刘向《列仙传·关令尹喜》："老子西游，喜先见其气，知有真人当过，物色而遮之，果得老子。"

〔二〕《教子》：即明无名氏所作《寻亲记》一剧，为明人据宋元旧作《寻亲教子》改编，且其中有"训子"一出，故亦沿用"教子"之名。其中小生为周羽，而周瑞隆为周羽之子。

冰山记

魏珰败〔一〕，好事作传奇十数本，多失实，余为删改之，仍名《冰山》。城隍庙扬台〔二〕，观者数万人，台址鳞比，挤至大门外。一人上，白曰："某杨涟。"〔三〕口口谇譹曰："杨涟！杨涟！"声达外，如潮涌，人人皆如之。杖万①元白〔四〕，逼死裕妃〔五〕，怒气忿涌，噤龂②嚄唶。至颜佩伟击杀缇骑〔六〕，嗥呼跳蹴，汹汹崩屋。沈青霞缚藁人射相嵩以为笑乐〔七〕，不是过也。

【校】

①"万"，诸本俱误作"范"。万元白即万燝，字暗夫，号元白。万历四十四年进士。官工部屯田郎中。详见文内注。

②"龂"，乾隆本、道光本俱误作"断"。"噤断"无解，咸丰本改作"断"，更误。按："噤龂"，切齿怒恨貌。

【注】

〔一〕天启七年(一六二七)八月，明熹宗崩，年二十三，遗诏以皇第五弟信王由检嗣皇帝位。是月，思宗即皇帝位。十一月甲子，安置魏忠贤于凤阳。戊辰，撤各边镇守内臣。己巳，魏忠贤缢死。崇祯元年春正月辛巳，诏内臣非奉命不得出禁门。丙戌，戮魏忠贤及其党崔呈秀尸。二月丁巳，戒廷臣交结内侍。六月，削魏忠贤党冯铨、魏广微籍。壬寅，许显纯伏诛。

〔二〕此城隍庙即府城隍下庙，或称下城隍庙，在龙山之麓。

扬台：新戏首次上演。

〔三〕杨涟：湖广应山人。万历丁未进士。知常熟，以卓异名。内召拜兵科给事中。转太常寺少卿，历都察院左副都御史。见魏忠贤、客氏逆谋已成，负嵎将出，遂声罪首攻，于天启四年六月初一日，有二十四罪之疏。天启五年二月，大理丞徐大化参杨涟、左光斗党同伐异，招权纳贿。逆珰矫诏逮涟，并及光斗。六月，下北镇抚狱。许显纯织入汪文言一案，坐涟受熊廷弼买命钱一万九千两。五日一比，榜掠刺剟，血肉俱尽。一日传命促涟死，涟乃据柙床书数纸，遗其子，名狱中绝笔。书毕，狱卒以囊收其头，悬起即卒。七日尸出，縻烂不成手。

〔四〕万元白：明朱长祚《玉镜新谭》卷二："万燝清介刚直，遇事感慨，不避斧钺。其为工部营缮郎，奉役陵工，疏请禁内废铜助帑，因极诋权珰违慢，而触忤其凶锋。遂矫旨午门前行杖一百棍，阴嘱奸比金吾尉必致之死。杖后，于御道前倒拖横曳者三匝，甫出而气绝矣。举朝震惊，天下称冤，忠臣丧气，义士寒心。此奸逆之纵杀立威第一人也。"卷五："天启甲子，为筑光宗皇帝陵寝，工费浩烦，帑藏不继，仅得工部郎万燝经营措置，稍有成效。燝乃廉节端介之士，抗直多谋。时诸役告匮，何以资给？疏请大内费铜鼓铸，协济大工，竟触忠贤之怒，矫旨杖击百棍。阴使腹党数十人聚于门外，燝已垂毙，挟出而复揪发乱打，以锥刺心，遍身流血而死，致误陵工。以加派捐助，不给其费，忠贤于是躬往视计，妄称代天子行幸，劳民伤财，更不赀矣。"

〔五〕裕妃：《明史·后妃传》："裕妃张氏，熹宗妃也，性直烈。客、魏恚其异己，幽于别宫，绝其饮食。天雨，妃匍匐饮檐溜而死。”

〔六〕此即明张溥《五人墓碑记》所记苏州市民为周顺昌被逮而举义事。

〔七〕青霞，沈炼号。《明史·沈炼传》：炼被谪保安，“塞外人素戆直，又谂知（严）嵩恶，争詈嵩以快炼。炼亦大喜，日相与詈嵩父子为常。且缚草为人，象李林甫、秦桧及嵩，醉则聚子弟攒射之。或踔骑居庸关口，南向戟手詈嵩，复痛哭乃归。语稍稍闻京师，嵩大恨，思有以报炼”。

是秋，携之至兖，为大人寿〔一〕。一日，宴守道刘半舫〔二〕，半舫曰：“此剧已十得八九，惜不及内操、菊宴①，及逼灵犀与囊收数事耳〔三〕。”余闻之。是夜席散，余填词，督小傒强记之。次日，至道署搬演，已增入七出，如半舫言。半舫大骇异，知余所构，遂诣大人，与余定交。

纯生氏曰：笔锋所向，画虎画骨兼画神气。

【校】

①“宴”，原本作“晏”，据咸丰本改。

【注】

〔一〕崇祯二年（一六二九），张岱至兖州省父。详见卷一《金山夜戏》篇。

〔二〕刘半舫：刘荣嗣，字敬仲，号半舫，河北曲周人。为官清正。崇祯六年官总督河道工部尚书，八年为嫉者所中，下狱，十二年瘐死刑部狱。

守道：即观察使。

〔三〕内操：《玉镜新谭》卷五：“祖宗朝不闻有内操之制，忠贤外胁臣民，内逼宫闱，简选精兵，训练大内。操刀劫刃，炮石雷击，金鼓震天，旌旂蔽日。中列大珰，蟒衣玉带，壮士百人，悬牙牌，衣绯褹，侍卫于前。外绕雄兵，勇巾利刃，貔貅千骑，披锦泥，垂绣辔，围匝于后。肃清队伍，谁敢参差于跬步？盛壮军容，咸遵纪律于警跸。忠贤拥上南面窥阅，口吐机锋，至尊垂察其筹画，手持令帜，三军悉受其指麾。是以龙蛇竞走于九斿之端，燕雀高飞于五云之外。人心同而政教行，鼓鼙进而金钲退也。此忠贤擅违祖制，以设伏内应之逆迹也。”

《石匮书·魏忠贤传》：“天启三年八月，诏开内操。钲鼓之声，喧阗宫禁，皇子诞生，大炮震死。御史刘之凤上言：‘虎符重兵，何可倒戈授巷伯之手？假令刘瑾拥甲士三千，能束手就擒乎？’御史李应升、王尊素交章论之。尊素疏有‘阿保重于赵娆，禁旅近于唐末’等语，忠贤尤恶之，皆矫旨切责。忠贤自杀王安后，益骄横，设内标万人，衷甲出入。内监王进尝试铳上前，铳伤进手，上几危。一日内操，忠贤与上并辔而出，忽策马直过御前。上大怒，射杀其马，忠贤始伏地请罪。”

菊宴：明李清白话小说《梼杌闲评》第四十四回“进谄谀祠内生芝，征祥瑞河南出玺”，言魏忠贤得了传国玉玺，“不说是国家的祥瑞，他竟把做自己的祯祥，矫旨将玺收入内库，他却在私家受百官庆贺。那班狐群狗党，一个个赞扬称颂，就把他比得高似尧舜。一连大开筵席，吃了数日”。此事为魏阉谋篡大案，疑“菊宴”即指此。

逼灵犀：崔呈秀，魏阉死党。据《玉镜新谭》卷八：“萧灵犀，呈秀妾也，托迹青楼，委身司马，即其仗龙泉以殉崔祸，愧夫抱琵琶而过别船者。”是言崔呈秀被逮缢死，而灵犀以刀自刎以殉。又云灵犀“始逼父母之命而失节，终禀丈夫之气以殉身”，则所谓“逼灵犀”者，是崔呈秀胁迫灵犀嫁己。可参见《梼杌闲评》第四十五回。

囊收：《明史·阉党传》：“忠贤败时，庄烈帝纳廷臣言，将定从逆案。大学士韩爌、李标、钱龙锡不欲广搜树怨，仅以四五十人上。帝少之，令再议，又以数十人上。帝不怿，令以赞导、拥戴、颂美、谄附为目，且曰：‘内侍同恶者亦当入。’爌等以不知内侍对。帝曰：‘岂皆不知，特畏任怨耳。’阅日，召入便殿，案有布囊，盛章疏甚夥，指之曰：‘此皆奸党颂疏，可案名悉入。’……于是案名罗列无脱遗者。”按：张岱于崇祯此举颇不以为然，《石匮书·逆党列传总论》云：“魏忠贤一手障天，以泰山压卵之势，逆之者辄糜。人当其时，一由正道，则死辱随之。智士达人如欲苟全性命，虽刚介之性，亦不得不出于委蛇。余犹记先帝在信邸时，亦称颂上公，疏凡三上。倘以此疏置之逆案，则先帝亦应在‘颂美’之列，而今乃洗垢索瘢，苛以论人，而恕以自责，则先帝亦不情甚矣。”

卷　八

龙山放灯※

万历辛丑年〔一〕，父叔辈张灯龙山，剡木为架者百，涂①以丹雘，帨以文锦，架②一，灯三之。灯不专在架，亦不专在磴道，沿山③袭谷，枝头树杪无不灯者，自城隍庙门至蓬莱冈上下〔二〕，亦无不灯者。山下望，如星河倒注，浴浴熊熊〔三〕，又如隋炀帝夜游，倾数斛萤火于山谷间，团结方开，倚草附木，迷迷不去者〔四〕。好事者卖酒，缘山席地坐。山无不灯，灯无不席，席无不人，人无不歌唱鼓吹。

【校】

①“涂”字上，砚云本、科图本有“架”字。

②“架”字原本无，据砚云本、科图本补。

③“沿山”，砚云本、科图本作“瞒山”。“瞒山”即“漫山”。或“瞒”改为“漫”，而“漫”又讹为“沿”，亦不可知。

【注】

〔一〕辛丑:万历二十九年(一六〇一),张岱五岁。

〔二〕此城隍庙门,系府城隍下庙庙门。

蓬莱冈:祁彪佳《越中园亭记·筠芝亭》:"卧龙山之右岭有城隍庙,即古蓬莱阁。"此城隍庙即上城隍庙,则蓬莱冈即上城隍庙所在地。

〔三〕浴浴:同"煜煜"。浴浴熊熊,即卷六《绍兴灯景》之"熊熊煜煜"。

〔四〕《隋书·炀帝纪》:大业十二年,"炀帝于景华宫征求萤火,得数斛。夜出游山而放之,光遍岩谷"。

男女看灯者,一入庙门,头不得顾,踵不得旋,只可随势,潮上潮下,不知去落何所,有听之而已。庙门悬禁条:禁车马,禁烟火,禁喧哗,禁豪家奴不得行辟人。父叔辈台于大松树下〔一〕,亦席,亦声歌,每夜鼓吹笙簧与宴歌弦管,沉沉昧旦。

【注】

〔一〕大松树:祁彪佳《越中园亭记·筠芝亭》言"卧龙山之右岭有城隍庙,即古蓬莱阁。折而下,孤松兀立",此"孤松"亦即本篇之"大松树"。又:娄如松以为,此大松树即卷一《筠芝亭》"老松偻背而立"之"老松",应是。

十六夜,张分守宴织造太监于山巅星宿阁〔一〕,傍晚至山下,见禁条,太监忙出舆,笑曰:"遵他,遵他,自咱门①遵他起!"却随役,用二丱角扶掖上山〔二〕。夜半,星宿阁火罢,宴亦遂罢。

【校】

①"咱门",砚云本作"咱们",义同。

【注】

〔一〕星宿阁:《万历绍兴府志》卷十九"府城隍庙"条云:"上庙前大门下临绝壁,右有星宿阁,下有池,池之前有堂,今为佛岩,右又有会善堂,今易名豁然堂,坐揽诸胜,为卧龙山奇绝处。"《府志》卷九又云:"府城内星宿阁,在卧龙山麓城隍庙西偏,山阴境也。前列梅岭诸峰,远望数十里田畴,棋置鳞次,屋舍星错,绿树迷烟,清流纡回护之,小舟浮水面如落叶,人行隐隐,尽郡城西南之胜。"按:"在卧龙山麓","麓"字应为"巅"字之误。祁彪佳《越中园亭记》言"星宿阁在卧龙山麓城隍庙西偏,尽郡城西南之胜",乃截取《府志》之文,亦沿其误也。

〔二〕丱角:双髻如角,指童子。

灯凡四夜,山上下糟丘肉林,日扫果核、蔗滓及鱼肉骨、蠡蜕,堆砌成高阜,拾妇女鞋,挂树上如秋叶。

相传十五夜,灯残人静,当垆者政收盘核,有美妇[①]六七人买酒,酒尽,有未开瓮者。买大罍一,可四斗许,出袖中蓏果,顷刻罄罍而去。疑是女人星〔一〕,或曰酒星〔二〕。又一事:有无赖子于城隍庙左借空楼数楹,以姣童实之,为"帘子衚衕"〔三〕。是夜,有美少年来狎某童,剪烛殢酒,媟亵非理,解襦,乃女子也,未曙即去,不知其地、其人,或亦[②]是妖狐所化。

纯生氏曰:高歌《将进酒》,不问夜如何。苍茫宇宙,如是者得有几番。

【校】

①"美妇"下,砚云本、科图本有"人"字。

②"亦"字原本无,据砚云本、科图本补。

【注】

〔一〕《太平御览》卷六十二引《益部耆旧传》曰:"汉武祀甘泉,至泾桥,有女子浴于泾水,乳长七尺。怪,遣问之,女曰:'帝后第七车知我。'时侍中张宽在第七车,对曰:'天星,主祭祀,斋戒不洁,则女人星见。'"

〔二〕酒星:唐卢肇《逸史》:章仇兼琼镇西川,令左右搜访道术士。有一酒家,常有纱帽藜杖者四人来饮,一饮数斗,话谈间常说孙思邈。一日饮酒毕,忽不见。兼琼异之,上奏朝廷,玄宗召孙思邈问之,孙曰:"此太白酒星耳,仙格绝高,每游人间饮酒,处处皆至,尤乐蜀中。"

〔三〕明时北京前门外有新帘子胡同和旧帘子胡同,为男妓集中地。明李清《梼杌闲评》第七回:"到了前门,见棋盘街上衣冠齐楚,人物喧闹,诸般货物摆得十分闹热,比别处气象大不相同。见估衣铺内一个老者独坐柜外,进忠上前,拱手问道:'借问爷,子弟们下处在那里?'老者说:'一直往西去,到大街往北转,西边有两条小胡同,唤做新帘子胡同、旧帘子胡同,都是子弟们寓所。'进忠谢了,同一娘往旧帘子胡同口,走进去,只见两边门内都坐着些小官,一个个打扮得粉妆玉琢如女子一般,总在那里,或谈笑,或歌唱,一街皆是。又到新帘子胡同来,也是如此。"

王月生※

南京朱市妓〔一〕,曲中羞与伍①。王月生〔二〕出朱市,曲中上下三十年决无其比也。面色如建兰初开,楚楚文弱,纤趾一牙,如出水红菱。矜贵寡言笑,女兄弟、闲客多方狡狯，嘲弄哈侮，不能勾其一粲。善楷书，画兰竹水仙，亦解吴歈[②]，不易出口。南京[③]勋戚大老力致之，亦不能竟一席。富商权胥得其主席半晌，先一日送书帕，非十金则五金，不敢亵订。与合卺，非下聘一二月前，则终岁不得也。

【校】

①“伍”上，原本有“为”字，据砚云本、科图本删。

②“吴歈”，原本作“吴歌”，据砚云本、科图本改。

③“南京”，原本作“南中”，据砚云本、科图本改。

【注】

〔一〕朱市：即珠市。明余怀《板桥杂记》：“珠市在内桥旁，曲巷逶迤，屋宇湫隘。然其中时有丽人，惜限于地，不敢与旧院颉颃。以余所见，王月诸姬并著迷香、神鸡之胜，又何羡红红、举举之名乎！”其中有名者，除王月外，又有王月之妹王节及寇湄。

〔二〕清刘銮《五石瓠》“王月”：“桐城孙武公狎王月，其妇家方氏患之，风黔人蔡如蘅纳为妾。蔡旋任安庐道，死献贼之难，妻妾殉焉。献贼知王月名，必欲生致之，月遂死。孙武公有祭月文，痴矣。合肥何允鏖《秋吟》第十三首注曰：‘城陷，蔡香君兵使被执，不屈，数日死城外。夫人堕井死。姬人王月生，平康名姬也，同被执，死。’余友许石疏作传以纪之。”

明余瑞紫《张献忠陷庐州记》：崇祯十五年五月，“张献忠既擒蔡香君，责曰：‘我不管你，只是你做个兵备道，全不用心守城，城被我破了，你就该穿大红朝衣，端坐堂上，怎么引个妓妾避在井中？’蔡道无言可答。其妾王月手牵蔡道衣襟不放，张叫砍了罢。数贼执蔡道，于田中杀之，王月大骂张献忠，遂于沟边一枪刺死，尸立不仆，移时方倒”。

清余怀《板桥杂记》:“王月,字微波,母胞生三女,长即月,次节,次满,并有殊色,月尤慧妍,善自修饰,颀身玉立,皓齿明眸,异常妖冶,名动公卿。桐城孙武公昵之,拥致栖霞山下雪洞中,经月不出。己卯岁,牛女渡河之夕,大集诸姬于方密之侨居水阁,四方贤豪,车骑盈闾巷,梨园子弟,三班骈演,水阁外,环列舟航如堵墙。品藻花案,设立层台,以坐状元。二十余人中考,微波第一,登台奏乐,进金屈卮。南曲诸姬皆色沮,渐逸去。天明始罢酒。次日,各赋诗纪其事,余诗所云‘月中仙子花中王,第一姮娥第一香’者是也。微波绣之于蜕巾,不去手。武公益婉娈,欲置为侧室。会有贵阳蔡香君,名如蘅,强有力,以三千金啖其父,夺以归。武公悒悒,遂娶葛嫩也。香君后为安庐兵备道,携月赴任,宠专房。崇祯十五年五月,大盗张献忠破庐州府,知府郑履祥死节,香君被擒。搜其家,得月,留营中,宠压一寨。偶以事忤献忠,断其头,蒸置于盘,以享群贼。嗟乎!等死也,月不及嫩矣。悲夫!”

《板桥杂记》又言孙武公及葛嫩事:“葛嫩,字蕊芳。余与桐城孙克咸交最善,克咸名临,负文武才略,倚马千言立就,能开五石弓,善左右射,短小精悍,自号‘飞将军’。欲投笔磨盾,封狼居胥,又别字曰武公。然好狭邪游,纵酒高歌,其天性也。先昵珠市妓王月,月为势家夺去,抑郁不自聊。与余闲坐李十娘家,十娘盛称葛嫩才艺无双,即往访之。阑入卧室,值嫩梳头,长发委地,双腕如藕,面色微黄,眉如远山,瞳人点漆。叫声‘请坐’,克咸曰:‘此温柔乡也,吾老是乡矣!’是夕定情,一月不出,后竟纳之闲房。甲申之变,移家云间,间道入闽,授监中丞杨文骢军事。兵败被执,并缚嫩。主将欲犯之,嫩大骂,嚼舌碎,含血喷其面,将手刃之。克咸见嫩抗节死,乃大笑曰:‘孙三今日登仙矣!’亦被杀。中丞父子三人同日殉难。”

《明史·忠义传五》:“崇祯十五年,张献忠为左良玉所败,走与诸部合。遣其党分掠旁邑,游骑日抵庐州城下。赵兴基与知府郑履祥、经历郑元绥、合肥知县潘登贵、指挥同知赵之璞、里居参政程楷分门守。监司蔡如蘅贪戾,民不附,贼谍满城中不能知。五月,提学御史徐之垣以试士至，献忠遣其徒伪为诸生，袭儒冠以入，夜半举炮，城中大扰。之垣、如蘅及履祥、登贵并缒城走。”按：据此，则蔡先缒城逃，后被擒杀于城外，而妻妾则未能出逃。

按：《张献忠陷庐州记》所记多为余瑞紫亲历，似较近实。《板桥杂记》作者余怀与孙临为好友，或因王月有负孙临而采信失偏。又：张岱于是年秋至南京，或与王月被害传闻有关。

好茶，善闵老子，虽大风雨、大宴会，必至老子家啜茶数壶始去。所交有当意者，亦期与老子家会。一日，老子邻居有大贾，集曲中妓十数人，群谇嘻笑，环坐纵饮。月生立露台上，倚徙栏楯，眠娗[①]羞涩，群婢见之皆气夺，徙他室避之。

【校】

①“眠娗”，原本作“眡娗”，据砚云本、科图本改。

月生寒淡如孤梅冷月，含冰傲霜，不喜与俗子交接；或时对面同坐起，若无睹者。有公子狎之，同寝食者半月，不得其一言。一日口嗫嚅动，闲客惊喜，走报公子曰：“月生开言矣！”哄然以为祥瑞，急走伺之。面赪，寻又止。公子力请再三，蹇涩出二字曰：“家去。”〔一〕

纯生氏曰：写月生矜贵处，如玉壶之冰，瑶台之月，清风穆若，芳桂宛然。

【注】

〔一〕王实甫《西厢记》金批本《惊艳》一折：张生背唱：“未语人前先

腼腆，樱桃红绽，玉粳白露，半晌，恰方言。”莺莺云：“红娘，我看母亲去。”张岱正用此句法。

张东谷好酒（张东谷滑稽）

余家自太仆公称豪饮〔一〕，后竟失传，余父、余叔至①不能饮一蠡壳，食糟茄〔二〕，面辄②发赪。家常宴会，但留心烹饪，庖厨之精，遂甲江左。一簋进，兄弟争啖之，立尽，饱即自去，终席未尝举杯。有客在，不待客辞，亦即自去。

【校】

①“至”字原本无，据砚云本、科图本补。

②“辄”，原本作“即”，据砚云本、科图本改。

【注】

〔一〕太仆公，张岱高祖张天复，见卷一《筠芝亭》注。

〔二〕糟茄：明高濂《遵生八笺》卷十二有“糟茄子法”：“五茄、六糟、盐十七，更加河水甜如蜜。茄子五斤，糟六斤，盐十七两，河水两小碗拌糟，其茄味自甜。”

又明王象晋《群芳谱》卷十七：“糟茄。天晴日停午，摘嫩茄去蒂，用沸汤焯过，候冷，以软帛拭干。每十觔用盐二十两，飞过白矾末秤一两，酒糟十觔，拌匀入坛泥封，久而茄色愈黄透不黑。”

山人张东谷，酒徒也，每悒悒不自得。一日起谓家君曰：“尔兄弟奇矣！肉只是吃，不管好吃不好吃；酒只是不吃，不知会吃不会吃。”二语颇韵，有晋人风味。而近有伧父载之《舌华录》，曰：“张氏兄弟赋性奇哉！肉不论美恶，只是吃；酒不论美恶，只是不吃。”〔一〕字字板实，一去千里，世上真不少点金成铁手也。

【注】

〔一〕《舌华录》：曹臣编，万历间刻。所录皆取面谈，凡笔札之词皆不载，故曰《舌华》。臣，字荩之，徽州歙县人，撰《舌华录》时年仅二十余。其卷三“冷语”云：“会稽张状元诸孙四五辈，皆不饮酒，喜肴物，每至席所，箸下如林，必一尽乃止。沈曼长曰：‘张氏兄弟赋性奇哉。遇肴不论美恶，只是吃；遇酒不论美恶，只是不吃。’”按：“张状元诸孙”即张岱父叔辈。

东谷善滑稽，贫无立锥，与恶少讼，指东谷为万金豪富，东谷忙忙走愬大父曰：“绍兴人可恶，对半说谎，便说我是万金豪富！”大父常举以为笑。

纯生氏曰：或讥刘公荣与人饮，答曰：“胜公荣者不可不与饮，不如公荣者亦不可不与饮，是公荣辈者又不可不与饮。”于是王戎、阮籍共饮，独不与公荣酒，而三人谈戏无异。或以问阮，答曰：“胜公荣者不得不与饮酒，不如公荣者不可不与饮酒，唯公荣可不与饮酒。”东谷好酒不得，真有无可奈何如刘公荣者。酒徒滑稽，故属高致。

楼　船

家大人造楼，船之；造船，楼之〔一〕。故里中人谓“船楼”，谓“楼船”，颠倒之不置。是日落成，为七月十五，自大父以下，男女老稚靡不集焉。以木排数重搭台演戏，城中村落来观者，大小千余艘。午后飓风起，巨浪磅礴，大雨如注，楼船孤危，风逼之几覆，以木排为戙〔二〕，索缆数千条，网网如织，风不能撼。少顷风定，完剧而散。

【注】

〔一〕张岱《嫏嬛文集》卷四《家传》：“先子家故贫薄，又不事生计，薪水诸务，一委之先宜人。宜人辛苦拮据，居积二十余年，家业稍裕。后以先子屡困场屋，抑郁牢骚，遂病翻胃。先宜人忧之，谓岱曰：‘尔父冯唐易老，河清难俟，或使其适意园亭，陶情丝竹，庶可以解其岑寂。’丙辰以来（万历四十四年，一六一六。原本误作庚辰），遂兴土木，造船楼一二，教习小傒，鼓吹剧戏，一切繁靡之事，听先子任意为之。宜人不辞劳苦，力足以给。故终宜人之世，先子裒然称富人也。”船楼，船形之楼。此篇所言为楼船，故后文与“越中舟如蠡壳”相对比。

〔二〕戙：系船之桩。

越中舟如蠡壳，跼蹐篷底看山，如矮人观场〔一〕，仅见鞋靸而已，升高视明，颇为山水吐气。

纯生氏曰：楼居非陆，水居非舟，其楼船之谓耶？惜不令牵小船于岸上住者见之。

【注】

〔一〕观场:看戏。明耿定向《优喻示儿侄》:"随世妍媸,以为趋尚,是则'矮人观场,随人悲笑'者,岂不重可耻哉!"

阮圆海戏

阮圆海家优〔一〕,讲关目〔二〕,讲情理,讲筋节,与他班孟浪不同。然其所打院本,又皆主人自制,笔笔勾勒,苦心尽出,与他班卤莽者又不同。故所搬演,本本出色,脚脚出色,出出出色,句句出色,字字出色。余在其家看《十错认》、《摩尼珠》、《燕子笺》三剧〔三〕,其串架斗笋〔四〕、插科打诨、意色眼目,主人细细与之讲明,知其义味①,知其指归,故咬嚼吞吐,寻吐不尽。至于《十错认》之龙灯、之紫姑〔五〕,《摩尼珠》之走解、之猴戏〔六〕,《燕子笺》之飞燕、之舞象、之波斯进宝〔七〕,纸札装束,无不尽情刻画,故其出色也愈甚。

【校】

①"味",原本作"吐",据咸丰本改。

【注】

〔一〕阮圆海:阮大铖,字集之,号圆海,安徽怀宁人。天启中依附东林,因未餍所欲,投靠阉党,反攻东林。崇祯初列名逆案,赎徒为民。避乱居南京牛首山,结马士英为死友,屡谋翻逆案而不果。明亡,与马士英视福王为奇货,立为帝。士英既柄权,以大铖为兵部尚书,残害异己,卖官鬻爵,日导弘光以荒淫,国事大坏,不足一年而南京陷没,弘光遂亡。

张岱《石匮书后集》有《阮大铖传》,末言:“马士英带兵走台郡,大铖逍遥湘湖。北使至,加以内院职衔,同贝勒协剿金华。大铖大张告示,内言:‘抒赤竭忠,誓捐踵顶,以报兴朝。’随征金华。城破,大铖搜朱大典外宅,得美女四人,宣淫纵欲。过仙霞岭,中风堕马,已不能言,咋舌而死。”

大铖人品固狗彘不食,但颇具文采,兼通声律,所撰传奇十余种(今存四种),风靡一时,其中《春灯谜》、《燕子笺》尤为佳构。张岱与其交往,除欣赏其传奇的创作和排演外,可能还有一个因素,即阮大铖在逆案中为六等(即最末一等),而张岱季祖南华老人张汝懋也在此等中,所以张岱对某些入逆案者,认为可能有不得已之情节。张岱于《石匮书·逆党列传总论》中说:“时当丙寅,魏珰政盛,余犹记先帝在信邸时,亦称颂上公,疏凡三上。倘以此疏置之逆案,则先帝亦应在颂美之列,而今乃洗垢索瘢,苛以论人,而恕以自责,则先帝亦不情甚矣。故余谓:人至不幸,生而为此时之人,不可概责其入党,但当于入党之中,取而分别其甚与不甚。”如以张汝懋事而影响对阮大铖的认识,不能不说是张岱一时识人之失。另阮大铖《春灯谜》一剧,张岱所敬仰的同乡前辈王思任亦作序推崇,或对张岱也有影响。

清王士祯《池北偶谈》卷十一“阮怀宁”条引《所知录》云:“大铖既降本朝,在营中,诸公闻其有《春灯谜》诸剧,问能自度曲否,大铖即起,执板顿足而唱以侑酒。”

〔二〕关目:此指戏曲中的情节。

〔三〕《十错认》即《春灯谜》,剧本今存。大意谓书生宇文彦与女扮男装之韦影娘在黄陵庙灯节上因猜春灯谜而相识,因突来大风,人各失散,此后遂有一连串误招误认,改名换姓,遂至将死而活,大悲大喜,而终以大团圆收尾。

《摩尼珠》又名《牟尼合》,今存。儒生萧思远生子,因祖传牟尼珠放光,遂取名佛珠。萧思远因事得罪官府,被迫流亡他乡,改名梁祖德。其子佛珠为盐商令狐收留,改名佛赐。思远流浪十年,归来后令狐聘为佛赐之师。最终全家以牟尼珠相认团圆。

《燕子笺》写郦云飞、霍都梁、华行云之间悲欢离合故事,其中穿插鲜于佶科场舞弊一案,两条线索平行、交会,结构最为精巧。

〔四〕串架斗笋:本指木结构建筑中各构件之搭接咬合,此处用指剧本之结构。

〔五〕《春灯谜》第八出《轰谜》,黄陵庙元宵灯会,有杂扮龙灯、小鬼、张生、法聪、红娘等上场表演。紫姑即箕仙。女郎祠道姑以宇文彦之尸(实是韦影娘婢女之尸)谬称紫姑丈夫,改女郎祠为宇郎祠,以图诳人取财,第三十一出《闹祠》有紫姑降神表演。

〔六〕走解:或称"卖解",即民间艺人之杂耍、武术及马术表演。猴戏即耍猴。事见《牟尼合》第四出《竞会》。

〔七〕《燕子笺》第十一出《题笺》有双蝶及燕子表演,第四十一出《合宴》有"波斯进宝"及"太平有象"群队表演。

阮圆海大有才华,恨居心勿静,其所编诸剧,骂世十①七,解嘲十三,多诋毁东林,辩宥魏党,为士君子②所唾弃,故其传奇不之著焉。如就戏论,则亦镞镞能新,不落窠臼者也。〔一〕

纯生氏曰:瑶草胸中乃有丘壑,圆海亦尔。

【校】

①"十",原本作"什",据咸丰本改。

②"士君子",原本作"士君之",据咸丰本改。

【注】

〔一〕张岱《嫏嬛文集》卷三《答袁箨庵》云:"传奇至今日,怪幻极矣!生甫登场,即思易姓,旦方出色,便要改妆。兼以非想非因,无头无绪,只求闹热，不论根由，但要出奇，不顾文理。近日作手，要如阮圆海之灵奇，李笠翁之冷隽，盖不可多得者矣。”

巘花阁

巘花阁在筠芝亭松峡下〔一〕，层崖古木，高出林皋，秋有红叶。坡下支壑回涡，石蹋棱棱〔二〕，与水相距。阁不槛不牖，地不楼不台，意政不尽也〔三〕。五雪叔归自广陵，一肚皮园亭于此小试：台之、亭之、廊之、栈道之，照面楼之，侧又堂之、阁之、梅花缠折旋之〔四〕。未免伤板、伤实、伤排挤，意反局蹐，若石窟书砚①〔五〕；隔水看山、看阁、看石麓、看松峡上松，庐山面目反于山外得之。五雪叔属余作对，余曰：“身在襄阳袖石里〔六〕，家来辋口扇图中〔七〕。”言其小处。

纯生氏曰：五雪宜置丘壑中，一经妙手点染，便如长康画幼舆在岩石里也。

【校】

①“书砚”二字有误，参见注释。

【注】

〔一〕巘花阁：见卷七《山艇子》注。筠芝亭：见卷一《筠芝亭》。

〔二〕石蹋：山根如足趾一般突出的石棱。

〔三〕言阁无修饰，地皆空旷，正宜为造园者发挥其创意。

〔四〕梅花缠：此言园中小径如梅花六出图案而绕曲折旋。

〔五〕“石窟”，疑用晋顾恺之画谢鲲事。唐张彦远《历代名画记》卷五言：顾恺之“又画谢幼舆于一岩里。人问所以，顾云：一丘一壑，自谓过之，此子宜置岩壑中”。岩壑，岩石洞壑，置人其中，自是局蹐。

书砚：二字置此无解，定然有误。据前文言其园“伤排挤”，后文言其园似“襄阳袖石”，疑“砚”指“砚山”之属，即山石盆景之类。而“书砚”既不成文，“书”字或为他字之误。窃以为“山”字易与草体之“书”相混，“砚山”或为抄者误作“砚书”，又疑其不文，颠倒为“书砚”，亦不无可能。此系揣测，仅供参考。或疑“书”字易误为“山”，但“山”字不易误为“书”，但《吴中绝技》中“赵良璧治锡”之“锡”能误为“梳”，则辗转抄录，其笔误自有不可思议者。关于“砚山”，详见本卷《瑞草谿亭》注。

〔六〕见卷六《朱氏收藏》“以袖攫石”注。

〔七〕辋口：《旧唐书·王维传》：“得宋之问蓝田别墅，在辋口。辋水周于舍下，别涨竹洲花坞，与道友裴迪浮舟往来，弹琴赋诗，啸咏终日。尝聚其田园所为诗，号《辋川集》。”

《王右丞集笺注》卷十三《答裴迪》注：“《长安志》：辋谷水出南山辋谷，北流入霸水。《陕西志》：辋川在蓝田县南峣山之口，去县八里，水沦涟如车辋然。川尽处为鹿苑寺，即王维别业。”

王维有《辋川图》。唐朱景玄《唐朝名画录》：“王维，字摩诘，其画山水松石，踪似吴生，而风致标格特出。画《辋川图》，山谷郁郁盘盘，云水飞动，意出尘外，怪生笔端。”

范与兰

范与兰七十有三，好琴，喜种兰及盆池小景。建兰三十余缸，大如簸箕。蚤舁而入，夜舁而出者，夏也；蚤舁而出，夜舁而入者，冬也；长年辛苦，不减农事。花时香出里外，客至坐一时，香袭衣裾，三五日不散。余至花期至其家，坐卧不去，香气酷烈，逆鼻不敢齅，第开口吞欲之，如沆瀣焉〔一〕。花谢，粪之满箕，余不忍弃，与与兰谋曰："有面可煎，有蜜可浸，有火可焙，奈何不食之也？"与兰首肯余言。

【注】

〔一〕沆瀣：《楚辞·远游》："餐六气而饮沆瀣兮，漱正阳而含朝霞。"为仙人所饮之清露。

与兰少年学琴于王明泉，能弹《汉宫秋》、《山居吟》、《水龙吟》三曲。后见王本吾琴，大称善，尽弃所学而学焉，半年学《石上流泉》一曲，生涩犹棘手。王本吾去，旋亦忘之，旧所学又锐意去之，不复能记忆，究竟终无一字，终日抚琴，但和弦而已。

所畜小景，有豆板黄杨〔一〕，枝干苍古奇妙，盆石称之。朱樵峰以二十金售之〔二〕，不肯易。与兰珍爱，"小妾"呼之。余强借斋头三月，枯其垂一干。余懊惜，急舁归与兰。与兰惊惶无措，煮参汁浇灌，日夜摩之不置，一月后枯干复活。

纯生氏曰：与兰当为香祖庵主，彼坐卧不去者，所谓老鹤多眠兰蕙中也。

【注】

〔一〕豆板黄杨：或称"豆瓣黄杨"，即小叶黄杨，生长极慢，可做盆景。

〔二〕“峰”应作“风”。朱樵风为朱敬循子。

蟹会

食品不加盐醋而五味全者，为蚶，为河蟹。河蟹至十月与稻粱俱肥，壳如盘大，坟起，而紫螯巨如拳，小脚肉出，油油如螾蜒。掀其壳，膏腻堆积，如玉脂珀屑，团结不散，甘腴虽八珍不及〔一〕。

【注】

〔一〕八珍：泛指珍馔。《三国志·魏书·卫觊传》：“天子之器，必有金玉之饰；饮食之肴，必有八珍之味。”后人以八种珍稀难得之物实之，即俗所云龙肝、凤髓、豹胎、鲤尾、鸮炙、猩唇、熊掌、酥酪蝉。而元陶宗仪《辍耕录》卷九《续演雅发挥》则云：“所谓八珍，则醍醐、麈沆、野驼蹄、鹿唇、驼乳糜、天鹅炙、紫玉浆、玄玉浆也。”

一到十月，余与友人、兄弟辈立蟹会，期于午后至，煮蟹食之，人六只，恐冷腥，迭番煮之。从以肥腊鸭、牛乳酪。醉蚶如琥珀，以鸭汁煮白菜如玉版〔一〕。果蓏以谢橘，以风栗，以风菱。饮以玉壶冰〔二〕，蔬以兵坑笋〔三〕，饭以新余杭白〔四〕，漱以兰雪茶。繇今思之，真如天厨仙供！酒醉饭饱，惭愧惭愧。

纯生氏曰：昔有嗜蟹者曰：“愿来世蟹亦不生，我亦不食。”一僧精禅理，尤好嗜蟹。蟹投百沸作郭索状，触釜铮铮有声。僧頞而祝曰：“汝莫心焦，待汝一背红便不痛楚也。”

【注】

〔一〕玉版：笋之别名。元许有壬《上京十咏》有《白菜》诗，曰：“土膏新且嫩，筐筥荐纷披。可作青菁饭，仍携玉版师。”

〔二〕玉壶冰：鲍照《代白头吟》：“直如朱丝绳，清如玉壶冰。”此用为酒名。

〔三〕兵坑笋：娄如松曰：兵坑为地名，在绍兴城南三十余里山区，所产笋为越中至味。

〔四〕余杭白：余杭所产白米，据《嘉庆山阴县志》卷八《土产》稻属有“余杭白”，知绍兴本地亦种植此品。

露兄（露兄馆）

崇祯癸酉〔一〕，有好事者开茶馆，泉实玉带，茶实兰雪〔二〕，汤以旋煮，无老汤，器以时涤，无秽器，其火候、汤候，亦时有天合之者。余喜之，名其馆曰“露兄”，取米颠“茶甘露有兄”句也〔三〕。为之作《斗茶檄》，曰：

【注】

〔一〕癸酉：崇祯六年（一六三三）。

〔二〕玉带：阳和岭玉带泉，见卷三《阳和泉》。兰雪：见卷三《兰雪茶》。

〔三〕宋庄绰《鸡肋编》卷上：米芾诗文好怪。尝作诗云：“饭白云留子，茶甘露有兄。”人不省“露兄”，问之，乃曰：“只是甘露的哥哥耳。”

水淫茶癖〔一〕，爰有古风；瑞草雪芽〔二〕，素称越绝。特以烹煮非法，向来葛灶生尘〔三〕；更兼赏鉴无人，致使羽经积蠹〔四〕。迩来[①]择有胜地,复[②]举汤盟,水符递自玉泉,茗战争来兰雪。瓜子炒豆,何须瑞草桥边〔五〕;橘柚查梨,出自仲山圃内〔六〕。八功德水,无过甘滑香洁清凉〔七〕;七家常事,不管柴米油盐酱醋。一日何可少此,子猷竹庶可齐名〔八〕;七碗吃不得了,卢仝茶不算知味〔九〕。一壶挥麈,用畅清谈;半榻焚香,共期白醉〔一〇〕。

纯生氏曰:文彩葩流,枝叶横生。

【校】

①"迩来",原本作"迩者",据砚云本改。

②"复",砚云本、科图本作"后",应误。

【注】

〔一〕《南史·何佟之传》:"何佟之性好洁,一日之中洗涤者十余遍,犹恨不足,时人称为'水淫'。"此借指好饮水。

〔二〕会稽名茶有龙山瑞草、日铸雪芽。见卷三《兰雪茶》注。

〔三〕葛灶:晋葛洪之灶,本是炼丹所用,此处借指茶灶。

生尘:《后汉书·独行列传》:范丹,字史云,桓帝时为莱芜长。议者欲以为侍御史,因遁身逃命于梁沛之间,徒行敝服,卖卜于市。遭党人禁锢,遂推鹿车,载妻子,捃拾自资。如此十余年,有时粮粒尽,穷居自若,言貌无改。闾里歌之曰:"甑中生尘范史云,釜中生鱼范莱芜。"

〔四〕羽经:唐陆羽《茶经》。

〔五〕苏轼与妻兄王元直书:"或圣恩许归田里,得款段一仆,与子众丈、杨宗文之流往还瑞草桥,夜还何村,与君对坐庄门,吃瓜子炒豆,不知当复有此日否。"

〔六〕仲山圃:不知所指。按《世说新语·俭啬》中提到"哀家梨",刘孝标注:"秣陵有哀仲家梨甚美,大如升,入口消释。"或用此典而误记"哀仲”为“仲山”乎？

〔七〕八功德水：明顾起元《客座赘语》卷十“八功德水”：“（钟山）灵谷寺八功德水，自寺墙外由钟山流出，下有石为曲水引之，在宝公塔之东北。宋知上元梅挚记甚工，其文曰：‘钟山之阳，有泉曰八功德。梁天监中，有胡僧昙隐寓止修行，有一厖眉叟相谓曰：“予山龙也，知师渴，饮功德池，措之无难矣。”人与口灭，一沼沸成，深仅盈寻，广可倍丈。浪井不凿，醴泉无源，水旱若初，澄挠一色。厥后西僧继至，云本域八池，一已眢矣，此味大较相类，岂非竭彼盈此乎？一清、二冷、三香、四柔、五甘、六净、七不饐、八蠲痾，又其效也。’文多不载。今水有时而竭，或云水在山中，因禁地，人迹不至，岁久木叶所壅，故有时而涸，不知然否。”

〔八〕王徽之，字子猷，王羲之子。爱竹，尝寄居空宅中，便令种竹。或问其故，徽之指竹曰：“何可一日无此君邪！”

〔九〕唐卢仝号玉川子，好茶，人称茶仙。有《走笔谢孟谏议寄新茶》诗云：“一碗喉吻润，两碗破孤闷。三碗搜枯肠，唯有文字五千卷。四碗发轻汗，平生不平事，尽向毛孔散。五碗肌骨清，六碗通仙灵。七碗吃不得也，唯觉两腋习习清风生。”

〔一〇〕宋楼钥《炙背俯晴轩》诗：“映檐成白醉，挟纩谢奇温。”虽无酒，而为暖气薰醉，此处则为“焚香”而醉。

闰元宵

崇祯庚辰闰正月〔一〕，与越中父老约重张五夜灯〔二〕。余作《张灯致语》曰〔三〕：

【注】

〔一〕庚辰为崇祯十三年（一六四〇）。去年清军破济南，攻兖州，关外则用兵锦、松、杏诸州。张献忠谷城再起，败左良玉。明督师熊文灿下狱。四年后明亡。

〔二〕上元放灯五夜，始自宋初。宋王栐《燕翼诒谋录》卷三："国朝故事，三元张灯。太祖乾德五年正月甲辰诏曰：'上元张灯，旧止三夜，今朝廷无事，区宇乂安，方当年谷之丰登，宜纵士民之行乐。其令开封府更放十七、十八两夜灯。'后遂为例。"

〔三〕致语：起于北宋，凡大节庆及大宴飨，由教坊乐工致语，然后乐作。致语之辞则多由翰林执笔。明黄佐《翰林记》卷十九记丘濬言宋时事："宋人有言宰相有责任之忧，神仙乏爵位之宠，既都荣显，又享清闲，唯学士然也。学士之职在前代为荣选，然所掌者大封拜、大诏令、大制作之外，下至于青词斋文、口宣致语之类无大关系者，皆俾为之，殆无虚日。荣则荣矣，然谓之清闲，则恐未也。"

宋彭乘《墨客挥犀》卷十："赵叔平罢参政，致政居睢阳。欧阳永叔罢参政，致政居汝阴。叔平一日乘女舆来访永叔，时吕晦叔以金华学士知颍州，启宴以召二公。于是欧公自为优人致语及口号，高谊清才，搢绅以为美谈。"

宋张邦基《墨庄漫录》卷七："优词乐语，前辈以为文章余事，然鲜能得体。王安中履道，政和六年天宁节集英殿宴，作教坊致语，其诵圣德云……"

宋孟元老《东京梦华录》卷七清明节"驾幸临水殿观争标锡宴"一节："驾先幸池之临水殿，锡宴群臣。殿前出水棚排立仪卫，近殿水中横列四彩舟，上有诸军百戏。……上参军色进致语，乐作。……继有木偶、筑毬、舞旋之类，亦各念致语，唱和乐作而已。"

此礼至明代尤行于宫廷，凡大节宴，例由教坊司进致语。明王世贞《嘉靖以来首辅传》卷六："俄而有中旨，令翰林臣撰中秋宴致语。徐阶疏谓：'先帝神主犹在几筵，即小小宴乐犹不可，而况致语哉？'上于是并罢宴。"

但自北宋时，致语即不仅施于宫廷，民间节庆甚至私人宴乐，亦往往有之。苏轼曾为赵伯成母生日作致语口号,苏辙于文彦博潞公归洛时作致语以饯。

两逢元正,岁成闰于摄提之辰〔一〕;再值孟陬,天假人以闲暇之月〔二〕。《春秋传》详记二百四十二年事,"春王正月",孔子未得重书〔三〕;开封府更放十七、十八两夜灯,乾德五年,宋祖犹烦钦赐。兹闰正月者,三生奇遇,何幸今日而当场;百岁难逢,须效古人而秉烛〔四〕。况吾大越,蓬莱福地〔五〕,宛委洞天〔六〕。大江以东,民皆安堵;遵海而北〔七〕,水不扬波。含哺嬉兮〔八〕,共乐太平之世界;重译至者,皆言中国有圣人〔九〕。千百国来朝,白雉之陈无算;十三年于兹〔一〇〕,黄耇之说有征。乐圣衔杯,宜纵饮屠苏之酒〔一一〕;校①书分火,应暂辍太乙之藜〔一二〕。

【校】

①"校",诸本皆作"较",避明讳也,今正之。

【注】

〔一〕摄提之辰:古代以岁星纪年,从"摄提格"(太岁在寅)至"赤奋若"(太岁在丑),以辰纪年,则从"子"至"亥",俱十二岁一周。太岁在辰曰"执徐",此言"摄提",是以代指岁星纪年,意谓按纪年,今年是"辰年"而已。

〔二〕孟陬:古人纪月,以每年第一个月称"孟陬",故正月或称"陬月"。旧俗,正月无农事,休闲为多。

〔三〕此言春秋二百四十二年无一闰正月。

〔四〕李白《春夜宴从弟桃花园序》:"浮生若梦,为欢几何。古人秉烛夜游,良有以也。"

〔五〕隐指蓬莱阁,见卷七《雷殿》注。

〔六〕宛委:《太平御览》卷六百七十九引孔灵符云:"会稽山南有宛委山,其上石俗呼为石匮。壁立干云,累梯然后至焉。昔禹治洪水,其功未就,乃齐于此山,发石匮,得金简玉字,以知山河体势,于是疏导百川,各尽其宜。"《吴越春秋》卷四:"禹登宛委山,发金简之书,案金简玉字,得通水之理。"

洞天:宋施宿《会稽志》卷十一:"阳明洞天,在宛委山龙瑞宫,旧经云三十六洞天之十一洞也。一名极玄太女之天。"

〔七〕遵海:沿海而行。元郝经《续后汉书》卷八十三下:"至秦始皇,南至湘山,登会稽,并海上,遵海而北。"

〔八〕含哺:口含食物。《庄子·马蹄》:"夫赫胥氏之时,民居不知所为,行不知所之,含哺而熙,鼓腹而游,民能以此矣。"

〔九〕《尚书大传》卷三:周成王时,越裳氏重译而朝,献白雉于周公,曰:"吾受命于吾国之黄耇(老人):'久矣,天之无烈风淫雨,意中国有圣人耶?有则盍朝之?'"

〔一〇〕十三年于兹:言崇祯帝登基十三年。

〔一一〕乐圣:为中国有圣人而乐。唐李适之《罢相作》诗:"避贤初罢相,乐圣且衔杯。"

屠苏之酒:《荆楚岁时记》:正月元日,"于是长幼悉正衣冠,以次拜贺。进椒柏酒,饮桃汤,进屠苏酒、胶牙饧,下五辛盘,进敷于散,服却鬼丸"。

〔一二〕晋王嘉《拾遗记》卷三:"刘向于成帝之末校书天禄阁,专精覃思。夜有老人,着黄衣,植青藜杖,扣阁而进。见向暗中独坐诵书,老父乃吹杖端,烂然大明,因以照向,说开辟以前事。"

前此元宵,竟因雪妒,天亦知点缀丰年;后来灯夕,欲与月期,人不可蹉跎胜事。六鳌山立〔一〕,只说飞来东武〔二〕,使鸡犬不惊;百兽室悬,毋曰下守海澨,唯鱼鳖是见〔三〕。笙箫聒地，竹椽出自柯亭〔四〕；花草盈街，禊帖携来兰渚〔五〕。士女潮涌，撼动蠡城；车马雷殷，唤醒龙屿〔六〕。况时逢丰穰，呼庚呼癸〔七〕，一岁月自兆重登；且科际辰年，为龙为光〔八〕，两榜必征双首。莫轻此五夜之乐，眼望何时？试问那百年之人，躬逢几次？敢祈同志，勿负良宵。敬藉赫蹄〔九〕，喧传口号。

纯生氏曰：天孙无缝衣，光芒四射，花样则古楼阁樗蒱诸锦，极尽文章巨丽。

【注】

〔一〕《列子·汤问》：海上有五仙山，"天帝命禺强，使巨鳌十五举首而戴之，迭为三番，六万岁一交焉"。是鳌山即仙山也。而宋代上元灯节，架灯成山，下为鳌形，称鳌山。《乾淳岁时记》："元夕二鼓，上乘小辇幸宣德门观鳌山。山灯凡数千百种，极其新巧，中以五色玉栅簇成'皇帝万岁'四大字，其上伶官奏乐，其下为大露台，百艺群工，竞呈奇技。"宋周密《武林旧事》卷二"元夕"条："起立鳌山。灯之品极多，每以苏灯为最。圈片大者径三四尺，皆五色琉璃所成，山水人物，花竹翎毛，种种奇妙，俨然着色便面也。"此言六鳌山，或为绍兴实景。而《列子·汤问》又云："而龙伯之国有大人，举一钓而连六鳌，合负而趣归其国。"

〔二〕"飞来东武"，见卷六《绍兴灯景》"塔山"注。

〔三〕室悬百兽之灯，勿言滨海之国仅有鱼鳖也。典出《国语·越语下》：范蠡答王孙满曰："昔吾先君，固周室之不成子也，故滨于东海之陂，鼋鼍鱼鳖之与处，而蛙黾之与同渚。"

〔四〕见卷二《表胜庵》注。

〔五〕见卷六《水浒牌》注。

〔六〕龙屿指卧龙山。

〔七〕《左传》哀公十三年：吴申叔仪乞粮于公孙有山氏。对曰："梁则无矣，麤则有之。若登首山以呼曰：'庚癸乎！'则诺。"杜预注："军中不得出粮，故为私隐。庚，西方主谷；癸，北方主水。"

〔八〕《诗·小雅·蓼萧》："既见君子，为龙为光。"毛传："龙，宠也。"郑玄笺："言天子恩泽光耀被及己也。"

〔九〕赫蹄：纸之代称。《汉书·外戚传下》："发箧中，有裹药二枚，赫蹄书曰……"颜师古注："邓展曰：'赫音兄弟阋墙之阋。'应劭曰：'赫蹄，薄小纸也。'"

合采牌

余作"文武牌"〔一〕，以纸易骨，便于角斗，而燕客复刻一牌，集天下之斗虎、斗鹰、斗豹者，而多其色目，多其采，曰"合采牌"〔二〕。余为之作叙曰：

【注】

〔一〕文武牌：叶子牌之一种，以文武职官为其名色。

〔二〕采：博具中的花色。斗虎、斗鹰、斗豹，应该都是当时人创造的各种叶子牌名。张燕客吸取各牌的花色制成一牌，因是聚合众采，故称"合采"。

太史公曰："凡编户之民，富相什则卑下之，伯则畏惮之，千则役，万则仆，物之理也。"〔一〕古人以"钱"之名不雅驯，缙绅先生难言[①]之，故易其名曰"赋"、曰"禄"、曰"饷"，天子千里外曰"采"〔二〕。采者，采其美物以为贡，犹赋也。诸侯在天子之县内曰"采"，有地以处其子孙亦曰“采”〔三〕，名不一，其实皆谷也，饭食之谓也。周封建多则采胜，秦无采则亡。采在下无以合之，则齐桓、晋文起矣〔四〕。列国有采而分析之，则主父偃之谋也〔五〕。繇是而亮采服采，好官不过多得采耳〔六〕。“充类至义之尽”，窃亦采也，盗亦采也〔七〕，鹰虎豹繇此其选也。然则奚为而不禁？曰：“小役大，弱役强，斯二者天也。”〔八〕《皋陶谟》曰：“载采采。”〔九〕微哉！之哉！庶哉！〔一〇〕

纯生氏曰：骨牌设宣和二年，高宗时诏颁行天下，后世易之以纸，层出不穷，必奉水上军为鼻祖者，岂不忘宣和所自欤？夫阴私自利皆谓之盗，人或溺之而不鉴之，亦有盗心而不能自革者矣。

【校】

①“言”，诸本俱作“道”，《嫏嬛文集·合采牌序》作“言”，是，据改。《史记·五帝本纪》：“百家言黄帝，其文不雅驯，荐绅先生难言之。”

【注】

〔一〕引文见《史记·货殖列传》。

〔二〕《礼记·王制》：天子“千里之内曰甸，千里之外曰采，曰流”。这是言古代“九畿”之采，不是卿大夫封邑之“采地”。赌牌之“采”本指牌或骰子的花色，张岱故意把牌“采”与“采”的其他词义混合以做发挥。

〔三〕古称天子所居之州曰县。此“采”为封邑之采地。《礼记·礼运》：“故天子有田以处其子孙，诸侯有国以处其子孙，大夫有采以处其子孙。”

〔四〕春秋时，齐桓公九合诸侯，以匡天子。齐桓死后，晋文公继霸，屡合诸侯，代行征伐。此处之“采”代指列国诸侯。

〔五〕《汉书·主父偃传》："主父偃，齐国临菑人。学长短从横术，晚乃学《易》、《春秋》、百家之言。"武帝时上书："古者诸侯不过百里，强弱之形易制。今诸侯或连城数十，地方千里，缓则骄奢易为淫乱，急则阻其强而合从以逆京师。今以法割削之，则逆节萌起，前日晁错是也。今诸侯子弟或十数，而嫡嗣代立，余虽骨肉，无尺寸地封，则仁孝之道不宣。愿陛下令诸侯得推恩分子弟，以地侯之。彼人人喜得所愿，上以德施，实分其国，不削而稍弱矣。"

〔六〕辅佐政事称"亮采"，语出《书·舜典》"使宅百揆，亮采惠畴"；天子近侍之臣称"服采"，语出《书·酒诰》，故此云"好官不过多得采"。

〔七〕《孟子·万章下》：孟子曰："夫谓非其有而取之者盗也，充类至义之尽也。"用同类事物比照类推，把道理引伸到尽头。意谓极言之，窃、盗亦无非为"采"，与王公贵官实为同类。

〔八〕《孟子·离娄上》："天下无道，小役大，弱役强，斯二者天也。"张岱在此有指斥时政之意，官府与盗贼无别，政如猛虎，刻剥黎民，而朝廷不能制止，正是"天下无道"。

〔九〕《书·皋陶谟》：皋陶曰："都！亦行有九德。亦言其人有德，乃言曰，载采采。"孔传："载，行。采，事也。称其人有德，必言其所行某事某事以为信验。"

〔一〇〕"之哉"不通，疑是"旨哉"之讹，"旨哉"即"有味乎此言哉"之意。"微"言其旨微妙，"庶"言其内涵丰富。

瑞草谿亭

瑞草谿亭为龙山支麓〔一〕，高与屋等。燕客相其下有奇石，身执蘽臿〔二〕，为匠石先，发掘之。见土畚土，见石甃石，去三丈许，始与基平，乃就其上建屋。屋今日成，明日拆①，后日又成，再后日又②拆，凡十七变而豁亭始出。盖此地无豁也，而豁之，豁之不足，又潴之、壑之。一日鸠工数千指，索性池之，索性阔一亩，索性深八尺。无水，挑水贮之，中留一石如案，回潴浮峦，颇亦有致。

【校】

①“拆”，原本作“折”，据咸丰本改。下“拆”字同。

②“又”，原本作“有”，据咸丰本改。

【注】

〔一〕祁彪佳《越中园亭记》“万玉山房”条：“从别驾张二酉公居之启左扉而入，登卧龙数武，为融真堂，即张文恭与朱、罗两文懿公读书处。下为溪山清樾堂，前有来章阁，属二酉公，为构各极宏敞，更兼精丽。再下稍从左，其郎君介子兄洗剔奇石，汇卧龙之泉，渟泓小沼，虽尺岫寸峦，居然有江山辽邈之势。”此言介子之渟泓小沼，即本篇瑞草豁亭所在。

按：龙山有瑞草茶，见卷三《兰雪茶》注。豁亭在龙山下，因称之。

〔二〕虆：盛土器。臿：即“锸”，掘土器。

燕客以山石新开，意不苍古，乃用马粪涂之，使长苔藓；苔藓不得即出，又呼画工以石青、石绿皴之。一日左右视，谓此石案焉可无天目松数颗盘郁其上，遂以重价购天目松五六颗，凿石种之。石不受锸，石崩裂，不石不树，亦不复案。燕客怒，连夜凿成砚山形〔一〕，缺一角，又輂一礐石补之。

【注】

〔一〕砚山：宋贾似道《悦生随抄》：“江南李氏后主尝买一砚山，径长才逾尺，前耸三十六峰，皆大犹手指，左右则引两阜坡陀，而中凿为砚。及江南国破，砚山因流转数十人，为米老元章得。”南宋周密《悦生堂杂钞》卷上：“米氏研山，后归宣和御府，今在台州戴觉民家。大衍库出售杂物时，有灵璧小峰，长仅五六寸，高半，玲珑秀润，所谓胡桃皮、沙坡、水道皆有之。山峰之半有圆白小月，莹然如玉，徽宗御书小字刻于峰旁，云‘山高月小，水落石出’，略无琢刻之形，真奇物也。”此以砚山指山石盆景。

燕客性下[①]急，种树不得大，移大树种之；移种而死，又寻大树补之。种不死不已，死亦种不已，以故树不得不死，然亦不得即死。

【校】

①“下”，原本作“忭”，据咸丰本改。

豁亭比旧址低四丈，运土至东，多成高山，一亩之室，沧桑忽变。见其一室成，必多坐看之，至隔宿或即无有矣。故豁亭虽渺小，所费至巨万焉〔一〕。

【注】

〔一〕张燕客构瑞草豁亭事在崇祯四年，可参见《嫏嬛文集》卷四《五异人传》。

燕客看小说：姚崇梦游地狱，至一大厂，炉鞴千副，恶鬼数千，铸泻甚急。问之，曰：“为燕国公铸横财。”后至一处，炉灶冷落，疲鬼一二人鼓橐，奄奄无力。崇问之，曰：“此相公财库也。”崇寤而叹曰：“燕公豪奢，殆天纵也。"[一]燕客喜其事,遂号"燕客"。

【注】

〔一〕事见于唐李冗《独异志》,为宰相卢怀慎事,张岱误记为姚崇。《太平广记》卷一百六十五引《独异志》:卢怀慎无疾暴卒,夫人崔氏止其儿女号哭曰:"公命未尽,我得知之。公清俭而洁廉,蹇进而谦退,四方赂遗,毫发不留。与张说同时为相,今说纳货山积,其人尚在,而奢俭之报岂虚也哉?"及宵分,公复生,左右以夫人之言启陈。怀慎曰:"理固不同。冥司有三十炉,日夕为说鼓铸横财,我无一焉,恶可并哉?"言讫复绝。

二叔业四五万,燕客缘手立尽。甲申,二叔客死淮安[一],燕客奔丧,所积薪俸及玩好、币帛之类又二万许,燕客携归,甫三月又辄尽。时人比之"鱼弘四尽"焉[二]。

【注】

〔一〕《嫏嬛文集》卷四《家传附传》:"(张尔葆)升扬州司马,分署淮安,督理船政。史道邻(可法)廉仲叔才,漕事缓急,一以委之,无不立办。癸未,流贼破河南,淮安告警。仲叔练乡兵,守清江浦,以积劳致疾,遂不起。"

〔二〕鱼弘四尽:《梁书·鱼弘传》:"鱼弘历南谯、盱眙、竟陵太守。常语人曰:'我为郡,所谓四尽:水中鱼鳖尽,山中獐鹿尽,田中米谷尽,村里民庶尽。丈夫生世,如轻尘栖弱草,白驹之过隙,人生欢乐富贵几何时!'于是恣意酣赏,侍妾百余人,不胜金翠,服玩车马,皆穷一时之绝。"

豁亭住宅,一头造,一头改,一头卖,翻山倒水无虚日。有夏耳金者,制灯剪彩为花亦无虚日。人称耳金为"败落隋炀帝",称燕客为"穷极秦始皇",可发一粲。

纯生氏曰:此泉石之膏肓,烟霞之锢疾也。

嫏嬛福地

陶庵梦有宿因。常梦至一石厂〔一〕，峆窅岩覆〔二〕，前有急湍洄溪，水落如雪，松石奇古，杂以名花。梦坐其中，童子进茗果。积书满架，开卷视之，多蝌蚪、鸟迹、辟历篆文〔三〕，梦中读之，似能通其棘涩。

【注】

〔一〕厂：山崖边较浅的岩穴。

〔二〕《文选》汉马融《长笛赋》："巆曌浍峣，峆窞岩覆。"李善注："峆即坎也。《周易》曰：'入于坎窞，凶。'《说文》曰：'窞，坎中小坎也。'岩，深岩也。《说文》曰：'岩，岸也。'岩覆，不平也。《广雅》曰：'覆，窟也。'"

〔三〕蝌蚪：唐张怀瓘《书断》卷上："滕公冢内得石铭，人无识者，唯叔孙通云：'此古文科斗书也。'科斗者，即上古之别名也。"唐韦续《墨薮·五十六种书》："科斗书者，因科斗之名，故饰之以形。"

鸟迹：卫恒《古文赞》云："黄帝之史沮诵、苍颉，眺彼鸟迹，始作书契。"唐韦续《墨薮·五十六种书》："黄帝史苍颉写鸟迹为文，作篆书。""传信鸟迹者，六国时书节为信，象鸟形也。"

辟历：即霹雳。唐张怀瓘《书断》卷上："霹雳之下，乃时有字，或锡贶之瑞，往往铭题，以古书考之，皆可识也。"元郑杓《衍极》："霹雳书，唐开元中漳、泉分界，两讼不均，台省不能断。俄而雷雨霹雳，崖壁中裂，所争之地，拓为一径。中有古文篆六行。又泉州南山有潭，元和中雷霆劈石壁，凿成文字，人无识者。或写以示韩愈，愈曰：'科斗书也。其文曰'云云"

闲居无事，夜辄梦之，醒后伫思，欲得一胜地仿佛为之。郊外有一小山，石骨棱砺，上多筠篁，偃伏园内。余欲造厂堂〔一〕，东西向，前后轩之，后磥一石坪，植①黄山松数颗，奇石峡之〔二〕。堂前树娑罗二，资其清樾。左附虚室，坐对山麓，磴磴齿齿，划裂如试剑，扁曰“一丘”。右踞厂阁三间，前临大沼，秋水明瑟，深柳读书，扁曰“一壑”。缘山以北，精舍小房，绌屈蜿蜒，有古木，有层崖，有小涧，有幽篁，节节有致。

【校】

①“植”，道光本作“横”。

【注】

〔一〕厂堂：宏敞之堂。

〔二〕峡：疑是“挟”字之误，从两旁夹之。

山尽有佳穴，造生圹，俟陶庵蜕焉，碑曰“呜呼有明陶庵张长公之圹”①〔一〕。圹左有空地亩许，架一草庵，供佛，供陶庵像，迎僧住之，奉香火。

【校】

①“呜呼有明陶庵张长公之圹”，原本作“呜呼陶庵张长公之圹”，道光本“呜呼”为“有明”，作“有明陶庵张长公之圹”。按：“有明”二字应该为原本所有，乾隆本为避祸而删去，但不会凭空代以“呜呼”二字。窃以为原本为“呜呼有明陶庵张长公之圹”，乾隆本删去“有明”，道光本改回时误把“呜呼”删掉。另证以张岱《自为墓志铭》云：“曾营生圹于项王里之鸡头山，友人李研斋题其圹曰：‘呜呼，有明著述鸿儒陶庵张长公之圹。’”是“呜呼有明”四字皆有，而“著述鸿儒”四字则是张岱自谦而不于

本文表出。

【注】

〔一〕张岱六十九岁时曾自作《墓志铭》，言："曾营生圹于项王里之鸡头山，友人李研斋题其圹曰：'呜呼。有明著述鸿儒陶庵张长公之圹。'"按：项王里在项里山下，据《万历绍兴府志》卷四："项里山，在府城西南二十里。其趾溪水环之。山下地名项里。华镇考古云项梁与籍居此，未知然否。大抵会稽事自吴讹者甚多，今莫能辨。然《羽本纪》秦皇帝渡浙江，梁与籍俱观，则或尝至越亦未可知。"又《山阴县志》：俗云项羽避仇于此，故名，下有项羽祠。

大沼阔十亩许，沼外小河三四折，可纳舟入沼。河两崖皆高阜，可植果木，以橘，以梅，以梨，以枣，枸菊围之。山顶可亭。山之西鄙有腴田二十亩，可秫可秔。门临大河，小楼翼之，可看炉峰、敬亭诸山〔一〕。楼下门之，扁曰"嫏嬛福地"〔二〕。缘河北走，有石桥极古朴，上有灌木，可坐、可风、可月。

纯生氏曰：云山幸不求吾是，林泉又不责吾非，朝粥一碗，夕灯一盏，佛法不怕烂却也。

【注】

〔一〕香炉峰，见卷二《表胜庵》注。敬亭山，见卷一《筠芝亭》注。

〔二〕嫏嬛福地：元伊世珍《嫏嬛记》卷上："张茂先博学强记，尝为建安从事，游于洞宫，遇一人于途，问华曰：'君读书几何？'华曰：'华之未读者，则二十年内书盖有之也，若二十年外，则华固已尽读之矣。'其人议论超然，华颇内服，相与欢甚。因共至一处，大石中忽然有门，引华入数步，则别是洞天，宫室嵯峨。引入一室中，陈书满架。其人曰：'此历代史也。'又至一室,则曰:'万国志也。'每室各有奇书,唯一室屋宇颇高,封识甚严,有二犬守之。华问故,答曰:'此皆玉京紫微、金真七瑛、丹书紫字诸秘籍。'指二犬曰:'此龙也。'华历观诸室书,皆汉以前事,多所未闻者,如三坟九丘、梼杌春秋亦皆在焉。华心乐之,欲赁住数十日。其人笑曰:'君痴矣。此岂要赁地耶?'即命小童送出。华问地名,对曰:'嫏嬛福地也。'华甫出,门忽然自闭。华回视之,但见杂草藤萝绕石而生,石上苔藓亦合无缝。"

补　遗

鲁王宴

弘光元年[①]，鲁王播迁[②]至越〔一〕，以先父相鲁先王，幸臣旧第。岱接驾，无所考仪注，以意为之。踏脚四扇，氍毹藉之，高厅事尺，设御座〔二〕。席七重，备山海之供。鲁王至，冠翼善[③]，玄色蟒袍，玉带，朱玉绶。观者杂遝，前后左右，用梯，用台，用凳，环立看之，几不能步，剩御前数武而已。传旨"勿辟人"。岱进，行君臣礼。献茶毕，安席，再行礼。不送杯箸，示不敢为主也。趋侍坐。书堂官三人〔三〕，执银壶二，一斟酒，一折酒，一举杯，跪进上。膳：一肉簋；一汤盏，盏上用银盖盖之；一面食，用三黄绢笼罩，三臧获捧盘加额跪献之，书堂官捧进御前，汤点七进，队舞七回，鼓吹七次，存"七奏"意〔四〕。

【校】

①"弘光元年"，砚云本作"福王南渡"，避祸改也。

②"播迁"，科图本作"迁播"，据砚云本乙正。

③“翼善”，科图本作“翌善”，据砚云本改。

【注】

〔一〕张岱《石匮书后集·鲁王世家》：“鲁王以海，鲁王乾山弟也。乾山殉难，鲁王袭封。甲申北变，鲁王迁播至越，疏请安置台州。乙酉，清兵至武林，鲁王于是年六月至绍兴监国。”顺治三年六月，浙东陷后，张煌言等抗清武装奉以海至舟山、厦门等海上，仍称监国。顺治十六年，郑成功、张煌言败后，以海随成功入台湾，康熙元年（一六六二）死于台。按：此篇所记为张岱与鲁王以海第一次见面，在鲁王以海去台州路过绍兴之时。

〔二〕此言以四件踏脚，铺上毛毯，使其高出客厅地面一尺，作为放“御座”的台子。

〔三〕书堂官：明代藩王王府中下等官员。

〔四〕明制，帝王宴飨奏乐，皇帝九奏，藩王七奏。

是日演《卖油郎》传奇〔一〕，内有泥马渡康王南渡中兴〔二〕，事巧合①，睿颜大喜。

【校】

①“内有泥马渡康王南渡中兴，事巧合”句，砚云本作“内有泥马渡康王故事，与时事巧合”。

【注】

〔一〕《卖油郎》：明末李玉据冯梦龙《醒世恒言》中《卖油郎独占花魁》故事改编的戏曲。故事前段有金兵攻破汴京，瑶琴女一家离散，瑶琴被人骗入临安妓院，故剧中穿插有泥马渡康王一节。

〔二〕泥马渡康王：金兵围汴京，宋康王赵构奉命使金，至磁州，为守臣宗泽劝留，遂至相州。汴京旋破，二帝被掳，康王遂即皇帝位于南京（商丘）。这段历史在民间演义为康王赵构避金人，至钜鹿，马毙，冒雨独行，遇一白马引路。夜至一祠宇，觉马似泥马而身有汗迹。因宿，梦有青衣方袍者以杖击地，促令急行。及明，方知是“磁州都土地崔府君”之祠。又乘泥马前行，至一处，马忽不见，而众臣来迎。于是安然渡江、称帝于南京云云。故事详见《说岳全传》第二十回。

二鼓转席，临不二斋、梅花书屋，坐木犹龙，卧岱书榻，剧谈移时。出登席，设二席于御座旁，命岱与陈洪绶侍饮，谐谑欢笑如平交。睿量弘①，已进酒半斗矣，大犀觥一气尽。陈洪绶不胜饮，呕哕御座旁。寻设一小几，命洪绶书箑，醉，捉笔不起，止之。剧完，饶戏十余出〔一〕。起驾转席后，又进酒半斗，睿颜微酡，进辇，两书堂官掖之，不能步。岱送至闾外。命书堂官再传旨曰：“爷今日大喜，爷今日喜极！”君臣欢洽，脱略至此，真属异数〔二〕。

【校】

①“弘”，砚云本作“宏”，二字可通。

【注】

〔一〕饶戏：原戏码外加演之戏。

〔二〕明李介立《天香阁随笔》卷二：“鲁监国在绍兴，以钱塘江为边界。闻守边诸将日置酒唱戏歌吹，声连百余里。后丙申入秦，一绍兴娄姓者同行，因言曰：予邑有鲁先王故长史包某，闻王来，畏有所费，匿不见。后王知而如之，因议张乐设饮，启王与各官临其家。王曰：‘将尔费，吾为尔设。’乃上百金于王。王召百官宴于廷，出优人歌妓以侑酒，其妃亦隔帘开宴。予与长史亲也，混其家人，得入。见王平巾小袖，顾盼轻溜。酒酣歌紧，王鼓颐张唇，手箸击座，与歌板相应。已而投箸起，入帘拥妃坐，笑语杂沓，声闻帘外。外人咸目射帘内，须臾三出三入。更阑烛换，冠履交错，傞傞而舞，官人优人几几不能辨矣。即此观之，王之调弄声色，君臣儿戏，又何怪诸将之沉酣江上哉？期年而败，非不幸也。予戊戌游山阴，登西施山，戏占一绝曰：‘鲁国君臣燕雀娱，共言尝胆事全无。越王自爱看歌舞，不信西施肯献吴。’言戏而意则苦矣。”按：《天香阁随笔》所记张宴缘起不是空穴来风，但在时间上有些含糊，易被人错以为在鲁王监国之时。从浙江古籍出版社所印沈复灿钞本《嫏嬛文集》张岱《上鲁王笺》中可知，鲁王在台州时，张岱破家招兵，主动迎请鲁王至绍兴主盟，不可能出现有人匿而不见之事。

冰　花

崇祯戊寅至苏州〔一〕，见白兔，异之。及抵武林，金知县汝砺宦福建，携白兔二十余只归。己卯、庚辰，杭州遍城市皆白兔，越中生育至百至千。此兽妖也〔二〕。余考《建州志》〔三〕，长白山鸟兽、草木、花卉无不尽白。地气自北而南，鸟兽非得气之先邪①？

【校】

①“余考”以下至此三十二字，砚云本无。

【注】

〔一〕戊寅：崇祯十一年（一六三八）。

〔二〕兽妖：《洪范五行传》有“羊祸”，无“兽妖”。此指以兽类反常之物象而呈示的妖异。

〔三〕建州：明永乐以来，于女真族分布地区设建州三卫，至万历间，努尔哈赤统一建州三卫。

余少时不知烟草①为何物，十年之内，老壮童稚妇人女子无不吃烟，大街小巷尽摆烟桌〔一〕。此草妖也。

【校】

①“烟草”，科图本作“烟酒”，据砚云本改。

【注】

〔一〕吃烟：参见卷二《三世藏书》注。

妇人不知何故，一年之内都着对襟衫，戴昭君套。此服妖也〔一〕。

【注】

〔一〕服妖：《汉书·五行志》：“风俗狂慢，变节易度，则为剽轻奇怪之服，故有服妖。”

庚辰冬底，燕客家琴砖十余块〔一〕，结冰花，如牡丹、芍药，花瓣枝叶，如绣如绘，间有人物鸟兽，奇形怪状，十余砖底面皆满。燕客迎余看，至三日不消。此冰妖也〔二〕。燕客误以为祥瑞，作《冰花赋》，檄友人作诗咏之。余考金史，金末，河冰成龟纹，又有花卉鸟兽之状，巧过镂绘，不数年而金亡〔三〕。今兹流寇猖獗，中原鼎沸，然则妖孽祯祥，又岂一朝一夕之故哉①！

【校】

①自“余考”至此五十四字，砚云本无。

【注】

〔一〕琴砖：明刘銮《五石瓠》“琴砖”：“河南北古墓中大砖，其横上通两窍，而下开方孔，或谓为收水气云。以为琴台，则清激之声自出，长短花纹，其式不一。移载江南，有直十千钱者。崇祯中，因是制曲造琴，尝取此砖以供御。”

明王士性《广志绎》言，洛阳古墓中出甃冢之砖，长数尺，其中空。吴越因其长短与古琴相宜，且中空，能使琴声清亮，用以置琴，称为琴砖。

〔二〕冰妖：《春秋公羊传》成公十有六年“春王正月，雨木冰”，注：“木者少阳，幼君大臣之象。冰者凝阴，兵之类也。冰胁木者，君臣将执于兵之征也。”《格致镜原》卷八：“木冰者，乃寒胁木而成冰，妖不在木也。冰花者，乃冰有异而成花，妖不在花也。”

〔三〕明杨慎《升庵集》卷七十一“天画”：“《大金国志》：金末，河冰冻成龟文，又有花卉禽鸟之状，巧过绘镂，此天画也。”按：今本《大金国志》无此文。

草　妖

河北观察使袁茂林楷所记草妖尤异〔一〕。崇祯七年七月初一，孟县民孙光显祖墓有野葡萄，草蔓延长丈许。今夏，枝桠间忽抽新条，有似美人者，似达官者，有似龙、似凤、似麟、似龟、似雀、似鱼、似鳝①、似蛇、似孔雀，有似鼠伏于枝者，有似鹦鹉栖于架者，架上有盏，盏中有粒。凤则苞羽具五彩，美人上下衣裳，裳白衣黄，面上依稀似粉黛。人间物象，种种具备。七月初八日，地方人始报闻，急使人取之，已为好事者撷尽，止得美人一，鹦鹉一，凤一，故述此三物尤悉。

【校】

①"鳝"，诸本俱作"蝉"。枝条无法像蝉，且置于鱼、蛇之间，其形类应相近，固当是"鳝"字之误。

【注】

〔一〕袁茂林楷：袁楷，字孝则，号茂林，陕西凤翔人。《陕西通志》卷五十七下："天启乙丑进士。任开封知府，廉毅有大略。郡号烦剧，讼案苦沉积，楷登堂，令数事罗跪，一时并听，剖决无枉，人称为照天烛。后陞河北守道。"明亡不仕。

草妖：《汉书·五行志》："诛不行则霜不杀草，繇臣下则杀不以时，故有草妖。凡妖，貌则以服，言则以诗，听则以声，视则以色者，五色物之大分也，在于眚祥，故圣人以为草妖，失秉之明者也。"

余谓此草木之妖，论其休咎，恐衣冠人物不免草芥之虞①。适晤史云岫，言汉灵帝中平元年，东郡有草如鸠雀、蛇龙、鸟兽之状〔一〕。若然，则余所臆度者更可杞忧。此异宜上闻，县令以萎草不耐，恐取观不便，遂寝其事。特为记之如左。

【校】

①自"论其休咎"至此十五字，砚云本无。

【注】

〔一〕《后汉书·五行志二》："中平元年夏，东郡，陈留济阳、长垣，济阴冤句、离狐县界有草生，其茎靡累肿大如手指，状似鸠龙蛇鸟兽之形，五色各如其状，毛羽头目足翅皆具，近草妖也。是岁黄巾贼始起。皇后兄何进、异父兄朱苗皆为将军，领兵。后苗封济阳侯。进、苗遂秉威权，持国柄，汉遂微弱，自此始焉。”

平水梦

弘光[①]乙酉秋九月，余见时事日非，辞鲁国主，隐居剡中〔一〕。方磐石遣礼币，聘余出山，商确军务，檄县官上门敦促。余不得已，于丙戌正月十一日，道北山，逾唐园岭，宿平水韩店〔二〕。余适[②]疽发于背，痛楚呻吟，倚枕假寐，见青衣持一刺示余，曰“祁彪佳拜”。余惊起，见世培排闼入，白衣冠。余肃入，坐定。余梦中知其已死，曰：“世培尽忠报国，为吾辈生色。”〔三〕世培微笑，遽言曰：“宗老此时不埋名屏迹，出山何为耶？”余曰：“余欲辅鲁监国恢复中原[③]耳。”因言其如此如此，已有成算。世培笑曰：“尔要做，谁许尔做？且强尔出，无他意，十日内有人勒尔助饷。”余曰：“方磐石诚心邀余共事，应不我欺。”世培曰：“尔自知之矣，天下事至此，已不可为矣。尔试观天象。”拉余[④]起，下阶西南望，见大小星堕落如雨，崩裂有声。世培曰：“天数如此，奈何奈何！宗老，尔速还山！随尔高手，到后来只好下我这着——”起，出门附耳曰：“完《石匮书》！”〔四〕洒然竟去。余但闻犬声如豹〔五〕，惊寤，汗浴背，门外犬吠嗥嗥，与梦中声接续。蹴儿子起，语之。次日抵家。阅十日，田仰缚镳儿去[⑤]，即有[⑥]逼勒助饷之事〔六〕。忠魂之笃而灵也如此！

【校】

①“弘光”二字，砚云本无。

②“适”，科图本原作“政”，据砚云本改。

③“恢复中原”四字，砚云本无。

④“余”，科图本原作“予”，据砚云本改。

⑤“田仰缚镳儿去”，砚云本作“镳儿被缚去”。

⑥“即有”，砚云本作“果有”。

【注】

〔一〕鲁王于乙酉年六月绍兴监国，外受方国安挟制，内受御史任孔当辈谗言浸润。至是年九月，张岱谤毁丛身，性命可危，便上鲁王一表，告辞而去，从此流亡于剡县，“披发入山，䮄䮄如野人”。到是年底，方国安以商确军务为名，请张岱出山，于是而有本篇所述之事。

张岱《祭少宗伯陈木叔文》（见沈复灿钞本张岱《娜嬛文集》）：“及鲁王抵越，霸有浙东，遂听东林余孽、国戚阉宦、厮养家奴溷乱朝政，变白为黑，指鹿为马，自夸为正人君子，说木叔与岱为邪人，为小人，遂以从龙介推，沦落不用。木叔与岱携家入山，谓天下事已大定，君王好自为之。”

关于鲁王朱以海，《石匮书后集》于《五五世家总论》曰：“甲申北变之后，诸王迁播，但得居民拥戴，有一成一旅，便意得志满，不知其身为旦夕之人，亦只图身享旦夕之乐，东奔西走，暮楚朝秦，见一二文官，便奉为周、召，见一二武弁，便倚作郭、李。唐王粗知文墨，鲁王薄晓琴书，楚王但知痛哭，永历唯事奔逃。黄道周、瞿式耜辈欲效文文山之连立二王，谁知赵氏一块肉，入手即臭腐糜烂！如此庸碌，欲与图成，真万万不可得之数也。”又于《鲁王世家》后论曰：“鲁王见一人则倚为心膂，闻一言则信若蓍龟，实意虚心，人人向用。乃其转盼则又不然，见后人则前人弃若弁毛，闻后言则前言视为冰炭。及至后来，有多人而卒不得一人之用，闻多言而卒不得一言之用。附疏满廷，终成孤寡；乘桴一去，散若浮萍。”

〔二〕平水：在绍兴府城东南三十五里。

〔三〕张岱《石匮书后集》卷三十六述祁彪佳殉国事甚详，略云：乙酉六月，清贝勒至武林，以书币聘彪佳。初五日，彪佳携长子理孙发云门。（云门山在会稽南三十里。）至寓山，顾理孙曰：“而翁无他失，唯耽泉石，多营构，亦一过也。昔文信公临终，贻书其弟，嘱以文山为寺。吾亦欲捐此堂栖禅侣，以忏吾过。”晚，命具酌，畅饮数卮。移时，子侄童仆皆散去。独呼祝山人至瓶隐密室，纵谈古今忠臣烈士，娓娓数千言。属山人焚香煮茗，遂开牖望南山，笑曰：“山川人物，皆属幻影。山川无改，而人生倏忽又一世矣！”复向榻中端坐，瞑目屏息。良久，忽张目曰：“向谓死若何，如此是矣。”乃促山人就寝。遂至八求楼，启大参公祠，以文告别。复归瓶隐，作遗书曰：“臣子大义，自应一死。十五年前后，皆不失为朱氏忠臣。深心达识者，或不在沟渎自经；若余硁硁小儒，唯知守节而已！”以朱笔大书几上，赴水而死。祝山人早起，遍索之不见，大呼号。理孙梦中惊起，拏数舟求之，深水不得。有顷，东方渐白，见柳陌下水中石梯露帻角数寸，急就视，彪佳正襟危坐，水才过额，冠履俨然，须鬓不乱，面有笑容。

〔四〕张岱《讳日告文》（见沈复灿钞本张岱《嫏嬛文集》）：“寻乃胡马渡江，鲁王宵遁，各藩镇哄然一散，江上无片甲焉。儿见时势如此，欲捐躯报国，踵巫咸之遗者数矣。乃自想国亡身亡，故是臣节。古人有田子春、陶靖节辈避迹山居，力田自食，亦不失为义士，或亦可以不死。又以儿著《石匮书》，记大明事实，纂辑至隆庆矣，三五年方得卒业，故忍死须臾，或亦可以不死。又以鲁王在海外，唐王在闽西，粤、滇、黔奉大明正朔犹半天下焉，恢复中原尚亦有待，或亦可以不死。故转展踌躕，尚未死焉。”

〔五〕犬声如豹：王维《山中与裴秀才迪书》：“寒山远火，明灭林外。深巷寒犬，吠声如豹。村墟夜舂，复与疏钟相间。”

〔六〕田仰：弘光时任都御史（一说为淮抚），为马士英亲信。南京破，退保崇明。及鲁王监国，入内阁。镳儿为张岱之子。

按：张岱此次回绍兴后行迹，于五月十八日《上鲁王第六笺》（见沈复灿钞本张岱《嫏嬛文集》）中略有记录：“臣自去岁九月辞陛入山，足迹不入城市已半年许矣。今春二月，蒙定南伯俞玉聘臣出山，商确军务，县官敦促至再至三。臣不得已，力疾到营，同在舟中百有余日。臣纵观各藩，游历诸汛，真见兵不成兵，将不成将，藩不成藩，镇不成镇，江上大事已去矣，可奈何！”

附　录

乾隆四十年(乙未)《砚云甲编》本《梦忆》卷首

陶庵老人著作等身,其自信者尤在《石匮》一书。兹编载方言巷咏、嘻笑琐屑之事,然略经点染,便成至文,读者如历山川,如睹风俗,如瞻宫阙宗庙之丽,殆与采薇、麦秀同其感慨,而出之以诙谐者欤?

老人少工帖括,不欲以诸生名,大江以南,凡黄冠剑客、缁衣伶工,毕聚其庐。且遭时太平,海内晏安。老人家龙阜,有园亭池沼之胜,木奴秫秔,岁入缗以千计,以故斗鸡臂鹰、六博蹴踘、弹琴擘阮诸技,老人亦靡不为。今已矣,三十年来,杜门谢客,客亦渐辞老人去。间策杖入市,人有不识其姓氏。老人辄自喜,遂更名曰蝶庵,又曰石公。其所著《石匮书》,埋之嫏嬛山中。

今所见《梦忆》一卷,为序而藏之。

乾隆四十年(乙未)《砚云甲编》本《梦忆》书末金忠淳识语

陶庵老人，不著姓氏，卷中曰“岱”，曰“宗老”，曰“张氏”，曰“绍兴”。考《浙江通志》，张岱字宗子，山阴人，明末避乱剡溪山，意绪苍凉。语及少壮秾华，自谓梦境。著书十余种，率以“梦”名，而《石匮书》纪前代事尤备。此帙为舅兄学林胡氏藏本，奇情奇文，引人入胜，如在山阴道上，应接不暇，惜其余各种不概见也。然恐老人狡狯，所云《石匮书》埋之嫏嬛山中，非伊家茂先，孰过嫏嬛福地而问之？

瓯山金忠淳识。

乾隆五十九年(甲寅)王文诰刻《陶庵梦忆》识语

《陶庵梦忆序》见瓯山金氏本，刻入《砚云甲编》。书仅一卷，十失六七。此本余从王竹坡、姚春漪得之，辗转抄袭，多有脱讹，置箧中且十年矣。岁辛亥游岭南，暇时翻阅，粗为点定，或评数语于后，意之所至，无容心也。客过寓见者请公同好，遂以付梓。而是书不著姓氏，卷中曰“张氏”，曰“岱”，曰“老”。据金氏考《浙江通志》，张岱字宗子，山阴世族，晚境著书，率以梦名，唯《石匮书》埋之嫏嬛山中，世未尽见。恭阅《四库全书简明目录》，谷应泰因张岱《石匮藏书》排纂编次为《纪事本末》八十篇，虽非正裁，别调孤行，是《石匮书》竟以不传传陶庵。陶庵自云"名根一点，坚固如佛舍利，劫火勿失"，兹幸名列御书，幽光不泯，天之所以予陶庵者固甚厚矣。

《梦忆》出诸游戏，而俗情文言，笔下风发，亦今古自名一家，洵非奇才不能。余厘为八卷，即以金氏本原序弁诸首。

时乾隆甲寅秋七月，仁和王文诰纯生甫识。

道光二年（壬午）王文诰重刻《陶庵梦忆》序

浙东嫏嬛福地，宛委洞天，自古人材辈出，多瑰奇卓荦伟异之士，其英气逸节，迈群绝俗，皆不可一世。在明时，则徐氏天池高步于前，张氏宗子纵横于后，若其人其文其事，鲜不奇而法（疑是"恠"字之误）矣。天池崛傲之气，不为世所羁绁，发其磥砢，多与物忤，独张文恭有以全之。宗子出文恭后，享钟鸣鼎食之奉，操出经入史之学。乔木世臣，适丁阳九，而厄穷破败，脱粟不继，辄于骇骇野人间，为《石匮书》以致斯意。此其名心积学盘郁于中，虽劫火烧之，而始终勿失，在宗子固有以自全焉。

《石匮书》载前明二百七十余年事，部居类列，公缀骈断，盖史家纪事体也。国朝康熙间，谷应泰为浙江提学佥事，获是书，攘而有之，重为排纂，改名《明史纪事本末》。其中唯吴三桂入关击走流贼一节排纂失实，上邀高宗纯皇帝更正，并载谷应泰因张岱《石匮藏书》为《纪事本末》一书事于《四库全书》案内。于是，宗子《石匮书》又从灰寒炧落之余复炳著于天下。而凡读《纪事本末》者，佥曰是即宗子《石匮书》，其幽光信不泯矣。

考《通志》，宗子晚境著书凡十余种，率以梦名。余所知唯《梦寻》与此书，而《梦寻》亦未见；或言卷内《西湖七月》一则亦见《梦寻》中。此书虽载方言巷咏、嘻笑琐屑之事，而山川城郭、宫阙园林历历如缋，有苏耽化鹤来还之慨，亦清明河上遗风也。向者瓯山金氏尝刻之《砚云类编》，十失四五。余因中表兄姚春漪，得此书于铁线巷竹坡王氏。竹坡以颜柳名世，与天官大夫、拙老人争长，而奉此书为枕中閟，虽家人不得见之。及余往，慨然出以为托，且曰："吾与宗子若同居起、食饮、言笑者垂五十载，今老矣，顾此书非得人不传，乞子一发明之，用毕吾愿。"余谨受以归，许以得当为报。其后较刻于岭海，事在乾隆甲寅之纪。书成欲寄，而竹坡遽归道山；春漪名上礼部，亦谢都门。由是一痛而罢置此书，不复寓目。继以南北交驰，并失雕版，迄今又三十稔矣。

道光辛巳，与广陵江郑堂遇。明年，郑堂得印本，携以归余。检视之，楮墨宛然，悉予指爪之旧。而人代飘忽，故甑可恋，则又以亲旧而追感畴昔，豁若梦醒，诚不胜其依依也。然余闻浙东旧家名迹，如朱之逍遥楼，张之悬杪亭，倪之衣云阁，并已鞠为茂草，而天池青藤老屋与宗子不二斋、梅花庵岿然对峙，阅岁犹昔，岂非文章熠耀之气上烛霄汉，而灵爽不没，与金石同其精坚者耶？是此书之传，无异青萍结绿，既有薛下以为之重，余又因薛下而享其成也，亦厚幸矣。爰重授之梓，复详其所自，以识夙好。竹坡名堂，春漪名思勤，皆武林人也。是为序。

时道光二年壬午十月下浣，仁和王文诰见大撰。